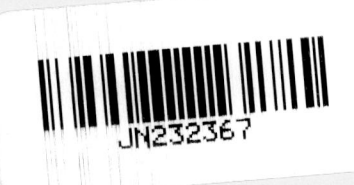

キュートなおり紙でつくる教室飾り

壁面おり紙スペシャルBOOK

山口 真【著】

キュートな壁面おり紙ワールドへようこそ！

教室や子ども部屋の壁面飾りを作るひとときは、誰にとっても楽しいものですが、アイデアに行き詰まったり、新鮮味が感じられなくなることも多いのではないでしょうか。そんなとき、仕方なく前と同じことを繰り返すより、一度「おり紙」に目を向けてみませんか？

優しい直線で構成されたおり紙作品は、かわいらしさとユーモアにあふれています。また、紙を折り重ねて作るため自然に半立体となり、壁面に躍動感を与えることができます。

この本では、シンプルでキュートなおり紙作品をセレクトし、それらを用いた季節ごとの壁面飾りサンプル集を前半に、おり紙作品のわかりやすい折り方を後半に収録しています。

まずはパラパラと本をめくって、気に入った作品を試しに折ってみてください。掲載したサンプルに負けないくらいの、楽しい壁面飾りのアイデアが、次々に浮かんでくることでしょう。「折ること」そのものを楽しみながら、あなただけのオリジナル壁面飾りに、どんどんチャレンジしてください。

山口 真

いかだ社

目次

季節ごとの壁面飾りサンプル集

最初に覚えておきましょう

おり紙作品による壁面構成では、多少のサイズ違いや紙のズレなどの小さなことにこだわらず、発想したままを形にしていくのがコツです。とはいえ製作上、知っておくと役に立つこともいくつかあります。作り始める前に、ざっと目を通しておいてください。

1 台紙の切り出し方

壁面構成用の台紙は、多少厚めの市販の紙を用います。全紙サイズで購入し、必要に応じてカットするのがリーズナブルです。

直線を切るときは定規の背を当てて

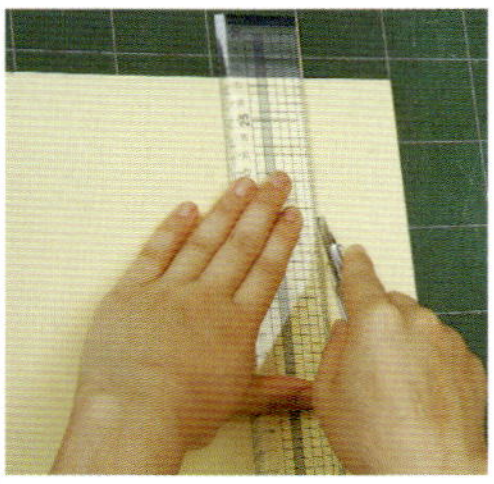

採寸してから定規を当て、カッターで切ります。このとき、定規の目盛り側ではなく、垂直になった背の側を用いるようにしましょう。

曲線は鉛筆で下描きしてから

台紙の上に山や木などを貼り重ねる場合、鉛筆を使って切り出すイメージを下描きします。やり直しできますから、思いきって描きましょう。

鉛筆の線をガイドに、カッターで切ります。多少のズレは気にせずに。切り終えたら、残った鉛筆の線を消しゴムで消しておきます。

2 おりがみのサイズと切り方

この本に収録した構成例では、入手しやすい市販のおりがみ（15cm四方、24cm四方、35cm四方のいずれか）を用いて作品を折っていますが、台紙サイズに対しており紙作品の大きさを調整するために、必要に応じておりがみをカットして使っています。ただし、そのほとんどが、おりがみを2等分、4等分、8等分、9等分……と折っていけば採れるサイズと、それに準ずるサイズです（一部の例外を除く）。等分するための折り方は、26ページ「紙の比率と用紙の切り出し方」を参考にしてください。

紙そのものが定規がわりです

おりがみを折った線（折り筋）がカットするラインになります。紙の縁と縁を正確に合わせてしっかりと折り筋をつけましょう。

必要な折り筋をつけ終えたら、カットする折り筋でもう一度折り、紙と紙の間にカッターを差し込んで、ツツーッと切っていきます。

3 折り紙作品への描き込み方

特に動物や人物をモチーフにした折り紙作品は、目や鼻などを描き込むとよりかわいくなります。いろいろ工夫して、楽しいキャラクターに仕上げてください。

筆記具を使い分けましょう

油性のサインペンを用いて好みの顔を描きましょう。いきなり描くのが不安な人は、鉛筆で下描きをするとよいでしょう。

頬の赤みを出すには色鉛筆が適しています。濃く塗るのではなく、さらさらと鉛筆を走らせるようにして描きましょう。

タックシールを活用しましょう

円形のタックシールはキャラクターの目に活用したり、豆など丸いものの表現に適しています。サイズや色も各種、市販されています。

4 おり紙作品の組み立て方

この本には、複数のパーツを合体させて一つの形にしたり、作品同士を組み合わせることでより楽しい表現ができるおり紙作品が収録されています。折り方解説のページに掲載している完成イメージを参考に組み立ててください。ここでは一例として、31ページ「ねこの顔」、36ページ「動物のからだ」、90ページ「スモック」、91ページ「帽子」、89ページ「かばん」を組み立てる手順とコツを解説します。

順番を工夫して、糊は控えめに

後ろへ折ったカドなど、持ち上がりやすい場所に竹ひごで少量の糊をつけ、留めておきます。糊はしわにならない木工用ボンドや両面テープが適しています。

スモックは顔を貼る前に着せておくと、顔の位置の調整範囲が広がります。からだにスモックを貼り、はみ出しているカドを後ろに折って形を整えます。

からだの突起部分に少量の糊をつけ、顔を貼ります。あごが少しスモックにかかるくらいの位置に貼ると、かわいい感じになります。

かばんはベルトの一方を貼らずにおき、からだにたすき掛けしてから貼りつけます。ベルトが浮いてくるので肩のあたりで折っておきましょう。

帽子をかぶせて位置を決めてから、少量の糊で留めます。33ページ「ぞうの顔」と35ページ「ライオンの顔」、32ページ「うさぎの顔」はかぶせられないので、上から貼ります。

自由にアレンジしてみましょう

折り方を少し変えるだけで表現の幅が広がります。たとえば「動物のからだ」の腕の❼の折り（37ページ）を逆の向きにすると、手を上げた形になります。

さらに、顔を貼る向きも逆さまにすることで、上を向いた後ろ姿や、空を飛んでいる姿を表現できます。サンプルのいくつかは、この形を用いています。

5 おり紙作品の台紙への貼り方

台紙におり紙作品を貼るときは、床に置いた台紙上に作品を置き、位置を決めてから糊で留めます。作品によって裏面の形状が異なるため、糊をつける位置や量を調整しましょう。糊はしわにならない木工用ボンドや両面テープが適しています。

大きい作品は糊を多めに

メインで使用する大きめの作品には、多めの糊を一気に塗って貼ります。動物のキャラクターの場合、からだのほうに糊を塗ると顔が浮き上がり、立体的な感じになります。

花びらに糊をつけないように

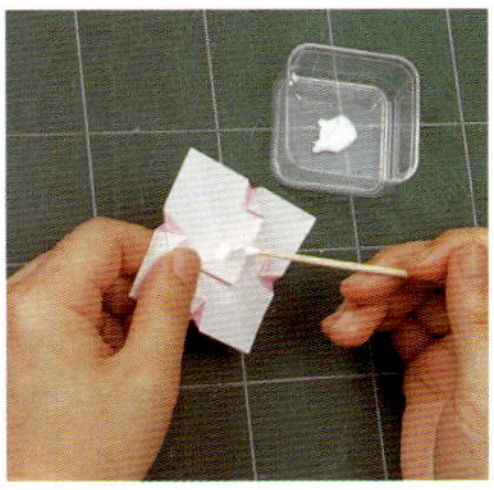

花の作品は、花びら部分が台紙に貼りつくと立体感がなくなります。中心部分に糊をつけて、ふわっとした感じに仕上げましょう。

季節ごとの壁面飾りサンプル集

作品名の後に記載されているのは、折り方の掲載ページと、
使用したおりがみのサイズです。
台紙サイズと併せて製作時の参考にしてください。

入園～入学～おめでとう

大きめの台紙に、色違いの紙を切って作った桜の木と花を貼り、動物のキャラクターを配置します。枝と枝の間はおり紙作品が収まるよう、広めにとっておくとよいでしょう。

台紙…109.1×78.8cm（四六判全紙）**さくら**…38ページ 3.75cm四方 （15cm四方の1／16）**チューリップ**…39ページ［花、葉］5cm四方(15cm四方の1／9)［茎］2.5×1.25cm（花、葉の1／4を半分に）**いぬの顔**…28ページ、**くまの顔**…29ページ、**ねこの顔**…31ページ 11.25cm四方（15cm四方の9／16）**ぶたの顔**…30ページ 7.5cm四方（15cm四方の1／4）**うさぎの顔**…32ページ 15cm四方 **ぞうの顔**…33ページ［耳、鼻］10cm四方（15cm四方の4／9）**ライオンの顔**…35ページ［顔、たてがみ］11.25cm四方（15cm四方の9／16）**動物のからだ**…36ページ ［胴体、腕］11.25cm四方 （15cm四方の9／16）**スモック**…90ページ 15cm四方 **帽子**…91ページ 7.5cm四方 **かばん**…89ページ［かばん］10cm四方（15cm四方の4／9）［ベルト］15cm×1.875cm(15cm四方のタテ1／8)

さくらといっしょに

台紙を小さく、横長にしたパターンです。
さくらの一部を台紙からはみ出させ、躍動感を演出しました。

台紙…78.8×27.3cm（四六判全紙のヨコ1／4）**さくら**…38ページ　3.75cm四方（15cm四方の1／16）**いぬの顔**…28ページ、**ねこの顔**…31ページ　11.25cm四方（15cm四方の9／16）**うさぎの顔**…32ページ　15cm四方　**ぞうの顔**…33ページ［耳、鼻］10cm四方（15cm四方の4／9）**ライオンの顔**…35ページ［顔、たてがみ］11.25cm四方（15cm四方の9／16）**動物のからだ**…36ページ［胴体、腕］11.25cm四方（15cm四方の9／16）**スモック**…90ページ　15cm四方　**帽子**…91ページ　7.5cm四方　**かばん**…89ページ［かばん］10cm四方（15cm四方の4／9）［ベルト］15cm×1.875cm（15cm四方のタテ1／8）

アレンジのヒント①立体飾りに

小さな春

壁面飾り用の作品も、工夫次第で立体飾りにアレンジできます。たとえば、おり紙作品を竹ひごやワイヤーにつけて植木鉢に立てるだけで、オシャレな置物に早変わり。「星の子」はクリスマス向けですが、おりがみの色によっては他の季節にも活かすことができます。

星の子…80ページ　［からだ、帽子、顔］3.75cm四方（15cm四方の1／16）
ちょうちょ…64ページ　3.75cm四方（15cm四方の1／16）

こいのぼりに乗って

大きなこいのぼりに乗って大空を行く子どもたちの姿です。
地面には家や木をバランスよく配置しましょう。ふきながしは、各色のおりがみを切って作ります。黒い部分を縦に二つ折りして、その間に長い部分の端を挟んでのりづけします。

台紙…109.1×78.8cm（四六判全紙）**こいのぼり**…68ページ［尾、胴体］33cm四方（定規で採寸してください）［うろこ］11cm四方（尾、胴体の1／9）［黒目、白目］8.25cm四方（尾、胴体の1／16）［台紙］30×16.5cm　**ふきながし**…［黒い部分］12×6cm［長い部分］33×2cm　**武者かぶと**…71ページ　11.25cm四方（15cm四方の9／16）**ちょうちょ**…64ページ［1、2、3］5cm四方（15cm四方の1／9）**木**…95ページ［葉］7.5cm四方（15cm四方の1／4）［幹］7.5×3.75cm　**家**…94ページ［大］11.25×5.625cm（15cm四方の9／16を半分に）［小］10×5cm（15cm四方の4／9を半分に）**いぬの顔**…28ページ　**くまの顔**…29ページ　**ねこの顔**…31ページ　11.25cm四方（15cm四方の9／16）**ライオンの顔**…35ページ［顔、たてがみ］11.25cm四方（15cm四方の9／16）　**ぶたの顔**…30ページ　7.5cm四方（15cm四方の1／4）**うさぎの顔**…32ページ　15cm四方　**ぞうの顔**…33ページ［耳、鼻］10cm四方（15cm四方の4／9）　**動物のからだ**…36ページ［胴体、腕］11.25cm四方（15cm四方の9／16）**スモック**…90ページ　15cm四方

チューリップといっしょに

台紙を小さく、横長にしたパターンです。チューリップはまっすぐに並べると
雰囲気が出ます。台紙からはみ出した葉の先端はハサミでカットします。

台紙…78.8×27.3cm（四六判全紙のヨコ1／4）　**チューリップ・大**…39ページ　［花、葉］5cm四方（15cm四方の1／9）［茎］2.5×1.25cm（花、葉の1／4を半分に）**チューリップ・小**（同上）［花、葉］3.75cm四方（15cm四方の1／16）［茎］1.875×0.95cm（花、葉の1／4を半分に）　**いぬの顔**…28ページ、**くまの顔**…29ページ、**ねこの顔**…31ページ　11.25cm四方（15cm四方の9／16）　**うさぎの顔**…32ページ　15cm四方　**ぞうの顔**…33ページ［耳、鼻］10cm四方（15cm四方の4／9）　**動物のからだ**…36ページ　［胴体、腕］11.25cm四方（15cm四方の9／16）**スモック**…90ページ　15cm四方

アレンジのヒント②カード入れに

お母さん、ありがとう

平面作品のハートをカード入れにアレンジした例です。母の日のプレゼントに最適です。ハートを開けると、えんぴつの形をしたしおりが。もちろん、これもおり紙作品です。

ハート…75ページ　24cm四方
えんぴつ…92ページ　10cm四方（15cm四方の4／9）

お父さん、似てるでしょ？

子どもが描いたお父さんの顔を切り抜き、おり紙作品のネクタイと組み合わせて台紙に貼ります。父の日の、最高のプレゼントができあがります。

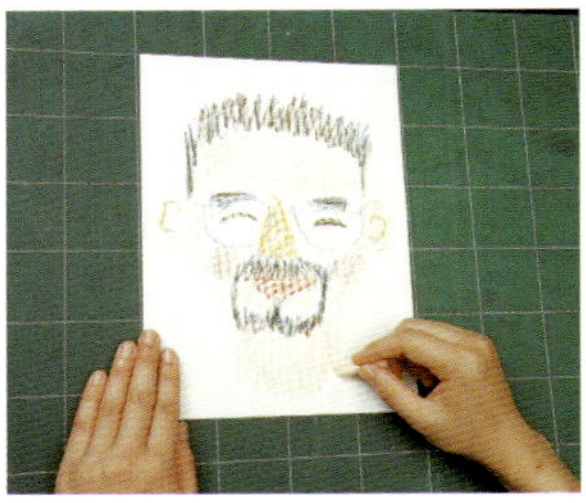
お父さんの似顔絵は、のどの部分も塗っておきます。

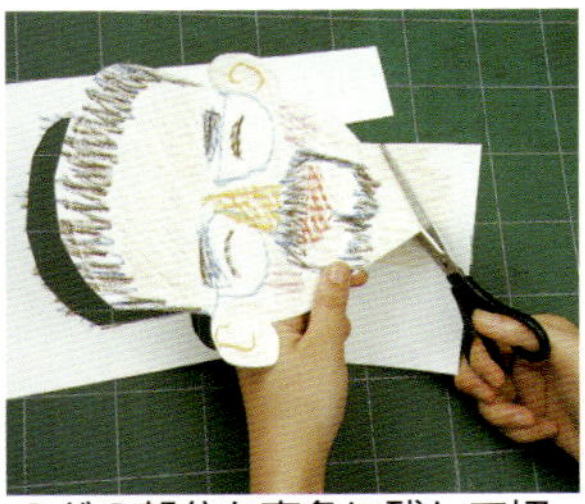
のどの部分を直角に残して切り抜きます。

のどの部分をえりのすき間に差し込んでのりづけ。

台紙に貼ります。表紙になる面にメッセージを書きましょう。

笹の葉さらさら

伝統的な七夕飾りをモダンにアレンジした、半立体の飾りです。壁際に固定した笹におり紙作品をワイヤーで吊るし、壁にもおり紙作品を配置します。部屋のコーナーなど、デッドスペースを活用できます。

織姫と彦星…73ページ［顔］15cm四方［星］11.25cm四方（15cm四方の9／16）**提灯**…74ページ　15cm四方（縁を黒く塗ってあります）**星**…72ページ　7.5cm四方（15cm四方の1／4）**チューリップ**…39ページ（流れ星の尾にします）［葉］15cm四方　**短冊の紙**…10×5cm

壁に貼る流れ星の尾は「チューリップ」の葉を流用します。星と尾は少し離して貼りましょう。

七夕になくてはならない短冊。切った紙を星の下に差し込んでのりづけします。願いごとを書きましょう。

アレンジのヒント③シンプルなカードに

星に願いを

星を裏返しにして、三角に開く部分の内側に願いごとを書きます。パンチで穴をあけてリボンを通すとカードになります。短冊として笹に吊るしてもいいですね。

星…83ページ　7.5cm四方（15cm四方の1／4）

窓辺のプラネタリウム

窓を壁面飾りのスペースに活用した例です。小さめに折った星を好みの星座の形に配置して、間を水性のマーカーでつなぎます。季節に合わせて星座の形を変えましょう。

星・大…83ページ　3.75cm四方（15cm四方の1／16）
星・小…同上　2.5cm四方（15cm四方の1／36）

あめあめ、ふれふれ

うっとうしい梅雨時のお部屋を明るく、楽しくする壁面飾りです。「星の子」の顔を雨粒にアレンジして使用しています。

台紙…78.8×27.3cm（四六判全紙のヨコ1／4）**あじさい・大**…40ページ（葉っぱの傘にします）［葉］10cm四方（15cm四方の4／9）［茎］15×3.75cm（15cm四方のタテ1／4）を四つ折りにして使う　**あじさい・小**…同上［葉］7.5cm四方（15cm四方の1／4）［茎］9×3cm **かたつむり**…65ページ［からだ］10cm四方（15cm四方の4／9）［殻］5cm四方（15cm四方の1／9）**星の子**…80ページ［顔、帽子］3.75cm四方（15cm四方の1／16）**くまの顔**…29ページ　11.25cm四方（15cm四方の9／16）**うさぎの顔**…32ページ　15cm四方　**ライオンの顔**…35ページ［顔、たてがみ］11.25cm四方（15cm四方の9／16）**動物のからだ**…36ページ［胴体、腕］11.25cm四方（15cm四方の9／16）**スモック**…90ページ　15cm四方

雨上がりの虹

あじさいの間にきれいな虹がかかりました。たくさんのハートは、子どもと一緒に折ってみてはいかがでしょう。台紙からはみ出したハートはハサミでカットします。

台紙…78.8×27.3cm（四六判全紙のヨコ1／4）**あじさい**…40ページ［花］3.75cm四方（15cm四方の1／16）［葉］7.5cm四方（15cm四方の1／4）**ハート**…75ページ　3.75cm四方（15cm四方の1／16）**くまの顔**…29ページ、**ねこの顔**…31ページ11.25cm四方（15cm四方の9／16）**ぞうの顔**…33ページ［耳、鼻］10cm四方（15cm四方の4／9）**動物のからだ**…36ページ［胴体、腕］11.25cm四方（15cm四方の9／16）**スモック**…90ページ　15cm四方

わーい花火だ！

大きな台紙の一面におり紙の花火を咲かせましょう。花火は「星」「ハート」「チューリップ（葉）」を使って作ります。動物のキャラクターはあえて腕をつけず、顔を逆さまに貼って、夏の夜空を一心に見上げる子どもたちの姿を表現しています。

台紙…109.1cm×78.8cm（四六判全紙）**星・大**…72ページ　3.75cm四方（15cm四方の1／16）**星・小**…同上　2.5cm四方（15cm四方の1／36）**チューリップ**…39ページ［葉］5cm四方（15cm四方の1／9）**ハート・大**…75ページ　5cm四方（15cm四方の1／9）**ハート・小**…同上　3.75cm四方（15cm四方の1／16）**木・大**…95ページ　［葉］11.25cm四方（15cmの9／16）［幹］11.25cm×5.625cm（葉のタテ1／2）**木・小**…同上［葉］7.5cm四方（15cm四方の1／4）［幹］7.5cm×3.75cm（葉のタテ1／2）**いぬの顔**…28ページ、**くまの顔**…29ページ、**ねこの顔**…31ページ7.5cm四方（15cm四方の1／4）**ぶたの顔**…30ページ　5cm四方（15cm四方の1／9）**うさぎの顔**…32ページ　10cm四方（15cm四方の4／9）**ぞうの顔**…33ページ［耳、鼻］6.6cm四方（定規で採寸して切り出してください）**ライオンの顔**…35ページ［顔、たてがみ］7.5cm四方（15cm四方の1／4）**動物のからだ**…36ページ［胴体］7.5cm四方（15cm四方の1／4）

お船に乗って

横長の台紙に色違いの紙を重ね、大海原と水平線を表現しています。空のところどころに修正ペンを使って白いかもめを描きました。

台紙…78.8×27.3cm（四六判全紙のヨコ1／4）**汽船**…63ページ　15cm四方　**ヨット**…62ページ　15cm四方　**いぬの顔**…28ページ、**くまの顔**…29ページ、**ねこの顔**…31ページ　7.5cm四方（15cm四方の1／4）**ぶたの顔**…30ページ　5cm四方（15cm四方の1／9）**うさぎの顔**…32ページ　10cm四方（15cm四方の4／9）**ぞうの顔**…33ページ［耳、鼻］6.6cm四方（定規で採寸して切り出してください）　**ライオンの顔**…35ページ［顔、たてがみ］7.5cm四方（15cm四方の1／4）**動物のからだ**…36ページ［胴体、腕］7.5cm四方（15cm四方の1／4）

夏休み納涼祭のお知らせ

夏の風物やお祭りアイテムを配置して、
楽しいポスターを作りましょう。
文字を書くスペースは、色違いの紙を
切って作っておくと修正も利き、
よりカラフルにもなります。

台紙…54.55×39.4cm（四六判全紙を四つ切り）**提灯**…74ページ　15cm四方（縁を黒く塗ってあります）**くわがた**…67ページ　10cm四方（15cm四方の4／9）**アイスクリーム**…55ページ［アイスクリーム、コーン］10cm四方（15cm四方の4／9）**フライドポテト**…54ページ［カップ］15cm四方［ポテト］7.5cm四方（15cm四方の1／4）**いぬの顔**…28ページ、**くまの顔**…29ページ　11.25cm四方（15cm四方の9／16）**ぶたの顔**…30ページ　7.5cm四方（15cm四方の1／4）**うさぎの顔**…32ページ　15cm四方　**ライオンの顔**…35ページ［顔、たてがみ］11.25cm四方（15cm四方の9／16）

夏休みお泊まり会のお知らせ

大輪のひまわりは、人の目を止めさせる
効果抜群です。あえて動物の
キャラクターを登場させずに、
シンプルに構成しました。

台紙…54.55×39.4cm（四六判全紙を四つ切り）**ひまわり・大**…45ページ［花芯］15cm四方［花びら］5cm四方（15cm四方の1／9）［葉］7.5cm四方（15cm四方の1／4）［茎］15cm×3.75cm（15cm四方のタテ1／4）**ひまわり・小**…同上［花芯］11.25cm四方（15cm四方の9／16）［花びら］3.75cm四方（15cm四方の1／16）［葉］5.625cm四方（花芯の1／4）［茎］11.25cm×2.8125cm（花芯のタテ1／4）**朝顔・大**…44ページ　15cm四方　**朝顔・中**…同上　10cm四方（15cm四方の4／9）**朝顔・小**…同上　7.5cm四方（15cm四方の1／4）

ドライブしようよ！

林間学校をイメージさせる
壁面飾りです。おりがみを
適当な太さに折って大きな
木の幹にすることで、
情景に奥行きが出ます。

台紙…78.8×27.3cm（四六判全紙のヨコ1／4）　**木**…95ページ［葉］15cm四方［幹］15×7.5cm（15cm四方のタテ1／2）**大きな木の幹**…15cm四方をタテに三つ折り　**自動車**…61ページ　24cm四方（タイヤを黒く塗っています）**せみ**…66ページ　10cm四方（15cm四方の4／9）**くわがた**…67ページ　7.5cm四方（15cm四方の1／4）**いぬの顔**…28ページ、**ねこの顔**…31ページ　7.5cm四方（15cm四方の1／4）**うさぎの顔**…32ページ　10cm四方（15cm四方の4／9）**ぞうの顔**…33ページ［耳、鼻］6.6cm四方（定規で採寸して切り出してください）

お月さま行き銀河鉄道

お月見の季節にふさわしい、夢のある壁面飾りです。
月は「こいのぼり」の白目を流用して作ります。レールの星と煙の星を、
別の色合いの紙で折ると効果的です。
動物のキャラクターの姿勢は自由にアレンジしてみましょう。

台紙…109.1×78.8cm（四六判全紙） **機関車**…58ページ［本体、運転台、炭水車、客車］15cm四方［車輪］15×7.5cm（15cm四方のタテ1／2）［煙突、窯］7.5cm四方（15cm四方の1／4）**星**…72ページ　2.5cm四方（15cm四方の1／36）**こいのぼり**…68ページ（白目を月にします）［白目］24cm四方　**家・大**…94ページ 15×7.5cm（15cm四方のタテ1／2）**家・中**…同上　11.25×5.625cm（15cm四方の9／16を半分に）**家・小**…同上　10×5cm（15cm四方の4／9を半分に）**木・大**…95ページ［葉］11.25cm四方（15cm四方の9／16）［幹］11.25×5.625cm（葉のタテ1／2）**木・小**…同上［葉］7.5cm四方（15cm四方の1／4）［幹］7.5×3.75cm（葉のタテ1／2）**いぬの顔**…28ページ、**くまの顔**…29ページ、**ねこの顔**…31ページ 7.5cm四方（15cm四方の1／4）**ぶたの顔**…30ページ　5cm四方（15cm四方の1／9）**うさぎの顔**…32ページ　10cm四方（15cm四方の4／9）**ぞうの顔**…33ページ［耳、鼻］6.6cm四方（定規で採寸して切り出してください）**ライオンの顔**…35ページ［顔、たてがみ］7.5cm四方（15cm四方の1／4）**からだ**…36ページ［胴体］7.5cm四方（15cm四方の1／4）

アレンジのヒント④共通デザインで季節飾りを

季節を運ぶ汽車

基本デザインを共通させたまま、一部を変更していくことで、通年飾れるようにするアレンジの例です。ここでは「機関車」の本体をつなげ、積む荷物と煙を工夫して季節感を演出しています。台紙の色も変えていくと、より効果的です。

春はチューリップを乗せて

チューリップ…39ページ［花、葉］5cm四方（15cm四方の1／9）［茎］2.5×1.25cm（花、葉の1／4を半分に）**すみれ**…43ページ［花］3.75cm四方（15cm四方の1／16）［花芯］1.875cm四方（花の1／4）

夏はひまわりがメインです

あじさい…40ページ［花］3.75cm四方（15cm四方の1／16）**朝顔・大**…44ページ　10cm四方（15cm四方の4／9）**朝顔・小**（同上）7.5cm四方（15cm四方の1／4）**ひまわり**…45ページ［花芯］11.25cm四方（15cm四方の9／16）［花びら］3.75cm四方（15cm四方の1／16）［葉］5.625cm四方（花芯の1／4）［茎］11.25×2.8125cm（花芯のタテ1／4）**さくらんぼ**…51ページ［実］5cm四方（15cm四方の1／9）［枝］15×1.875cm（15cm四方のタテ1／8）

秋はたくさんの収穫を乗せて

あじさい…40ページ（葉を落ち葉にします）［葉］3.75cm四方（15cm四方の1／16）**くり・大**…53ページ　7.5cm四方（15cm四方の1／4）**くり・小**…同上　5cm四方（15cm四方の1／9）**どんぐり・大**…53ページ）5cm四方（15cm四方の1/9）**どんぐり・小**…同上　3.75cm四方（15cm四方の1／16）**かぼちゃ**…52ページ）15cm四方　**りんご**…50ページ（梨にします）［実］15×7.5cm（15cm四方のタテ1／2）［枝］3.75cm四方（15cm四方の1／16）**さくらんぼ**…51ページ（ぶどうにします）［実］3.75cm四方75cm（15cm四方の1／16）［枝］7.5cm×1.875cm（くり・大のタテ1／4）

冬は行事が目白押しです

雪だるま…79ページ　15cm四方　**ミトン**…6×3cm（定規で採寸してください）**フライドポテト**…54ページ（カップをバケツにします）7.5cm四方（15cm四方の1／4）　**みかん**…56ページ［実］15cm四方［へた］3.75cm四方（15cm四方の1／16）**木**…95ページ（ツリーにします）［葉・下］11.25cm四方（15cm四方の9／16）［葉・上］7.5cm四方（15cm四方の1／4）［幹］11.25×5.625cm（葉・下のタテ1／2）**くつした・大**…77ページ　5cm四方（15cm四方の1／9）**くつした・小**…同上 3.75cm四方（15cm四方の1／16）

◆**共通のサイズ**　**台紙**…78.8×27.3cm（四六判全紙のヨコ1／4）**機関車**…58ページ［本体、運転台、炭水車、客車］15cm四方［車輪］15×7.5cm（15cm四方のタテ1／2）［煙突、窯］7.5cm四方（15cm四方の1／4）

山の大運動会

大きめの台紙に色違いの山を貼り、好みの形に切った池をあしらいます。
木の大小で遠近感を演出し、競技の順路を意識しながらおり紙作品を配置します。
ゴールは山の上に設定しました。

台紙…109.1×78.8cm（四六判全紙） **木・大**…95ページ［葉］15cm四方［幹］15×7.5cm（葉のタテ1／2） **木・中**…同上［葉］11.25cm四方（15cm四方の9／16）［幹］11.25×5.6cm（葉のタテ1／2） **木・小**…同上［葉］7.5cm四方（15cm四方の1／4）［幹］7.5×3.75cm（葉のタテ1／2）（2段重ねの木は、木・大の葉を2段にしたものと、木・大に木・中の葉を重ねたものです。3段重ねの木は、木・小の葉を3段にしたものです）**りんご**…50ページ（色を変えて梨にもします）［実］15×7.5cm(15cm四方のタテ1／2）［枝］3.75cm四方（15cm四方の1／16）**どんぐり**…53ページ　3.75cm四方（15cm四方の1／16） **きのこ・大**…57ページ　7.5cm四方（15cm四方の1／4） **きのこ・小**…同上　5cm四方（15cm四方の1／9）**あじさい**…40ページ（葉を落ち葉にします）［葉］3.75cm四方（15cm四方の1／16）**さくらんぼ**…51ページ（ぶどうにします）［実］3.75cm四方（15cm四方の1／16）［枝］7.5×1.875cm（きのこ・大のタテ1／4）**フライドポテト**…54ページ（カップを玉入れのバスケットにします）11.25cm四方（15cm四方の9／16）**いぬの顔**…28ページ、**くまの顔**…29ページ、**ねこの顔**…31ページ　7.5cm四方（15cm四方の1／4）**ぶたの顔**…30ページ　5cm四方（15cm四方の1／9）**うさぎの顔**…32ページ　10cm四方（15cm四方の4／9）**ぞうの顔**…33ページ［耳、鼻］6.6cm四方（定規で採寸して切り出してください）**ライオンの顔**…35ページ［顔、たてがみ］7.5cm四方（15cm四方の1／4）**からだ**…36ページ［胴体］7.5cm四方（15cm四方の1／4）

秋のバザー開催のお知らせ

バザーやフリーマーケットにぴったりのポスターです。
野菜や果物を大きく使って収穫の秋を演出しましょう。

台紙…54.55×39.4cm（四六判全紙を四つ切り）**かぼちゃ**…52ページ　5cm四方　**りんご**…50ページ（色を変えて梨にもします）［実］15×7.5cm（15cm四方のタテ1／2）［枝］3.75cm四方（15cm四方の1／16）**きのこ・大**…57ページ）10cm四方（15cm四方の4／9）**きのこ・小**…同上　7.5cm四方（15cm四方の1／4）**ぶたの顔・大**…30ページ　15cm四方　**ぶたの顔・中**…同上　7.5cm四方（15cm四方の1／4）**ぶたの顔・小**…同上　5cm四方（15cm四方の1／9）**うさぎの顔・大**…32ページ　15cm四方　**うさぎの顔・小**…同上　10cm四方（15cm四方の4／9）

秋に包まれて

横長の台紙に色違いの紙を切って作った山の起伏を貼り、秋っぽい色のおりがみで折った作品を配置します。木を重ねて遠近感を出しています。

台紙…78.8×27.3cm（四六判全紙のヨコ1／4）**くり**…53ページ　5cm四方（15cm四方の1／9）**どんぐり**…53ページ）3.75cm四方（15cm四方の1／16）**あじさい**…40ページ（葉を落ち葉にします）3.75cm四方（15cm四方の1／16）**木**…95ページ［葉］15cm四方［幹］15×7.5cm（15cm四方のタテ1／2）（2段重ねの木は、木の葉を2段にしたものと、木の上に11.25cm四方（15cm四方の9／16）の葉を重ねたものです。3段重ねの木は、木の上に11.25cm四方の葉と7.5cm四方（15cm四方の1／4）の葉を重ねたものです）

おり紙のリース

平面作品ですが、必ずしも台紙に貼る必要はありません。普通のリース同様、教室の柱や子ども部屋のドアなどにそのまま飾ることができます。

リース…81ページ　15cm四方 **星の子**…80ページ）［顔、からだ、帽子］2.5cm四方（15cm四方の1／36） **雪だるま**…79ページ　7.5cm四方（15cm四方の1／4） **くつした**…77ページ　3.75cm四方（15cm四方の1／16） **ミトン**…78ページ 3.75×1.875cm（くつしたのタテ1／2）　**サンタクロース**…76ページ［顔］2.5cm四方（15cm四方の1／36）［からだ］5cm四方（15cm四方の1／9）

サンタが街に舞い降りる

イヴの夜、眠りに就いた街にたくさんのサンタクロースが舞い降りてくる情景です。ポインセチアをポイントにし、周囲におりがみを裏返しにして白く折った木を配しました。大きめの台紙に構成しましょう。

台紙…109.1×78.8cm（四六判全紙）**家・大**…94ページ　15cm×7.5cm　**家・中**…同上　11.25cm×5.625cm　**家・小**…同上　10cm×5cm　**木・大**…95ページ）［葉］15cm四方［幹］15×7.5cm（葉のタテ1／2）**木・中**…同上［葉］11.25cm四方（15cm四方の9／16）［幹］11.25×5.6cm（葉のタテ1／2）**木・小**…同上［葉］7.5cm四方（15cm四方の1／4）［幹］7.5×3.75cm（葉のタテ1／2）（2段重ねの木は、木・大に木・中の葉を重ねたものです）**サンタクロース・大**…76ページ［顔］3.75cm四方（からだの1／4）［からだ］7.5cm四方（15cm四方の1／4）**サンタクロース・中**…同上［顔］2.5cm四方（からだの1／4）［からだ］5cm四方（15cm四方の1／9）**サンタクロース・小**…同上［顔］1.875cm四方（からだの1／4）［からだ］3.75cm四方（15cm四方の1／16）**ポインセチア・大**…48ページ［葉］11.25cm四方（15cm四方の9／16）［花］7.5cm四方（葉の4／9）**ポインセチア・小**…同上［葉］10cm四方（15cm四方の4／9）［花］6.6cm四方（葉の4／9）**星の子**…80ページ［顔、からだ、帽子］3.75cm四方（15cm四方の1／16）

窓辺にもメリークリスマス

冬の窓辺を彩る半立体飾りです。窓辺に適宜、細いロープを渡して、クリスマスにちなんだおり紙作品を洗濯バサミやクリップなどで取りつけるだけ。ロープや洗濯バサミは質感のあるものを使いましょう。

くつした…77ページ　15cm四方　**ポインセチア**…48ページ［葉］10cm四方（15cm四方の4／9）［花］6.6cm四方（葉の4／9）**サンタクロース**…76ページ［顔］5cm四方（からだの1／4）［からだ］10cm四方（15cm四方の4／9）**雪だるま**…79ページ　15cm四方**ミトン・小**…78ページ　6×3cm（定規で採寸してください）**フライドポテト**…54ページ（カップをバケツにします）7.5cm四方（15cm四方の1／4）**ミトン・大**…78ページ　15×7.5cm（15cm四方のタテ1／2）**星の子**…80ページ［顔、からだ、帽子］7.5cm四方（15cm四方の1／4）**家**…94ページ　15×7.5cm（15cm四方のタテ1／2）

あけましておめでとう！

大きめの台紙に、初日の出のイメージで色違いの紙を丸く切って貼り、獅子舞を中心にして動物のキャラクターと季節のアイテムを散りばめました。まっすぐに並べる部分（ここでは雪だるま）を設けると、画面が落ち着きます。

台紙…109.1×78.8cm（四六判全紙）**獅子舞**…82ページ　［顔、からだ］35cm四方　**すみれ**…43ページ（赤で折ってつばきにします）［花］7.5cm四方（15cm四方の1／4）［花芯］3.75cm四方（15cm四方の1／16）**ばら**…41ページ（葉をつばきの葉にします）［葉］3.75cm四方（15cm四方の1／16）**雪だるま**…79ページ　15cm四方　**ミトン**…78ページ　6×3cm（定規で採寸してください）**フライドポテト**…54ページ（カップをバケツにします）［カップ］7.5cm四方（15cm四方の1／4）**みかん**…56ページ［実］15cm四方［へた］3.75cm四方（15cm四方の1／16）**いぬの顔**…28ページ、**くまの顔**…29ページ、**ねこの顔**…31ページ、11.25cm四方（15cm四方の9／16）**ぶたの顔**…30ページ　7.5cm四方（15cm四方の1／4）**うさぎの顔**…32ページ　15cm四方　**ぞうの顔**…33ページ［耳、鼻］10cm四方（15cm四方の4／9）**ライオンの顔**…35ページ［顔、たてがみ］11.25cm四方（15cm四方の9／16）**動物のからだ**…36ページ［胴体、腕］11.25cm四方（15cm四方の9／16）**スモック**…90ページ　15cm四方

アレンジのヒント⑤折々の挨拶状に

獅子舞の年賀状

はがきに小さなおり紙作品を貼るだけで、ひと味違う挨拶状ができあがります。ここでは「獅子舞」を貼って年賀状にしてみました。作品が浮き上がってこないよう、糊でしっかりと貼りましょう。

獅子舞…82ページ［顔、からだ］7.5cm四方（15cm四方の1／4）

元気いっぱい「鬼は外！」

節分の風景です。豆まきの豆は、黄色いタックシールを利用しています。動物のキャラクターが手に持った「ます」の中と、台紙に適宜、貼り込んでください。ここでは台紙に漆黒のウールペーパーを用いて、おり紙作品を際立たせています。

台紙…78.8×54.5cm（四六判全紙を半裁）**鬼**…83ページ［顔、からだ、足］24cm四方　**木**…95ページ［葉］7.5cm四方（15cm四方の1／4）［幹］7.5×3.75cm（葉のタテ1／2）**家・大**…94ページ 11.25×5.625cm（15cm四方の9／16を半分に）**家・小**…同上　10×5cm（15cm四方の4／9を半分に）**ます**…85ページ 7.5cm四方（15cm四方の1／4）**いぬの顔**…28ページ、**ねこの顔**…31ページ 11.25cm四方（15cm四方の9／16）**ぶたの顔**…30ページ 7.5cm四方（15cm四方の1／4）**ぞうの顔**…33ページ［耳、鼻］10cm四方（15cm四方の4／9）**ライオンの顔**…35ページ［顔、たてがみ］11.25cm（15cm四方の9／16）**動物のからだ**…36ページ［胴体、腕］11.25cm四方（15cm四方の9／16）

アレンジのヒント⑥指人形に

赤鬼さんと青鬼さん

「鬼」の顔の下にはすき間がありますから、それを利用して指人形を作ることができます。いろいろな表情顔を描いて楽しんでください。

鬼…83ページ［顔］15cm四方

あったかいね！

台紙を小さく、横長にしたパターンです。雪だるまにミトンの片方をプレゼントする子どもたち。おりがみの裏の白を出して折った木を重ねて貼り、冬の森の奥行き感を出しました。

台紙…78.8×27.3cm（四六判全紙のヨコ1／4）**木・大**…95ページ［葉］15cm四方［幹］15×7.5cm（葉のタテ1／2）**木・中**…同上［葉］11.25cm四方（15cm四方の9／16）［幹］11.25×5.6cm（葉のタテ1／2）**木・小**…同上［葉］7.5cm四方（15cm四方の1／4）［幹］7.5×3.75cm（葉のタテ1／2）（2段重ねの木は、木・大に木・中の葉を重ねたものです）**雪だるま**…79ページ　15cm四方　**ミトン**…78ページ　6×3cm（定規で採寸してください）**フライドポテト**…54ページ（カップをバケツにします）［カップ］7.5cm四方（15cm四方の1／4）**いぬの顔**…28ページ　11.25cm四方（15cm四方の9／16）**ぶたの顔**…30ページ　7.5cm四方（15cm四方の1／4）**ライオンの顔**…35ページ［顔、たてがみ］11.25cm四方（15cm四方の9／16）**動物のからだ**…36ページ［胴体、腕］11.25cm四方（15cm四方の9／16）**スモック**…90ページ　15cm四方

かわいいお雛さま

お内裏さまと三人官女です。大きな台紙に何人も貼るより、これくらいのスケールでこぢんまりと仕上げるほうが、おり紙ならではのかわいさが引き立ちます。顔を描き込まなくとも、十分に雰囲気が出ます。

台紙…78.8×54.5cm（四六判全紙を半裁）**お雛さま**…86ページ［顔、着物、袴］15cm四方［男雛と女雛の着物に重ねる紙］14.5cm四方（定規で採寸してください）**すみれ**…43ページ（色を変えて橘と桃にします）［花］3.75cm四方（15cm四方の1／16）［花芯］1.875cm四方（花の1／4）［葉］3.75cm四方（15cm四方の1／16）**ます**…85ページ　15cm四方

お雛さまになっちゃった

お馴染みの、動物のキャラクターの顔を使ったお雛さまです。狭いスペースをかわいく彩るのに最適です。

ぶたの顔…30ページ　15cm四方　**ライオンの顔**…35ページ［顔、たてがみ］15cm四方　**お雛さま**…86ページ［着物］15cm四方［着物に重ねる紙］14cm四方（定規で採寸してください）

アレンジのヒント⑦額装する

毎年飾れるお雛さま

毎年必ず飾る作品は、思いきって額装してもよいでしょう。作品が傷みにくくなり、何年も使えます。（撮影のためガラスは取り外してあります）

お雛さま…［顔、着物、袴］7.5cm四方（15cm四方の1／4）［着物に重ねる紙］7cm四方（定規で採寸してください）

虹を越えて

卒園や進級の季節にぴったりの壁面飾りです。虹を越えて飛んでいく動物のキャラクターに、たくましく成長して巣立っていく子どもたちのイメージを重ねました。
池は14ページの「山の大運動会」で使用したものと同じです。ハートの虹は少々の忍耐力と集中力を必要としますが、チャレンジしてみてはいかがでしょうか。

台紙…109.1×78.8cm（四六判全紙）**木・大**…95ページ［葉］11.25cm四方（15cm四方の9／16）［幹］11.25×5.6cm（葉のタテ1／2）**木・小**…同上［葉］7.5cm四方（15cm四方の1／4）［幹］7.5cm×3.75cm（葉のタテ1／2）**家**…94ページ　10×5cm（15cm四方の4／9を半分に）**すみれ**…43ページ［花］3.75cm四方（15cm四方の1／16）［花芯］1.875cm四方（15cm四方の1／64）**ハート**…75ページ　3.75cm四方（15cm四方の1／16）**いぬの顔**…28ページ、**くまの顔**…29ページ、**ねこの顔**…31ページ　11.25cm四方（15cm四方の9／16）**ぶたの顔**…30ページ　7.5cm四方（15cm四方の1／4）**うさぎの顔**…32ページ　15cm四方　**ぞうの顔**…33ページ［耳、鼻］10cm四方（15cm四方の4／9）**ライオンの顔**…35ページ［顔、たてがみ］11.25cm四方（15cm四方の9／16）**動物のからだ**…36ページ［胴体、腕］11.25cm四方（15cm四方の9／16）

ばら…41ページ［花］15cm四方［リボン］15×5cm（おりがみを適宜カット）

すみれ…43ページ［花］3.75cm四方（15cm四方の1／16）［花芯］1.875cm四方（15cm四方の1／64）**えんぴつ**…92ページ　7.5cm四方（15cm四方の1／4）

アレンジのヒント⑧卒園式アイテムに

ブローチと卒業証書留め

卒園式で使う小物におり紙作品でひと工夫して、手作り感を演出してはいかがでしょう。左は「ばら」を用いたブローチ。裏側にセロテープで安全ピンを留めましょう。右は卒業証書を留めるバンドに作品を小さくあしらった例です。

動物マンションのお誕生日表

壁面飾りサンプル集のラストを飾るのは、楽しいお誕生日表です。
マンションをモチーフに、誕生月ごとの窓を設けて、その中に動物のキャラクターを入れます。窓の裏側には子どもたちの名前と誕生日を書いた紙を貼っておきましょう。
おり紙作品に厚みがあるため、台紙と建物の間に段ボールを挟んで空間を作ります。
写真と図版を参考に、ぜひチャレンジしてください。

台紙…109.1×78.8cm（四六判全紙） **チューリップ**…39ページ［花、葉］5cm四方（15cm四方の1／9）［茎］2.5×1.25cm（花、葉の1／4を半分に）**すみれ**…43ページ［花］3.75cm四方（15cm四方の1／16）［花芯］1.875cm四方（花の1／4）**くまの顔**…29ページ、**いぬの顔**…28ページ、**ねこの顔**…31ページ 11.25cm四方（15cm四方の9／16）**ぶたの顔**…30ページ 7.5cm四方（15cm四方の1／4）**うさぎの顔**…32ページ 15cm四方 **ぞうの顔**…33ページ［耳、鼻］10cm四方（15cm四方の4／9）**ライオンの顔**…35ページ［顔、たてがみ］11.25cm四方（15cm四方の9／16） **動物のからだ**…36ページ［胴体、腕］11.25cm四方（15cm四方の9／16） **スモック**…90ページ 15cm四方 **帽子**…91ページ 7.5cm四方 **かばん**…89ページ［かばん］10cm四方（15cm四方の4／9）［ベルト］15cm×1.875cm（15cm四方のタテ1／8）

【大まかな仕組み】段ボールを挟んで厚みを出します

設計図を参考にして、採寸しながら台紙に鉛筆で線を引き、細く切った段ボールと窓の地色になるおりがみを貼ります。

段ボールに糊をつけて、あらかじめ窓の部分を切り抜いた建物の紙を貼ります。

窓枠と窓になる折り紙を貼ります。窓の切り込みと折り筋はあらかじめつけておきましょう。

構成サンプルの実寸と製作の手順

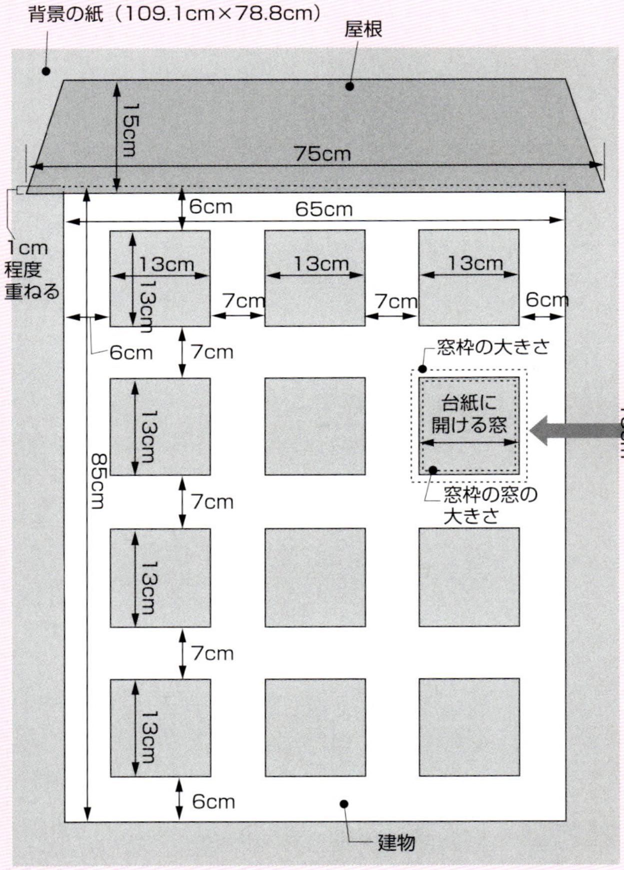

背景の紙（109.1cm×78.8cm）
屋根
15cm
75cm
1cm
程度
重ねる
6cm
65cm
13cm
13cm
13cm
13cm
7cm
7cm
6cm
6cm
7cm
窓枠の大きさ
台紙に
開ける窓
85cm
13cm
7cm
窓枠の窓の
大きさ
13cm
7cm
13cm
6cm
建物

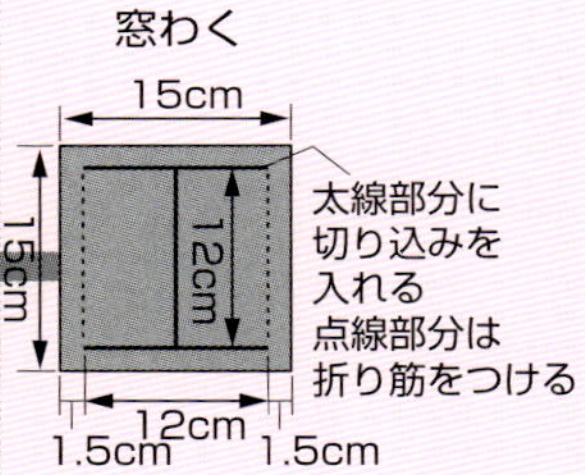

窓わく
15cm
15cm
12cm
太線部分に
切り込みを
入れる
点線部分は
折り筋をつける
12cm
1.5cm
1.5cm

材　料

背景…109.1×78.8cm（四六判全紙）1枚
建物…65×85cm　1枚
屋根…15×75cm　1枚
窓枠…15×15cm　12枚

1. 建物と屋根の紙を切り出す。
2. 切り出したものを背景の紙に乗せ、位置を決める。
3. 建物全体と窓枠の位置がわかるように鉛筆などで軽くアウトラインなぞっておく。
4. 建物と屋根の紙を外し、窓にかからない部分に段ボールの切れ端を配置してのりづけする。
5. 建物と屋根の紙を段ボールの上にのりづけする。
6. 窓枠の紙に、窓の切り込みを入れて折り筋をつける。窓の内側に誕生日などを入れるときは、この段階で貼っておく
7. 建物の窓から1cm外側に窓枠の紙を貼る（窓枠と窓枠の間は5cmずつになる）
8. 窓の中に動物を飾ってできあがり

タグカードを作りましょう

平面のおり紙作品は壁面飾りの他に、カードの製作にも活用できます。ここでは、ちょっとしたプレゼントに添えたり、お部屋をオシャレに彩るときにも大活躍するタグカードの作り方を解説します。

台紙…15cm四方（窓の大きさは4cm四方） **ネクタイ**…93ページ　3cm四方（定規で採寸してください） **ハート・大**…75ページ　5cm四方（15cm四方の1／9）**ハート・小**…同上（4つ組み合わせてクローバーにします）3cm四方（定規で採寸してください）3cm×3cm　**くつした**…77ページ　5cm四方（15cm四方の1／9）**サンタクロース**…76ページ［顔］1.5cm四方（定規で採寸してください）［からだ］3cm四方（定規で採寸してください）

台紙（ここではおりがみではなく、表裏同色の洋紙を使っています）にタテヨコ半分の折り筋をつけ、定規で採寸しながら窓を切り抜きます。

窓の向かい側の面に、好みの色の紙（これが窓の中のバックになります）を貼り、半分に折ります。

カードの内側になる面にメッセージを書き入れます。

メッセージを内側にしてさらに半分に折り、山側の上隅にパンチで穴をあけます。

上下を間違えないように作品を貼り、穴に二つ折りしたリボンを通します。

リボンの輪にもう一方の端を通して、できあがり。

必ず折れる

折り方解説集

カラーページの壁面飾りサンプル集に登場した折り紙作品の折り方を解説します。作品は大まかにカテゴリー分けして掲載しています。

折り方の約束記号

美しい曲を奏でるには楽譜が必要なのと同様に、楽しい作品を折るには折り図が必要です。その折り図を理解するためには「折り方の約束記号」を覚えなければなりません。特別むずかしいものではありませんから、一つのルールだと思って、折り始める前に覚えておきましょう。

谷折り線

手前に折る

■谷折り

谷折り線のところで矢印の方向に折る

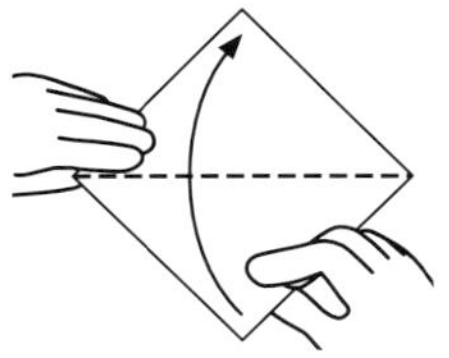

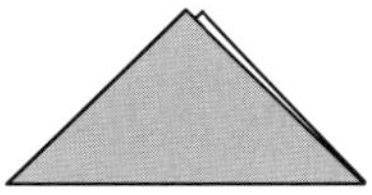

山折り線

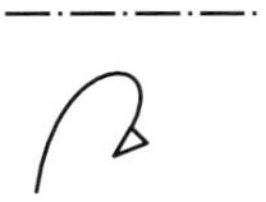

後ろへ折る

■山折り

山折り線のところで矢印の方向に折る

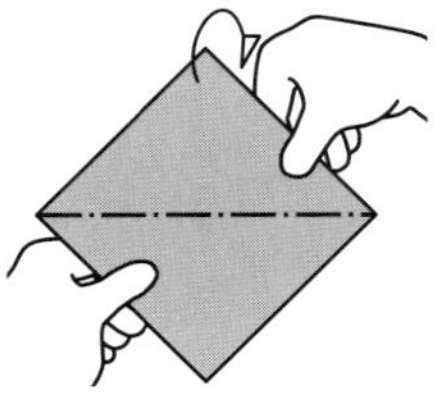

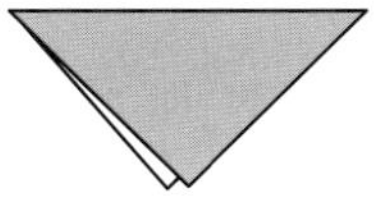

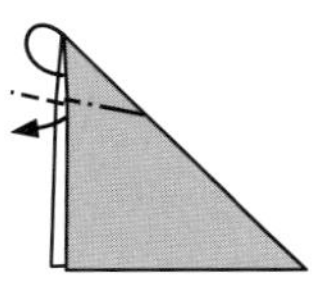

■中わり折り

内側を割りながらカドを出すように折る

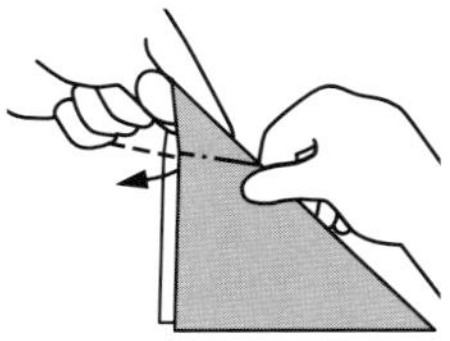

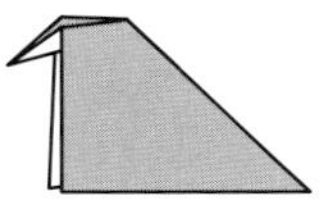

折り筋をつける

段折り

裏返す

図の見る位置が変わる

次の図が大きくなる

切る

押す　押しつぶす

ひろげる

引き出す　差し込む

紙の比率と用紙の切り出し方

この本には、大きさが違う紙を組み合わせて折る作品が多く出てきます。それらの紙の大きさは、作品で使用する基本の紙に対する比率で表しています(右図)。各作品の折り方解説に用紙の比率記号が書かれていますので、それを見て用紙を準備してください。カラーページのサンプル集で使用した紙の実寸は、そのページに明記してあります。

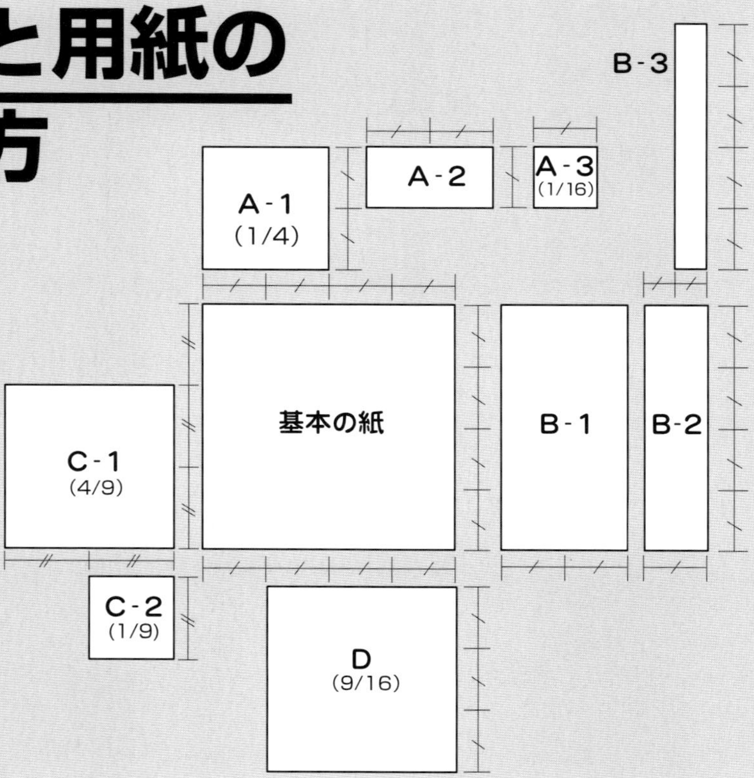

用紙の切り出し方1

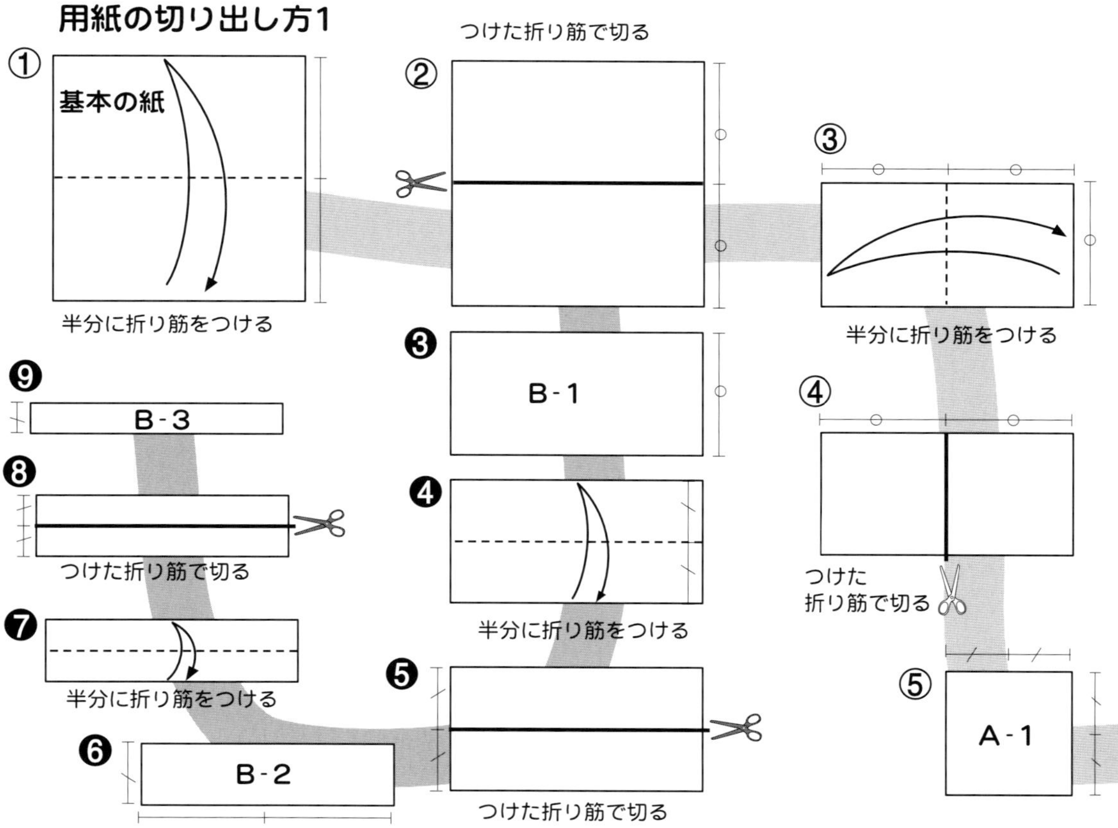

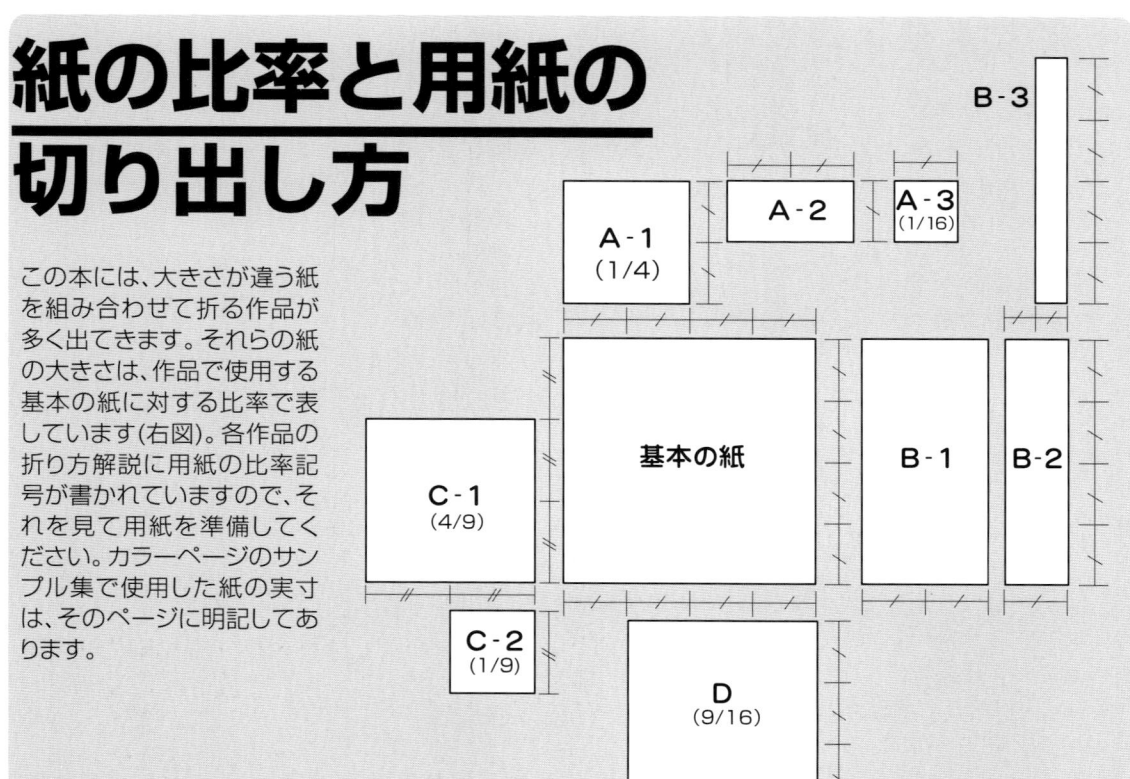

用紙の切り出し方2

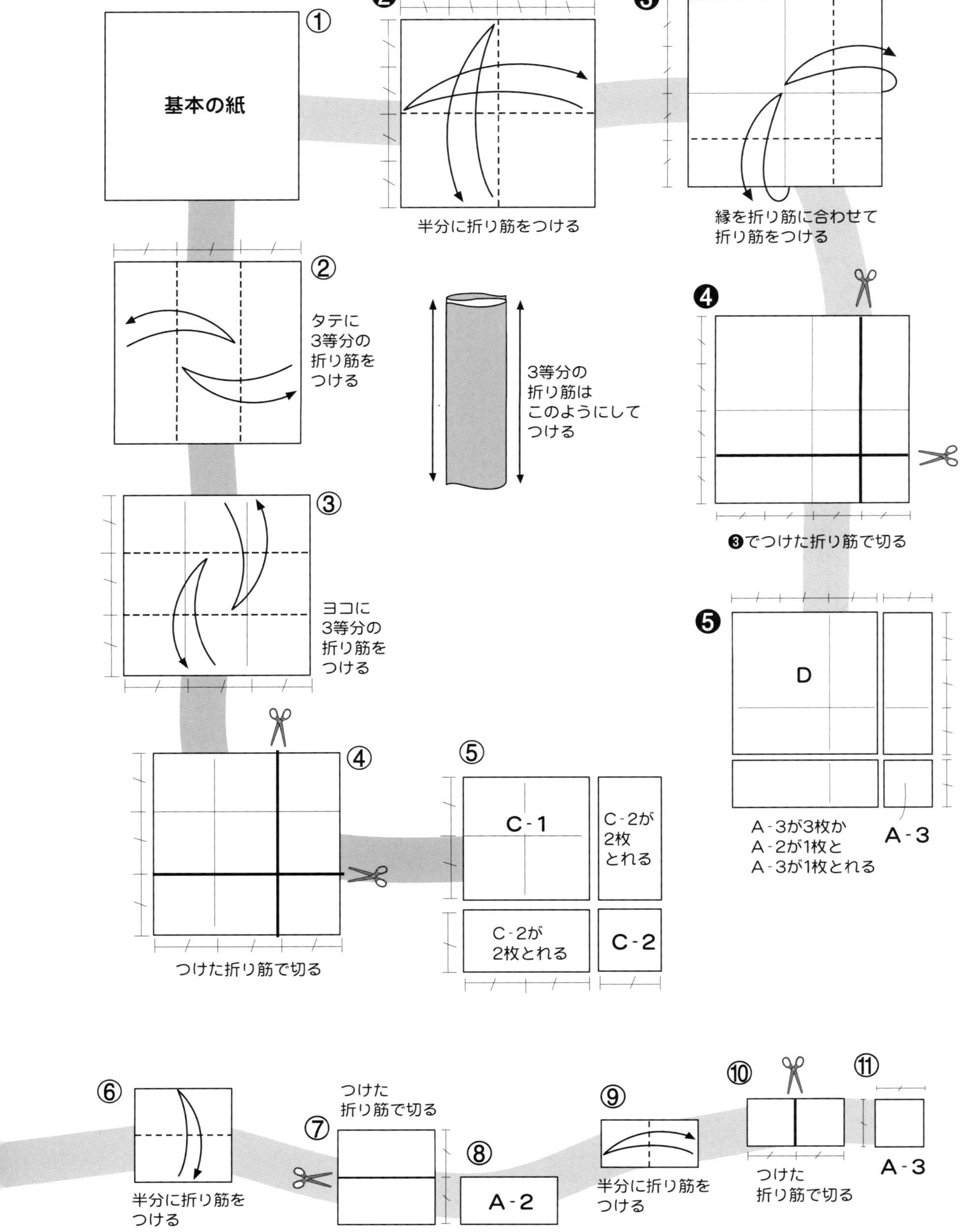

①
基本の紙
②
タテに
3等分の
折り筋を
つける
3等分の
折り筋は
このようにして
つける
③
ヨコに
3等分の
折り筋を
つける
④
つけた折り筋で切る
⑤
C-1
C-2が
2枚
とれる
C-2が
2枚とれる
C-2
❷
半分に折り筋をつける
❸
縁を折り筋に合わせて
折り筋をつける
❹
❸でつけた折り筋で切る
❺
D
A-3が3枚か
A-2が1枚と
A-3が1枚とれる
A-3
⑥
半分に折り筋を
つける
⑦
つけた
折り筋で切る
⑧
A-2
⑨
半分に折り筋を
つける
⑩
つけた
折り筋で切る
⑪
A-3

動物のキャラクター
いぬの顔

からだと同じ大きさの紙で折ります。
スモック、帽子、かばんをつける場合、
スモックを基本の紙で、顔とからだはD、帽子はA-1、
かばんはC-1の比率の紙で折ります。

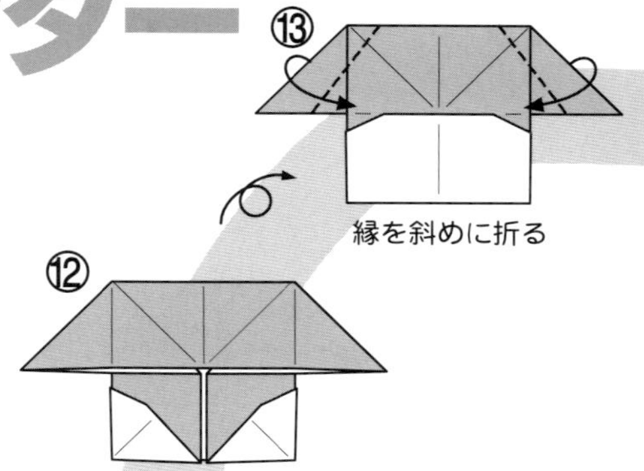
⑫
⑬
縁を斜めに折る

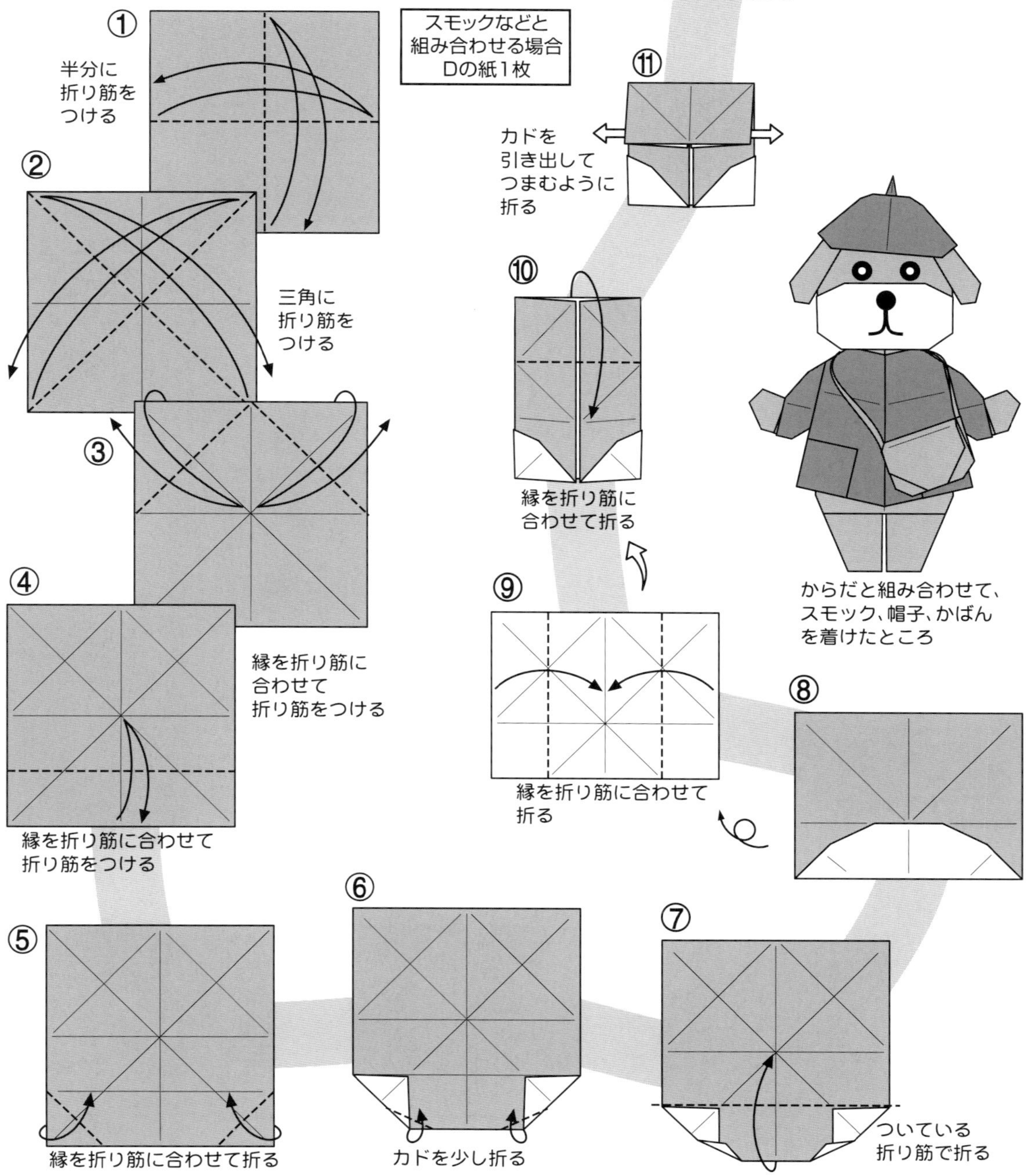
スモックなどと
組み合わせる場合
Dの紙1枚
①
半分に
折り筋を
つける
②
三角に
折り筋を
つける
③
④
縁を折り筋に
合わせて
折り筋をつける
縁を折り筋に合わせて
折り筋をつける
⑤
縁を折り筋に合わせて折る
⑥
カドを少し折る
⑦
ついている
折り筋で折る
⑧
⑨
縁を折り筋に合わせて
折る
⑩
縁を折り筋に
合わせて折る
⑪
カドを
引き出して
つまむように
折る
からだと組み合わせて、
スモック、帽子、かばん
を着けたところ

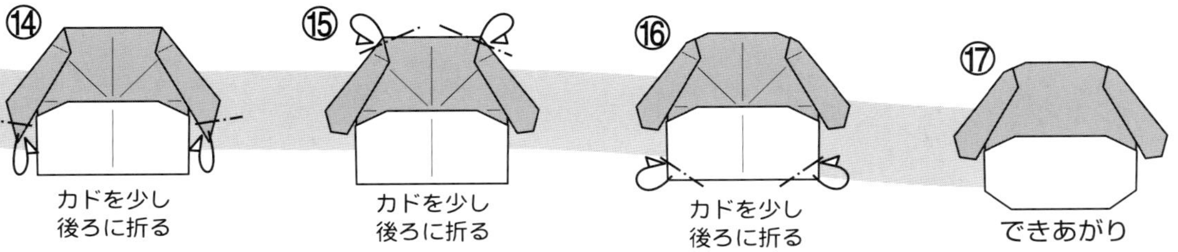
14
カドを少し
後ろに折る
15
カドを少し
後ろに折る
16
カドを少し
後ろに折る
17
できあがり

動物のキャラクター

くまの顔

からだと同じ大きさの紙で折ります。スモック、帽子、かばんをつける場合、スモックを基本の紙で、顔とからだはD、帽子はA-1、かばんはC-1の比率の紙で折ります。❽は、すき間に細い棒などを入れて折るときれいにできます。

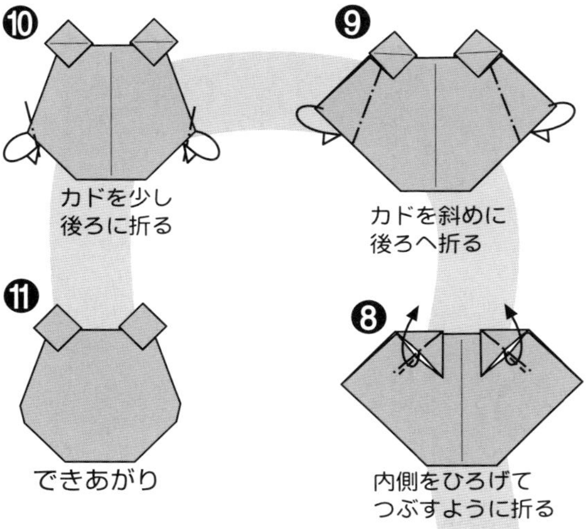
10
カドを少し
後ろに折る
9
カドを斜めに
後ろへ折る
11
できあがり
8
内側をひろげて
つぶすように折る

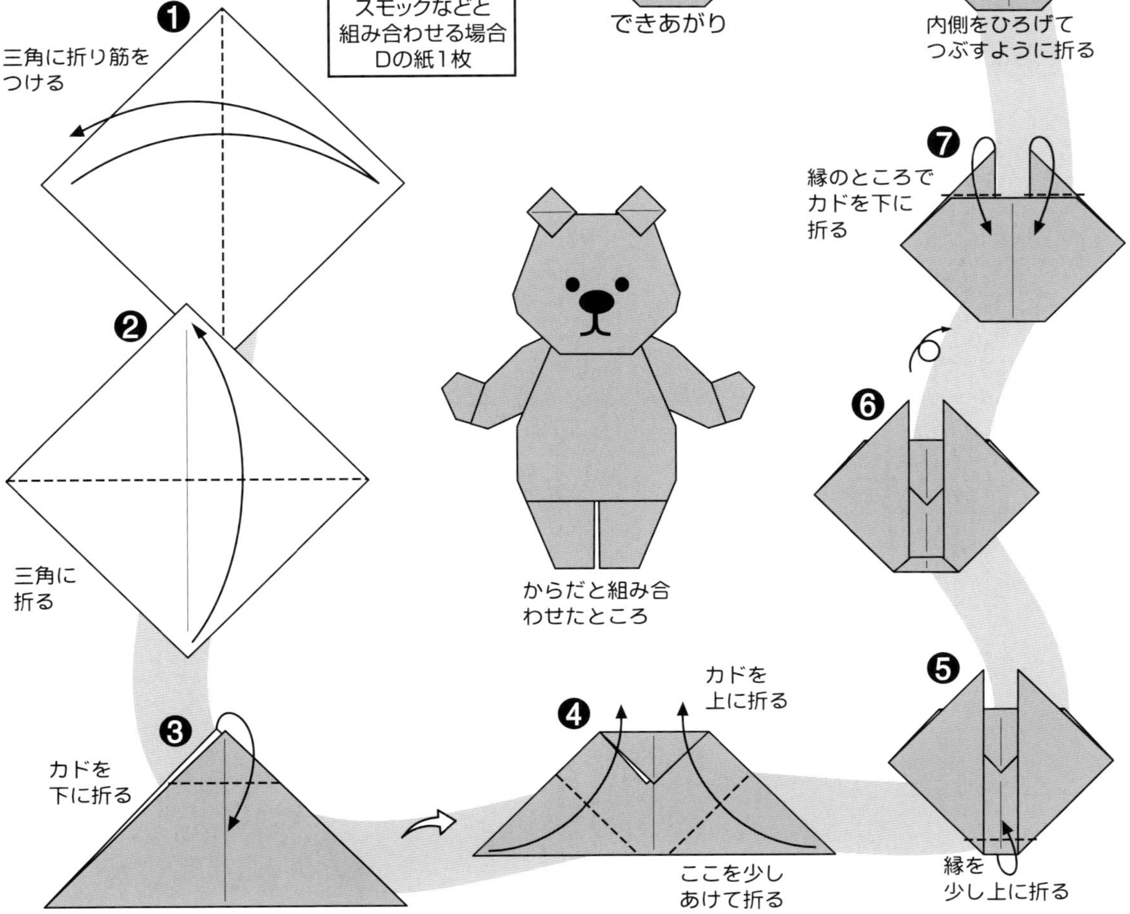
スモックなどと
組み合わせる場合
Dの紙1枚
1
三角に折り筋を
つける
2
三角に
折る
3
カドを
下に折る
4
カドを
上に折る
ここを少し
あけて折る
5
縁を
少し上に折る
6
7
縁のところで
カドを下に
折る
からだと組み合
わせたところ

動物のキャラクター

ぶたの顔

からだに対してC-1の比率の紙で折ります。
スモック、帽子、かばんをつける場合、スモックを基本の紙で、顔とからだはD、帽子はA-1、かばんはC-1の比率の紙で折ります。

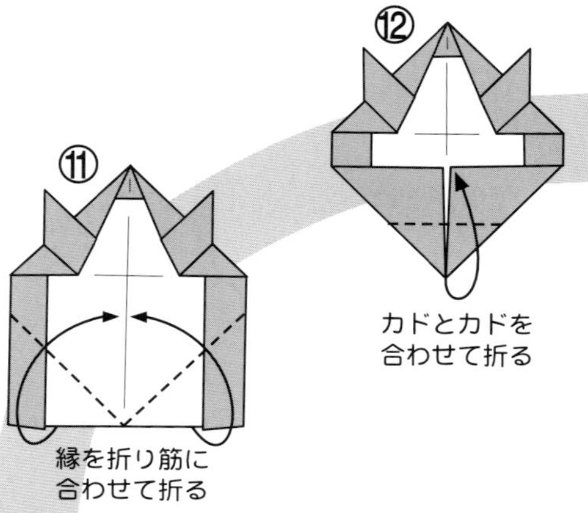
⑪
縁を折り筋に
合わせて折る
⑫
カドとカドを
合わせて折る

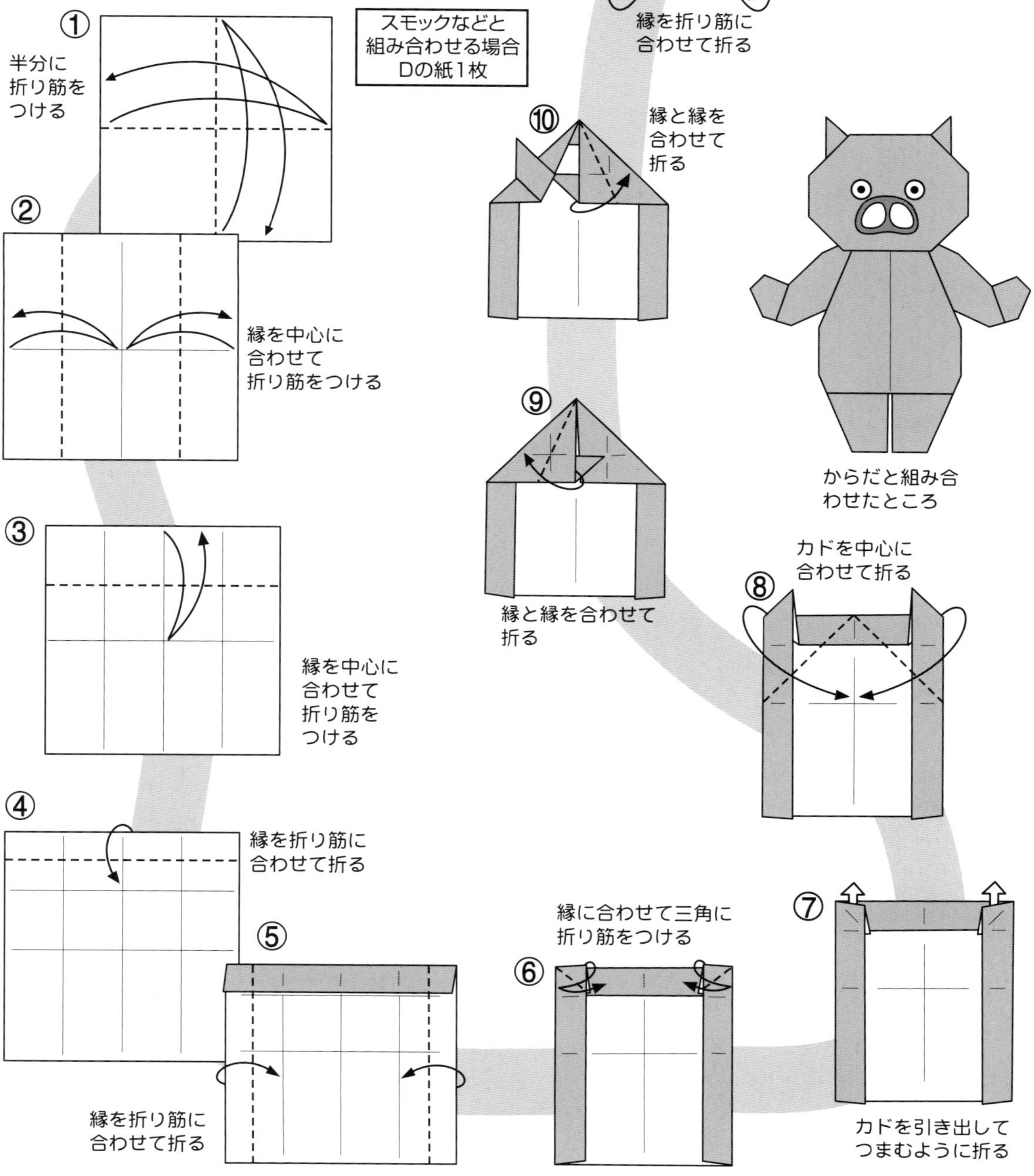
スモックなどと
組み合わせる場合
Dの紙1枚
①
半分に
折り筋を
つける
②
縁を中心に
合わせて
折り筋をつける
③
縁を中心に
合わせて
折り筋を
つける
④
縁を折り筋に
合わせて折る
⑤
縁を折り筋に
合わせて折る
⑥
縁に合わせて三角に
折り筋をつける
⑦
カドを引き出して
つまむように折る
⑧
カドを中心に
合わせて折る
⑨
縁と縁を合わせて
折る
⑩
縁と縁を
合わせて
折る
からだと組み合
わせたところ

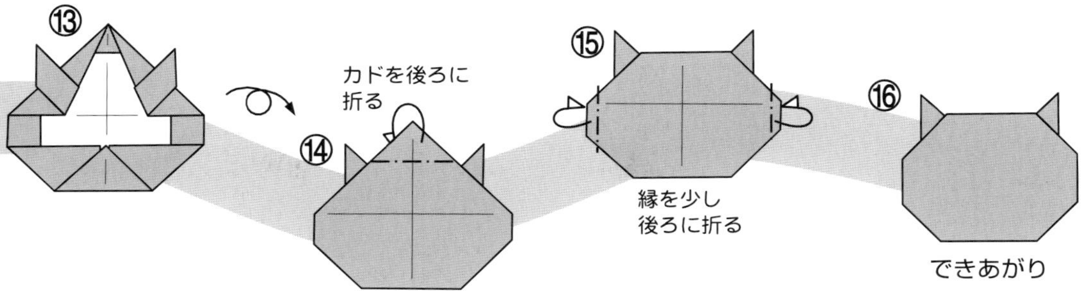
⑬
⑭
カドを後ろに
折る
⑮
縁を少し
後ろに折る
⑯
できあがり

動物のキャラクター

ねこの顔

からだと同じ大きさの紙で折ります。
スモック、帽子、かばんをつける場合、
スモックを基本の紙で、顔とからだはD、
帽子はA-1、かばんはC-1の比率の紙で折ります。

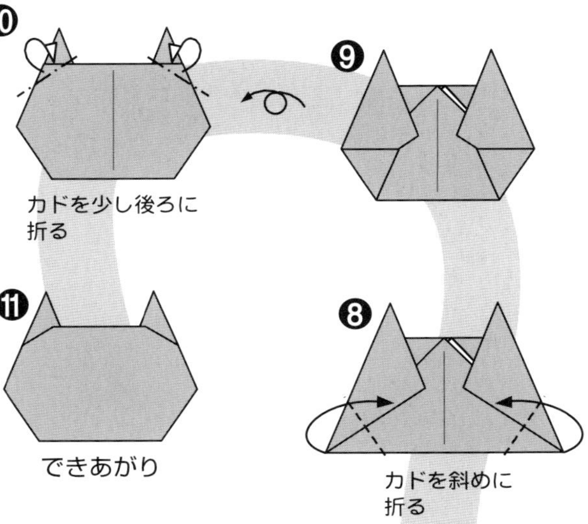
❿
カドを少し後ろに
折る
❾
⓫
できあがり
❽
カドを斜めに
折る

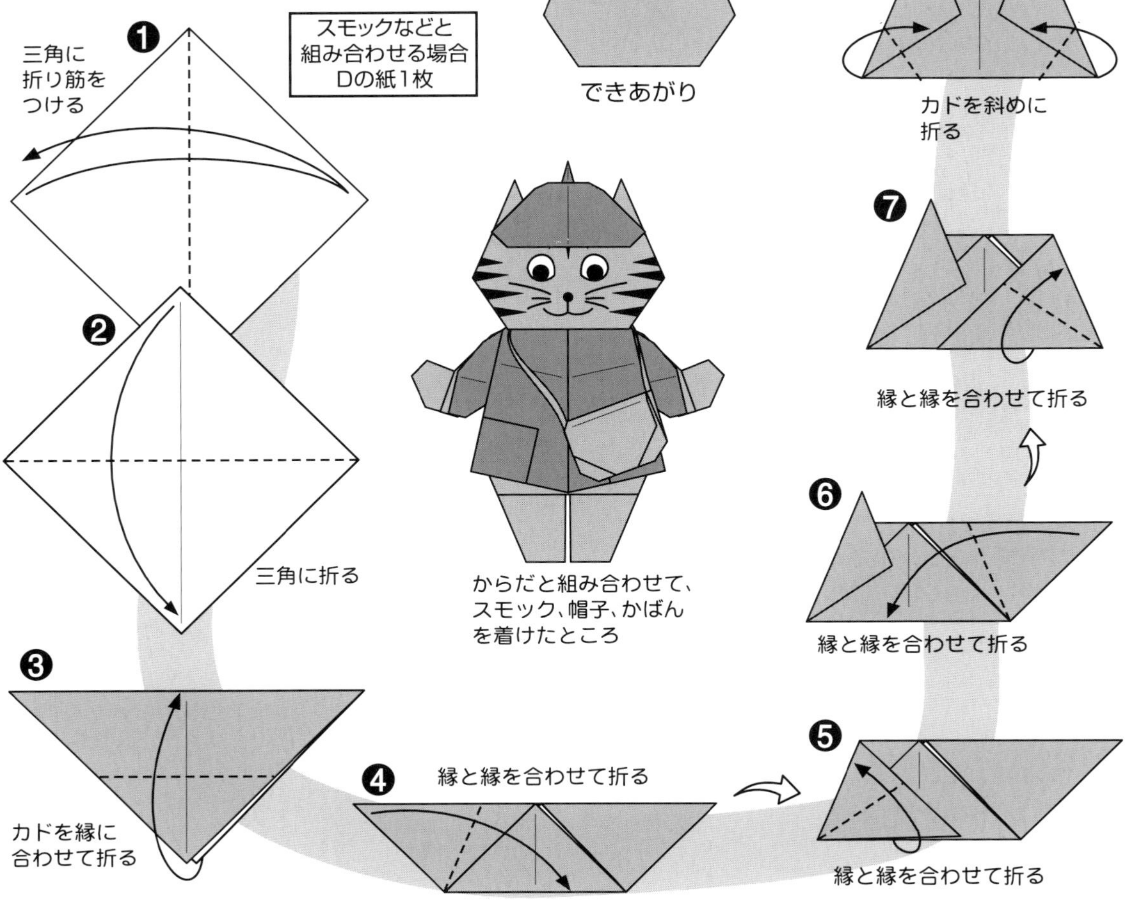
スモックなどと
組み合わせる場合
Dの紙1枚
❶
三角に
折り筋を
つける
❷
三角に折る
❸
カドを縁に
合わせて折る
❹
縁と縁を合わせて折る
❺
縁と縁を合わせて折る
❻
縁と縁を合わせて折る
❼
縁と縁を合わせて折る
からだと組み合わせて、
スモック、帽子、かばん
を着けたところ

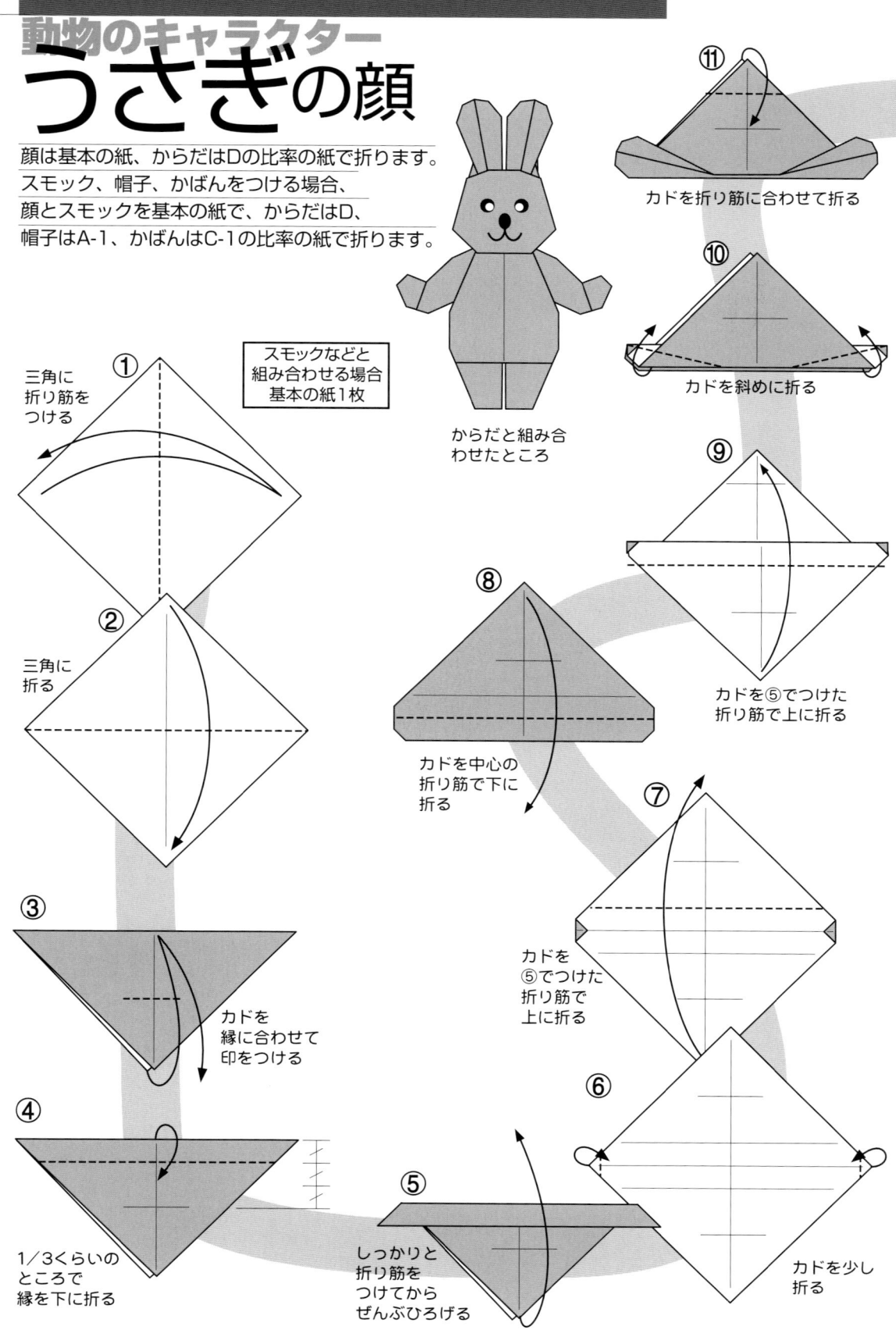

動物のキャラクター

うさぎの顔

顔は基本の紙、からだはDの比率の紙で折ります。
スモック、帽子、かばんをつける場合、
顔とスモックを基本の紙で、からだはD、
帽子はA-1、かばんはC-1の比率の紙で折ります。

からだと組み合わせたところ

スモックなどと
組み合わせる場合
基本の紙1枚

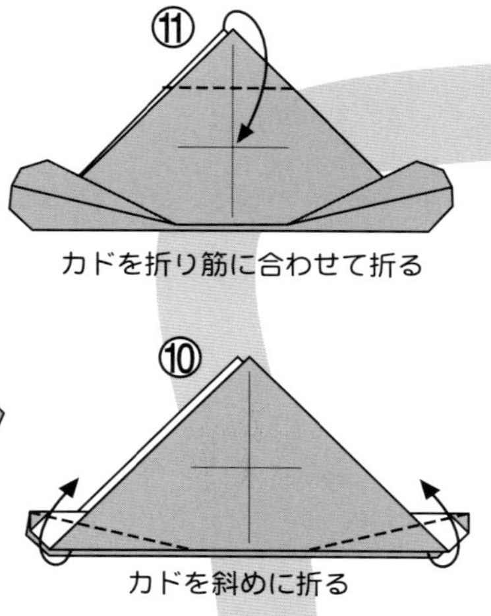
⑪
カドを折り筋に合わせて折る
⑩
カドを斜めに折る

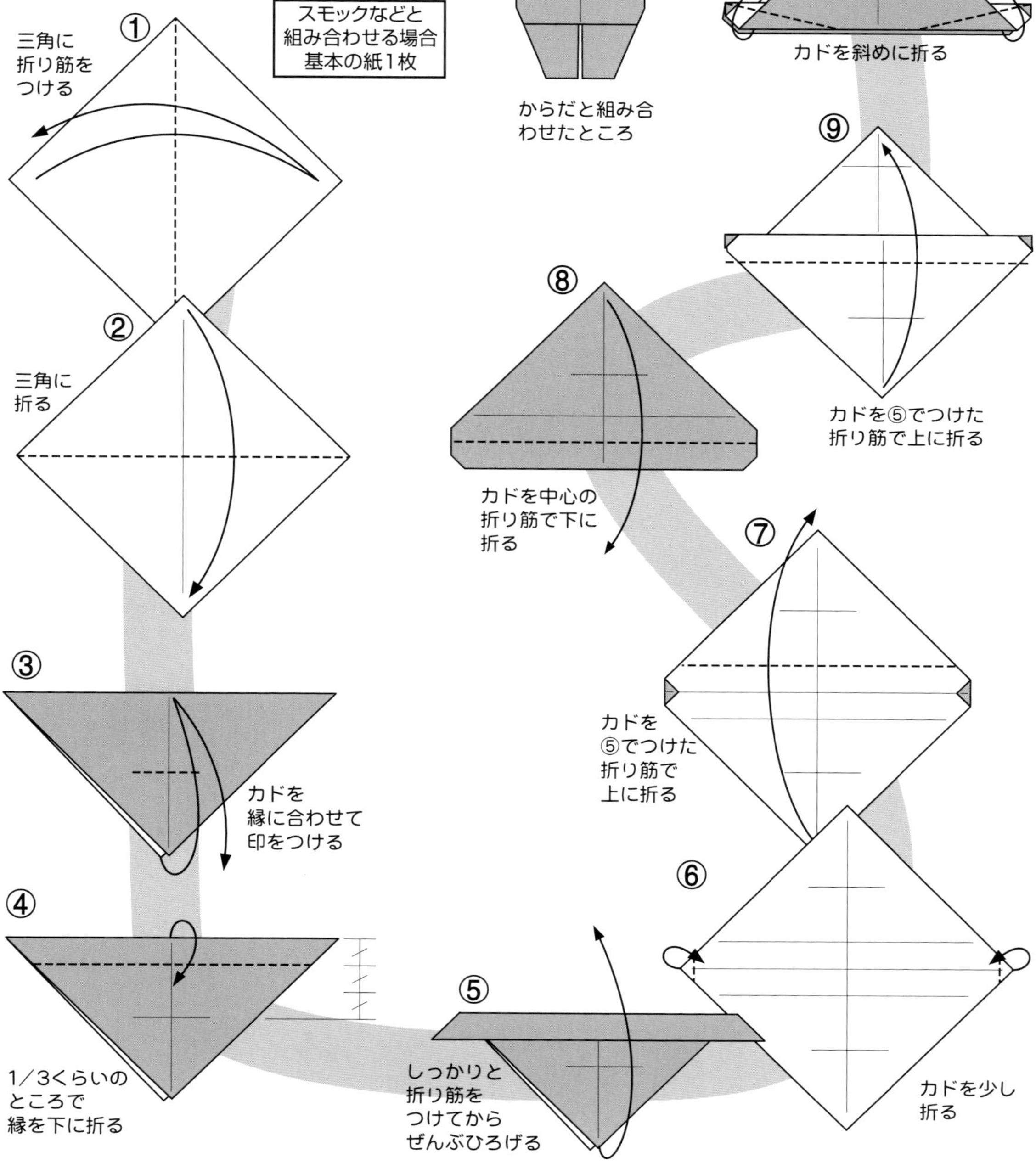
①
三角に折り筋をつける
②
三角に折る
③
カドを縁に合わせて印をつける
④
1/3くらいのところで縁を下に折る
⑤
しっかりと折り筋をつけてからぜんぶひろげる
⑥
カドを少し折る
⑦
カドを⑤でつけた折り筋で上に折る
⑧
カドを中心の折り筋で下に折る
⑨
カドを⑤でつけた折り筋で上に折る

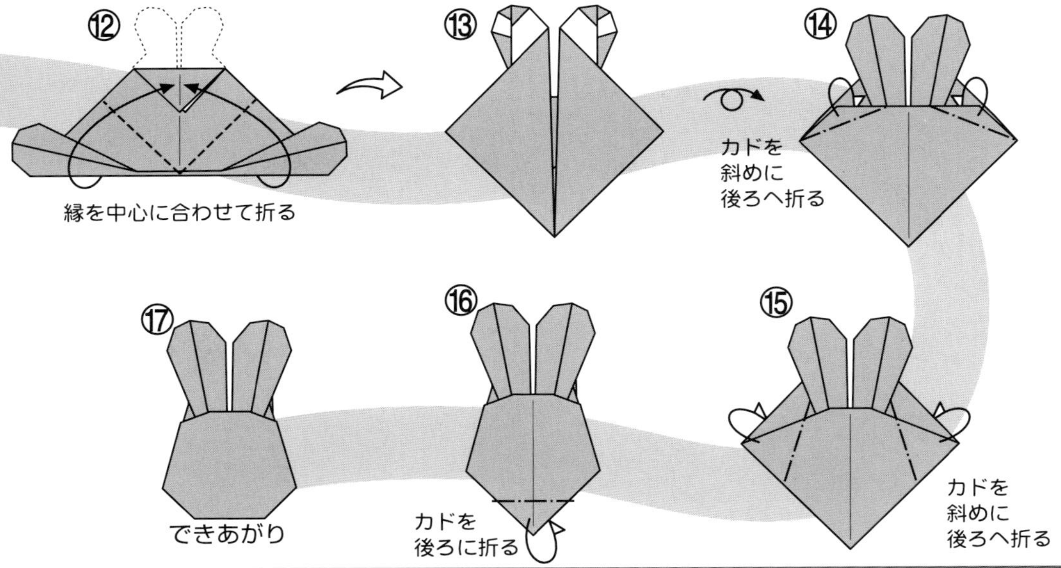
⑫
縁を中心に合わせて折る
⑬
⑭
カドを
斜めに
後ろへ折る
⑮
カドを
斜めに
後ろへ折る
⑯
カドを
後ろに折る
⑰
できあがり

動物のキャラクター

ぞうの顔

耳と鼻は同じ大きさの紙で折ります。
からだよりひと回り小さな紙を使うと
バランスがよくなります。スモック、
帽子、かばんをつける場合、スモックを
基本の紙で、顔はC-1、からだはD、
帽子はA-1、かばんはC-1の比率の紙で折ります。

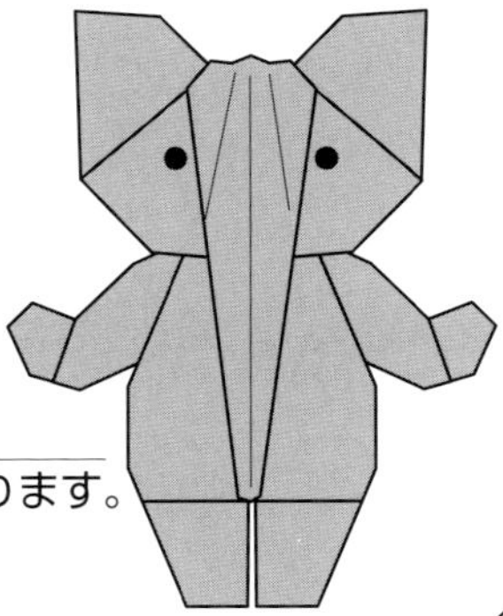

からだと組み合わせたところ

耳

スモックなどと
組み合わせる場合
C-1の紙1枚

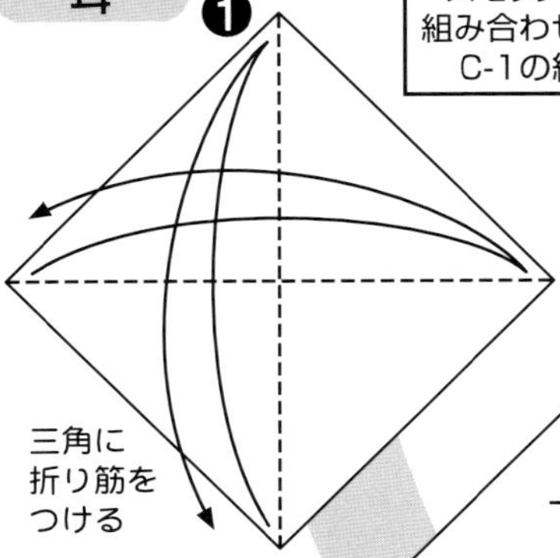
❶
三角に
折り筋を
つける

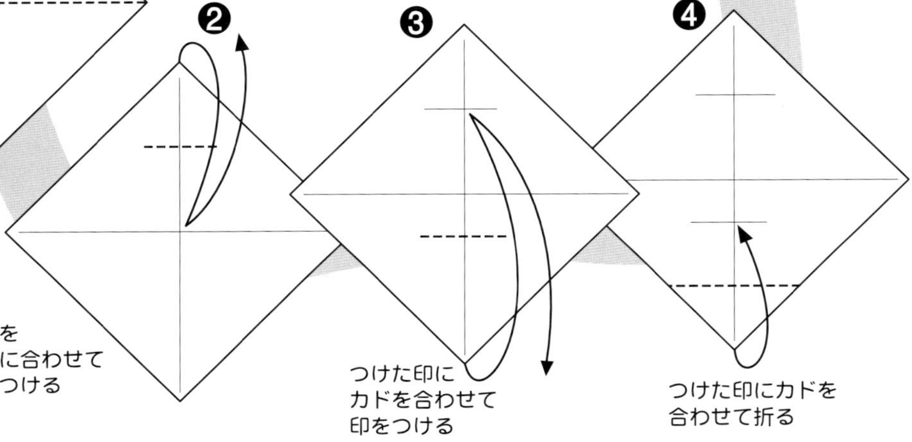
❷
カドを
中心に合わせて
印をつける
❸
つけた印に
カドを合わせて
印をつける
❹
つけた印にカドを
合わせて折る

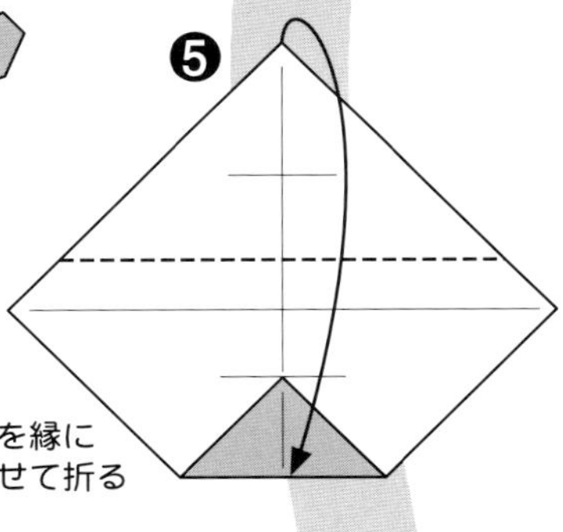
❺
カドを縁に
合わせて折る

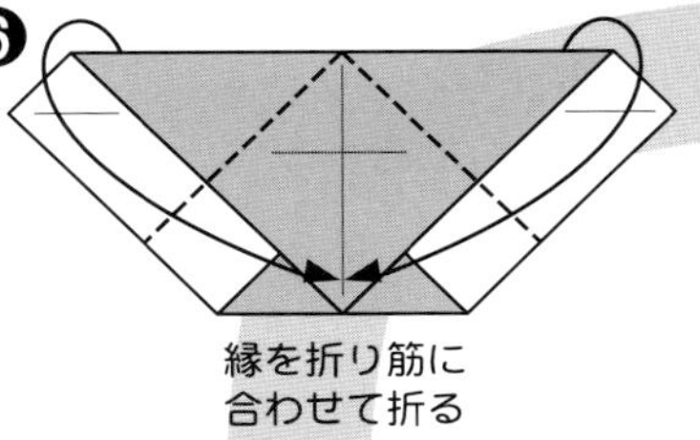
❻
縁を折り筋に
合わせて折る

鼻

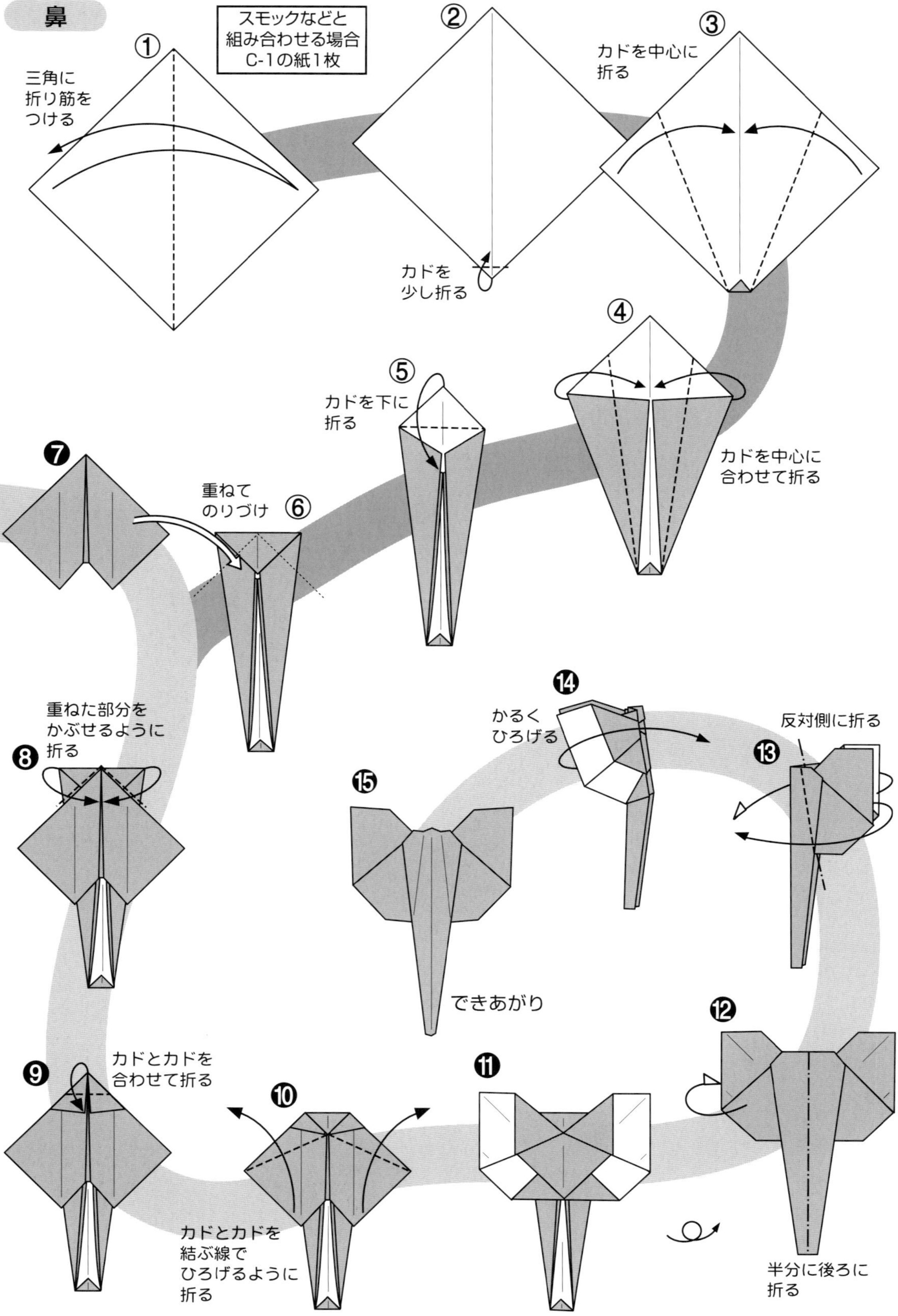
スモックなどと組み合わせる場合 C-1の紙1枚
①
三角に折り筋をつける
②
カドを少し折る
③
カドを中心に折る
④
カドを中心に合わせて折る
⑤
カドを下に折る
⑥
重ねてのりづけ
❼
❽
重ねた部分をかぶせるように折る
❾
カドとカドを合わせて折る
❿
カドとカドを結ぶ線でひろげるように折る
⓫
⓬
半分に後ろに折る
⓭
反対側に折る
⓮
かるくひろげる
⓯
できあがり

動物のキャラクター

ライオンの顔

顔とたてがみは、からだと同じ大きさの紙で折ります。スモック、帽子、かばんをつける場合、スモックを基本の紙で、顔とからだはD、帽子はA-1、かばんはC-1の比率の紙で折ります。

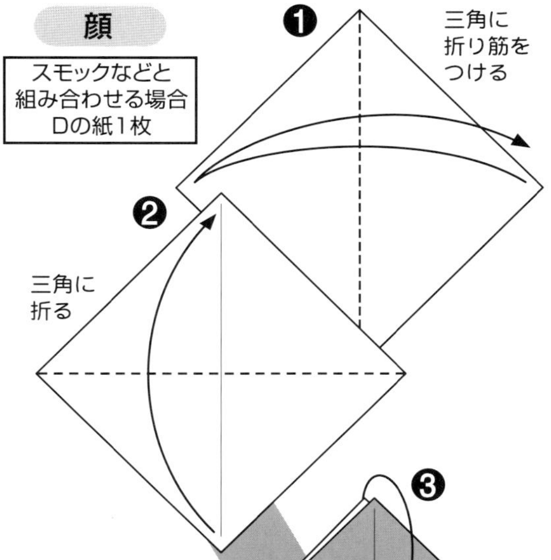
顔
スモックなどと
組み合わせる場合
Dの紙1枚
❶
三角に
折り筋を
つける
❷
三角に
折る

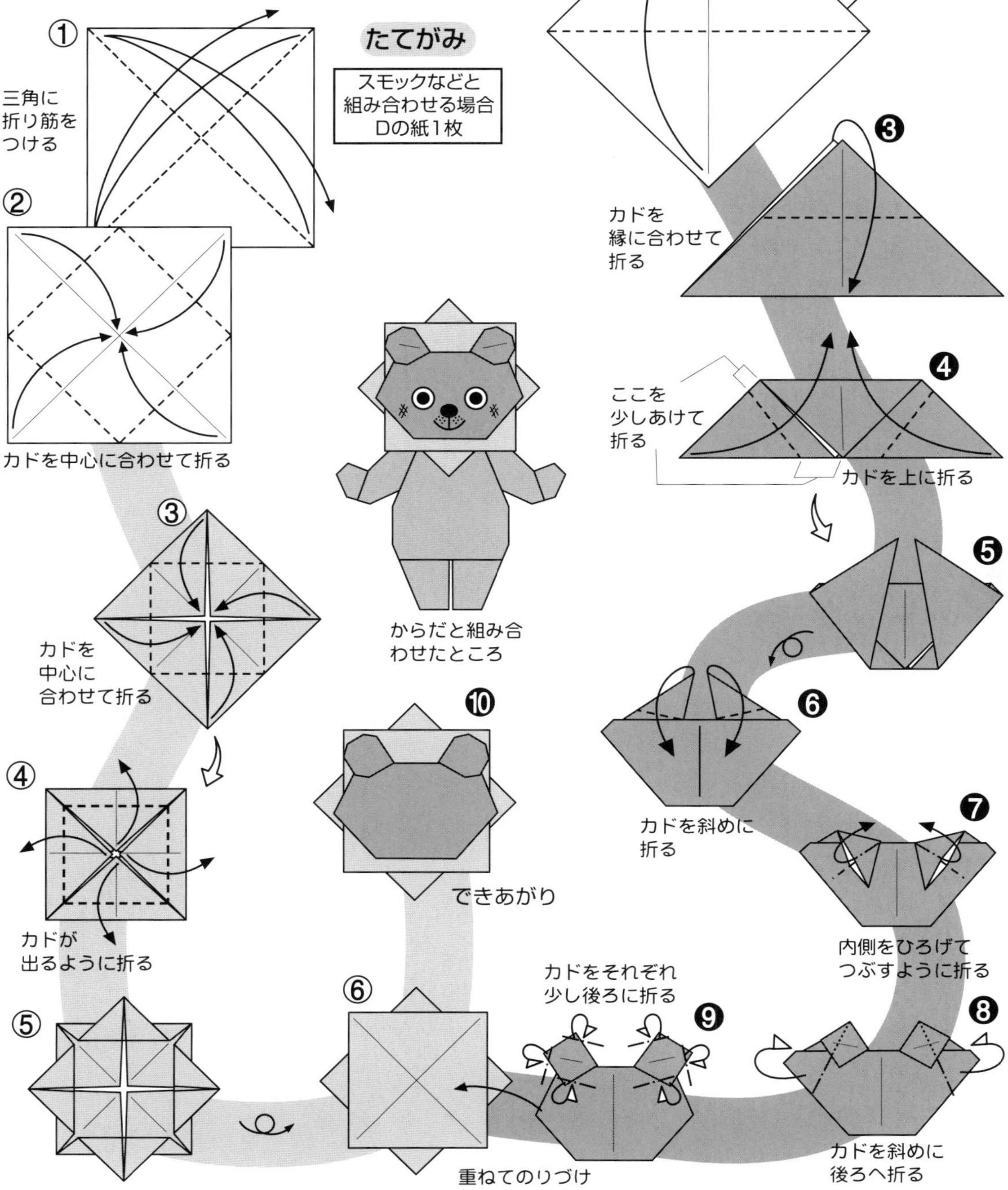
たてがみ
スモックなどと
組み合わせる場合
Dの紙1枚
①
三角に
折り筋を
つける
②
カドを中心に合わせて折る
③
カドを
中心に
合わせて折る
④
カドが
出るように折る
⑤
⑥
重ねてのりづけ
❸
カドを
縁に合わせて
折る
❹
ここを
少しあけて
折る
カドを上に折る
❺
❻
カドを斜めに
折る
❼
内側をひろげて
つぶすように折る
❽
カドを斜めに
後ろへ折る
❾
カドをそれぞれ
少し後ろに折る
❿
できあがり
からだと組み合
わせたところ

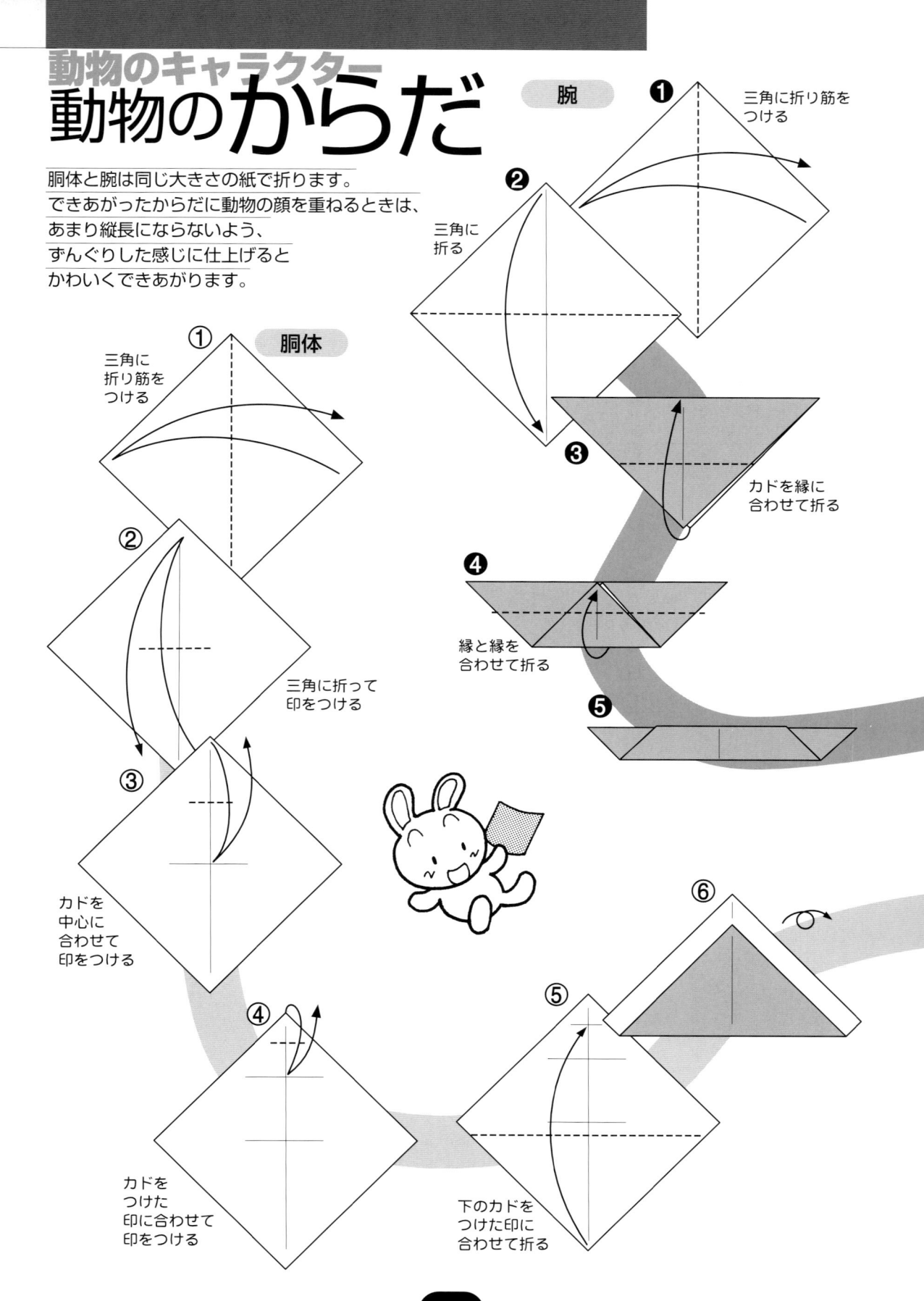

動物のからだ

胴体と腕は同じ大きさの紙で折ります。
できあがったからだに動物の顔を重ねるときは、
あまり縦長にならないよう、
ずんぐりした感じに仕上げると
かわいくできあがります。

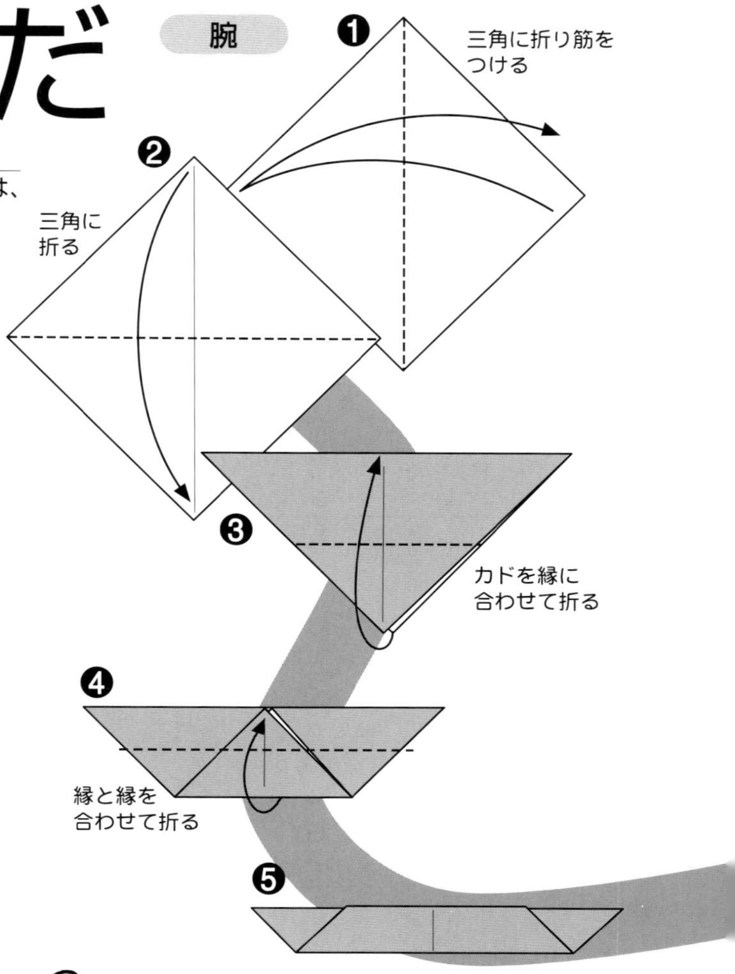
腕
❶
三角に折り筋を
つける
❷
三角に
折る
❸
カドを縁に
合わせて折る
❹
縁と縁を
合わせて折る
❺

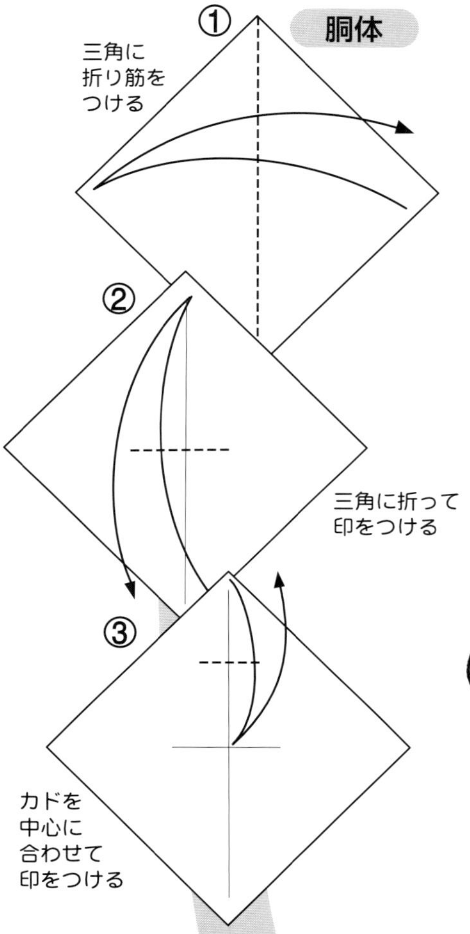
胴体
①
三角に
折り筋を
つける
②
三角に折って
印をつける
③
カドを
中心に
合わせて
印をつける

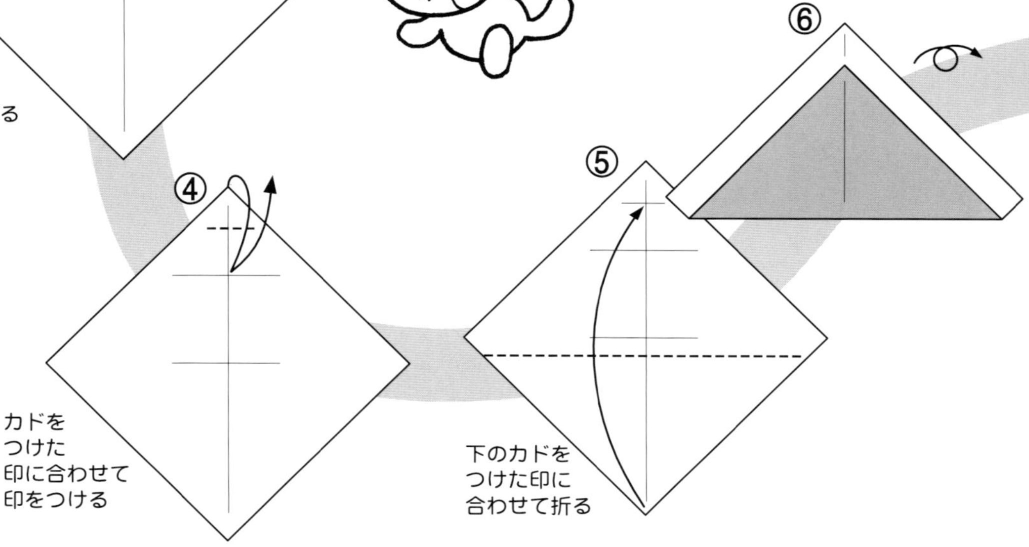
④
カドを
つけた
印に合わせて
印をつける
⑤
下のカドを
つけた印に
合わせて折る
⑥

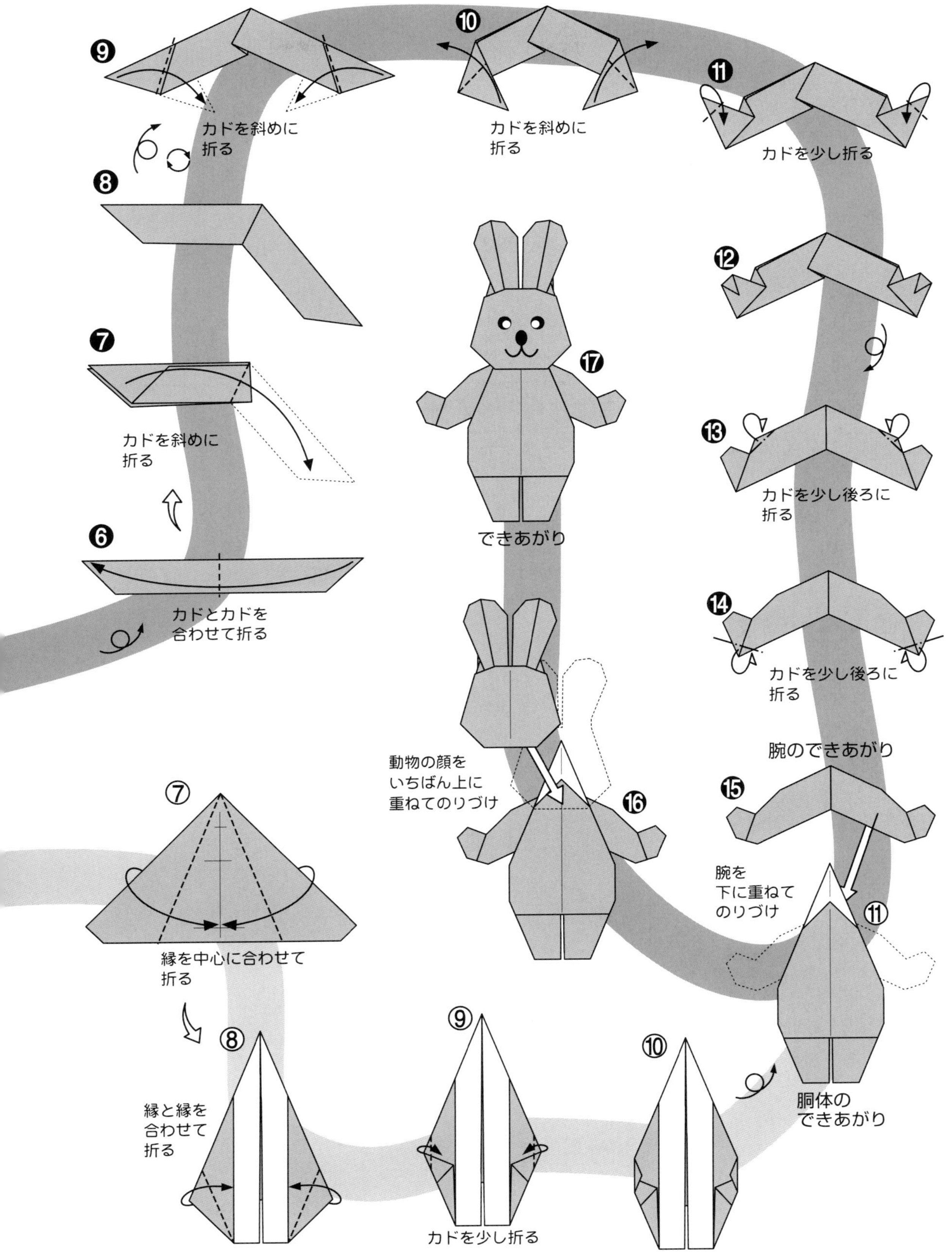

6
カドとカドを
合わせて折る
7
カドを斜めに
折る
8
9
カドを斜めに
折る
10
カドを斜めに
折る
11
カドを少し折る
12
13
カドを少し後ろに
折る
14
カドを少し後ろに
折る
腕のできあがり
15
腕を
下に重ねて
のりづけ
7
縁を中心に合わせて
折る
8
縁と縁を
合わせて
折る
9
カドを少し折る
10
11
胴体の
できあがり
動物の顔を
いちばん上に
重ねてのりづけ
16
17
できあがり

お花
さくら

同じ大きさの紙を5枚使って折ります。
2枚目からは⑤の折る分量を重ねて
揃えましょう。

アレンジしましょう

⑦で切り落とさなければ普通の5弁の花になります

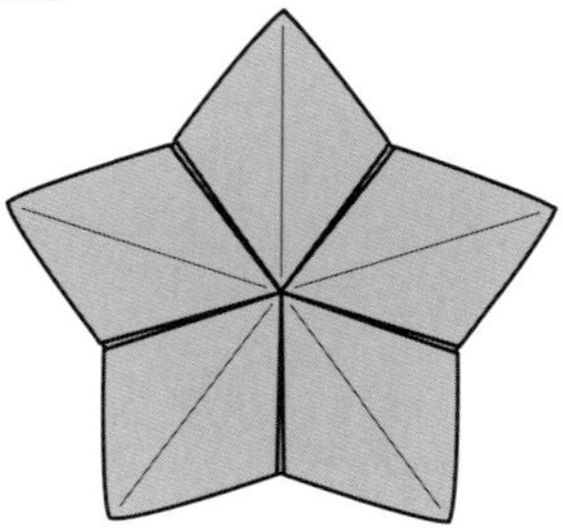

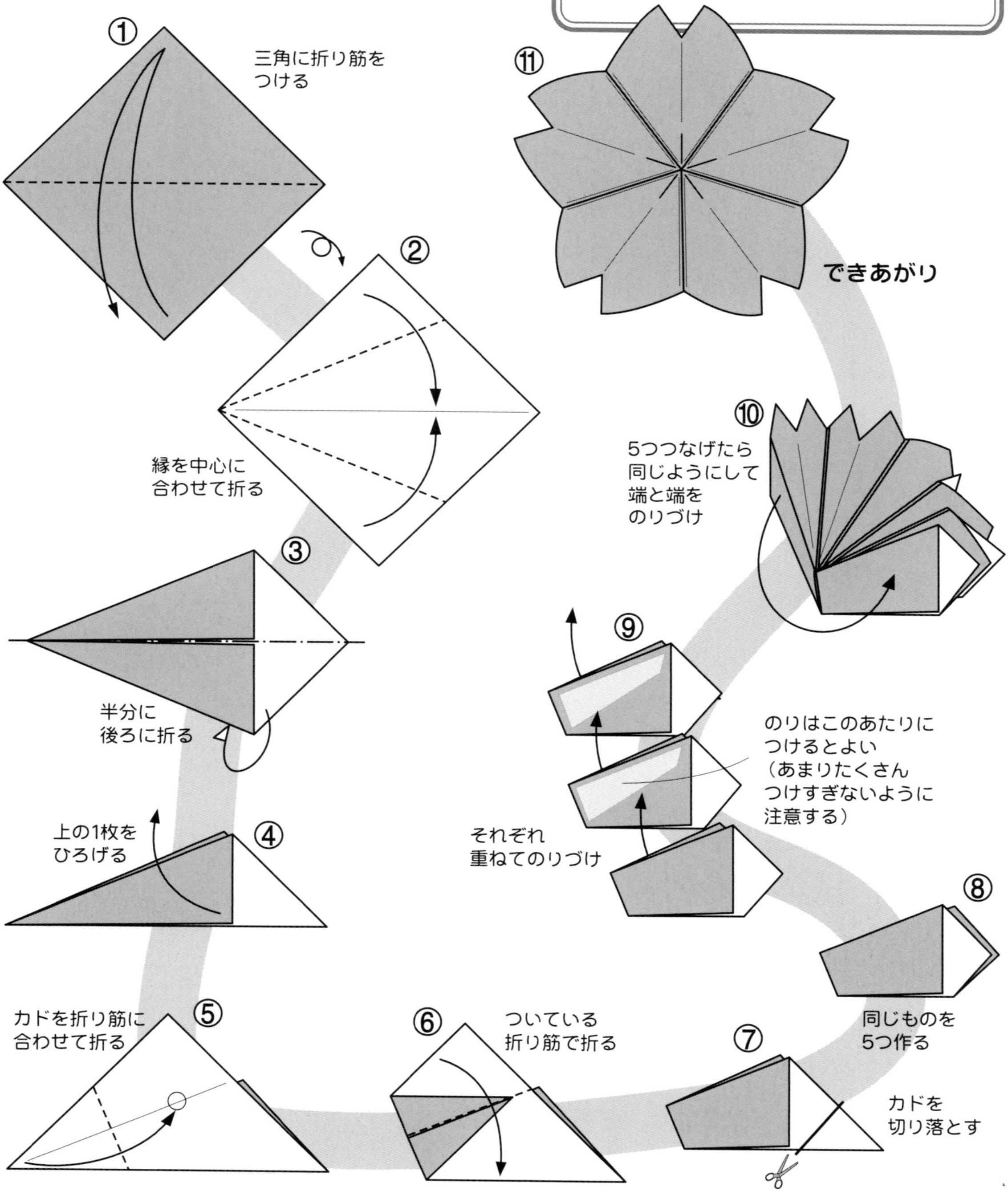

①
三角に折り筋をつける
②
縁を中心に合わせて折る
③
半分に後ろに折る
④
上の1枚をひろげる
⑤
カドを折り筋に合わせて折る
⑥
ついている折り筋で折る
⑦
カドを切り落とす
⑧
同じものを5つ作る
⑨
それぞれ重ねてのりづけ
のりはこのあたりにつけるとよい（あまりたくさんつけすぎないように注意する）
⑩
5つつなげたら同じようにして端と端をのりづけ
⑪
できあがり

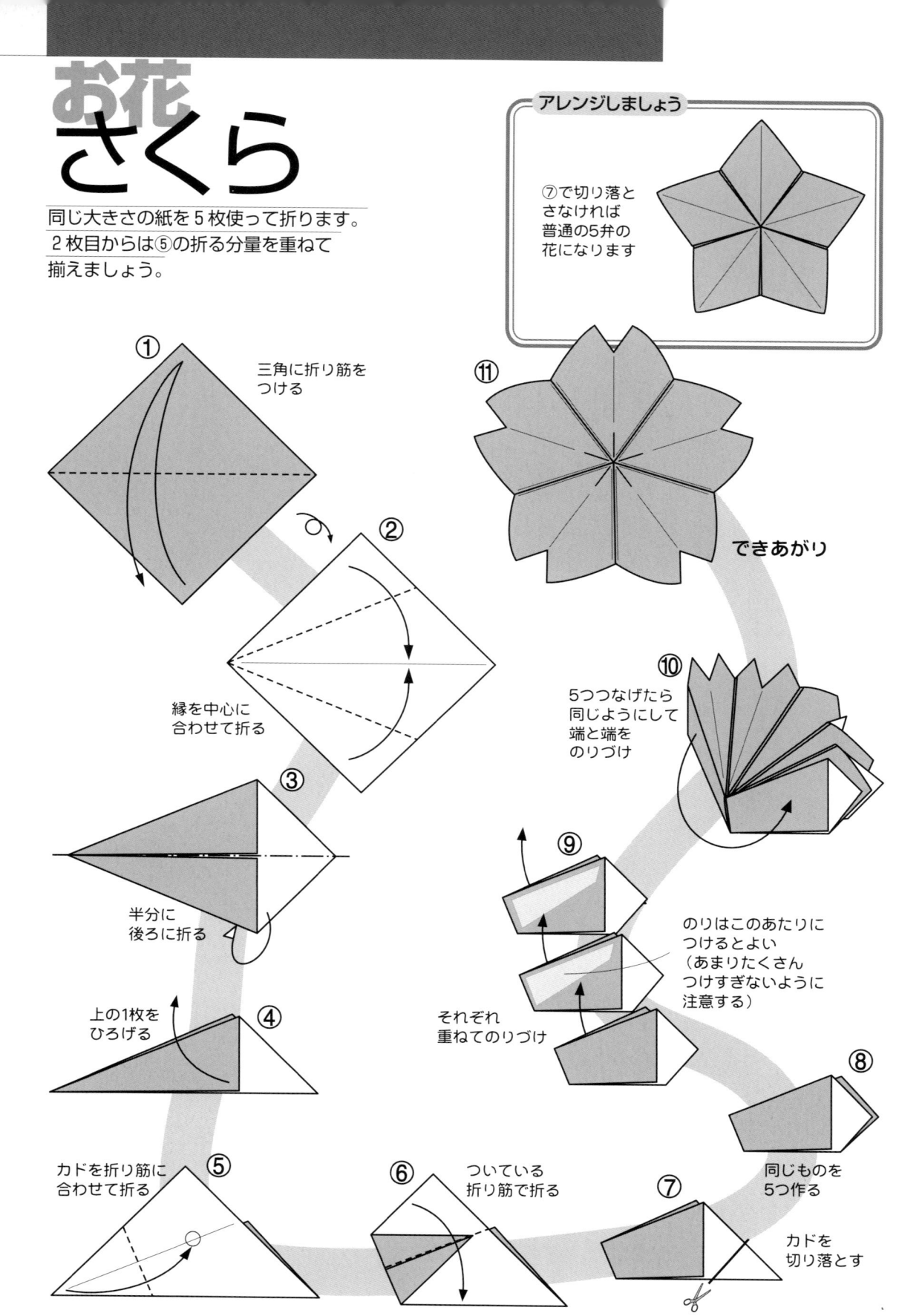

お花 チューリップ

花と葉は基本の紙で折ります。茎は葉と同じ色の紙をA-2の比率くらいの適当な大きさに切って、細く巻くようにして折って使います。
のりのつけすぎに注意しましょう。

伝承作品（花のみ）

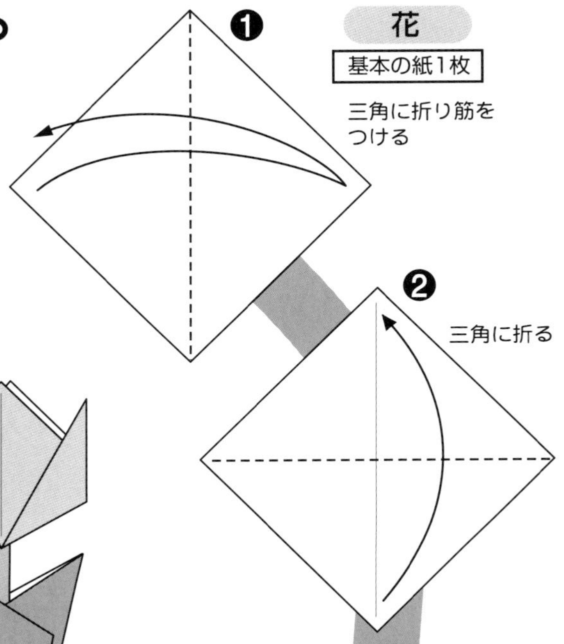
花
基本の紙1枚
❶
三角に折り筋をつける
❷
三角に折る

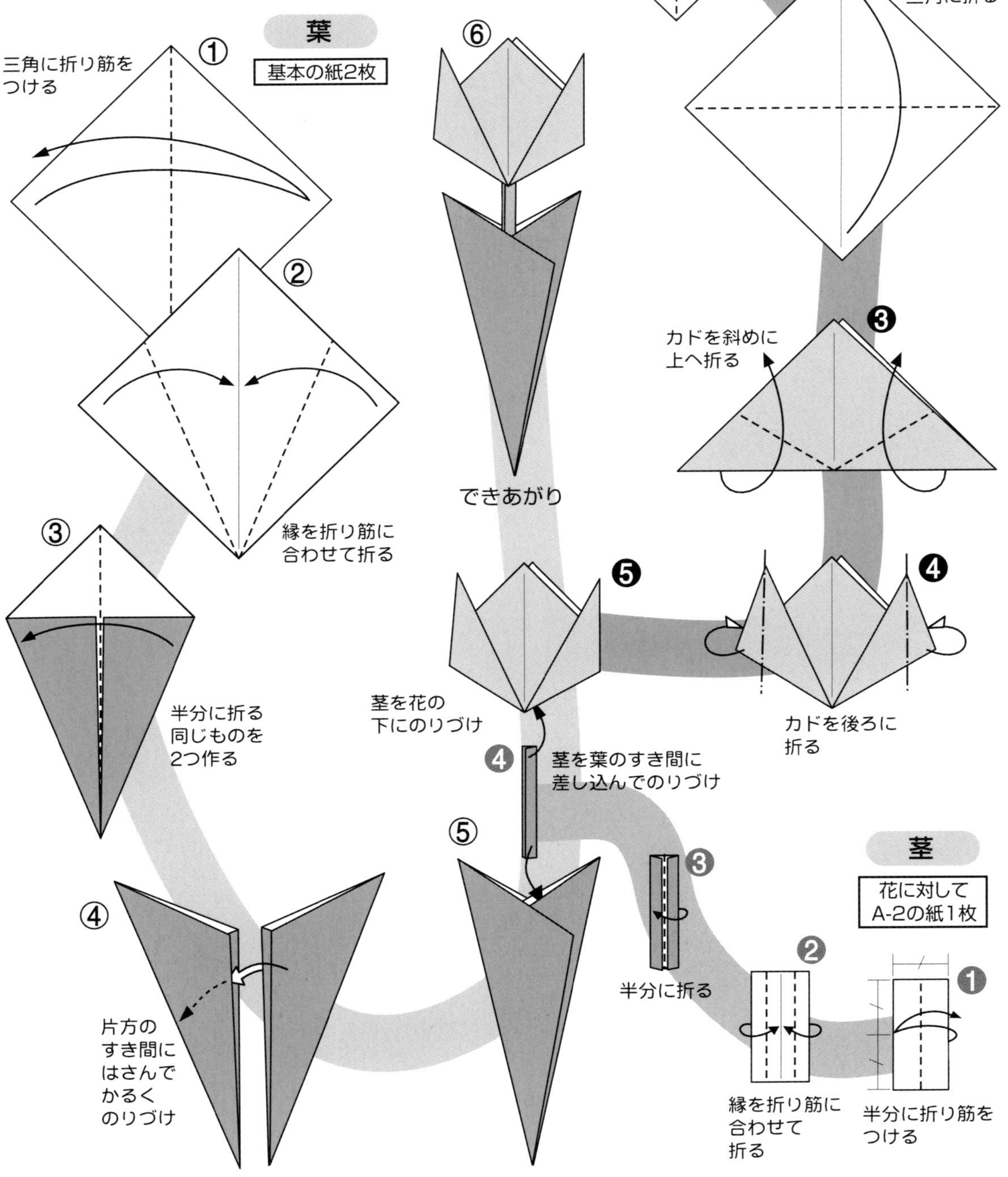
葉
基本の紙2枚
①
三角に折り筋をつける
②
縁を折り筋に合わせて折る
③
半分に折る
同じものを2つ作る
④
片方のすき間にはさんでかるくのりづけ
⑤
⑥
できあがり
❸
カドを斜めに上へ折る
❹
カドを後ろに折る
❺
茎を花の下にのりづけ
❹
茎を葉のすき間に差し込んでのりづけ
茎
花に対してA-2の紙1枚
❶
半分に折り筋をつける
❷
縁を折り筋に合わせて折る
❸
半分に折る

お花

あじさい

花は葉に対してA-1の比率の紙で折ります。
花の⑩がポイントです。
くぼみは控えめのほうがきれいに仕上がります。

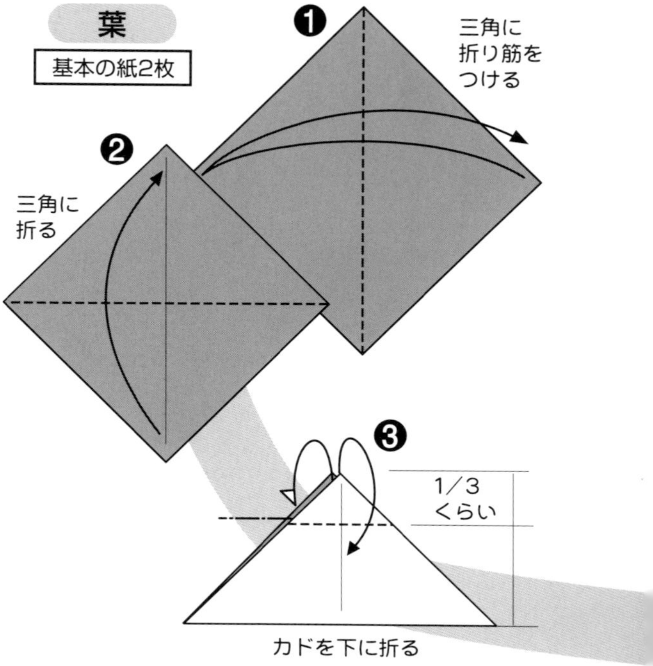

葉
基本の紙2枚
❶ 三角に折り筋をつける
❷ 三角に折る
❸
1/3くらい
カドを下に折る

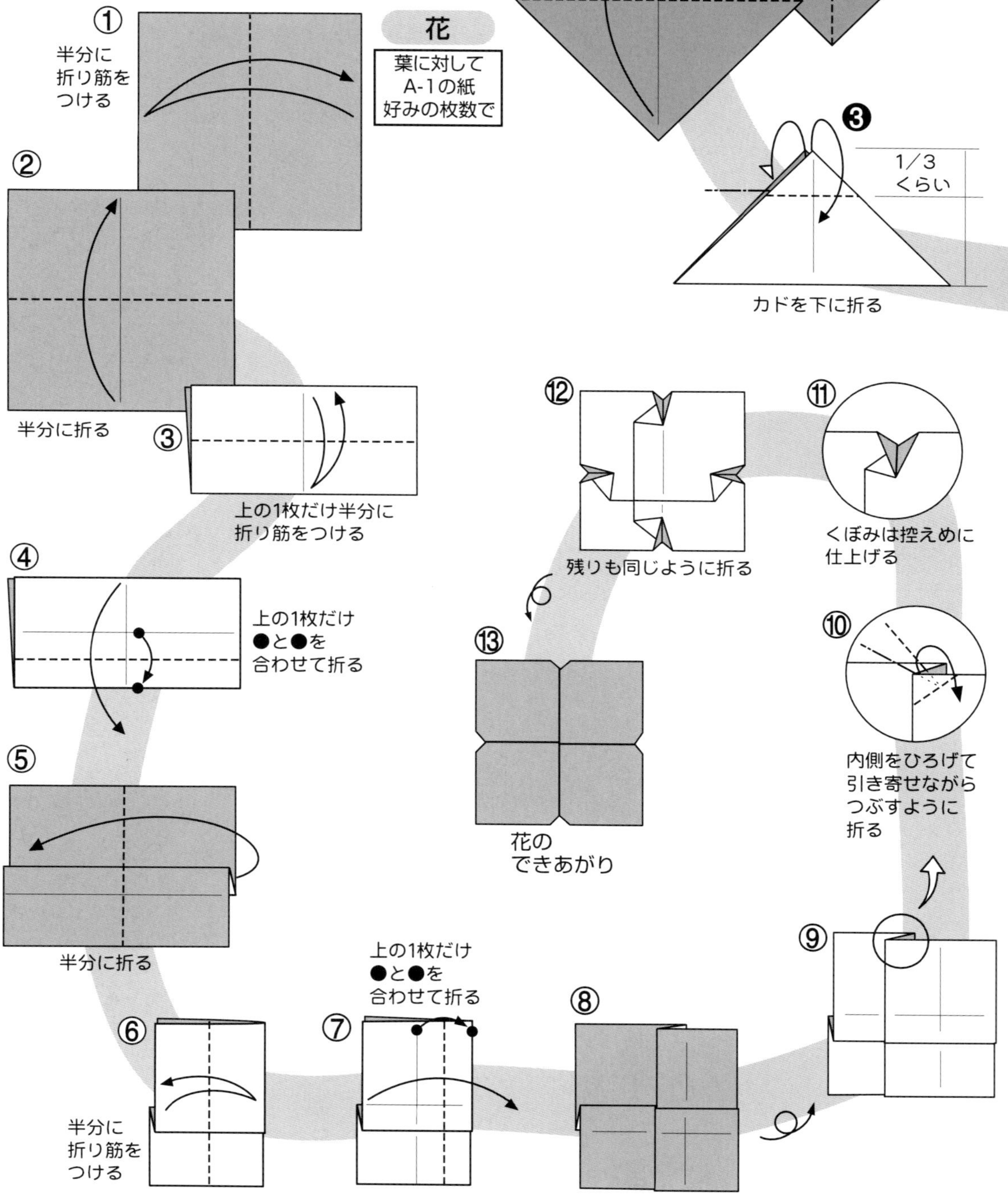

花
葉に対してA-1の紙好みの枚数で
① 半分に折り筋をつける
② 半分に折る
③ 上の1枚だけ半分に折り筋をつける
④ 上の1枚だけ●と●を合わせて折る
⑤ 半分に折る
⑥ 半分に折り筋をつける
⑦ 上の1枚だけ●と●を合わせて折る
⑧
⑨
⑩ 内側をひろげて引き寄せながらつぶすように折る
⑪ くぼみは控えめに仕上げる
⑫ 残りも同じように折る
⑬ 花のできあがり

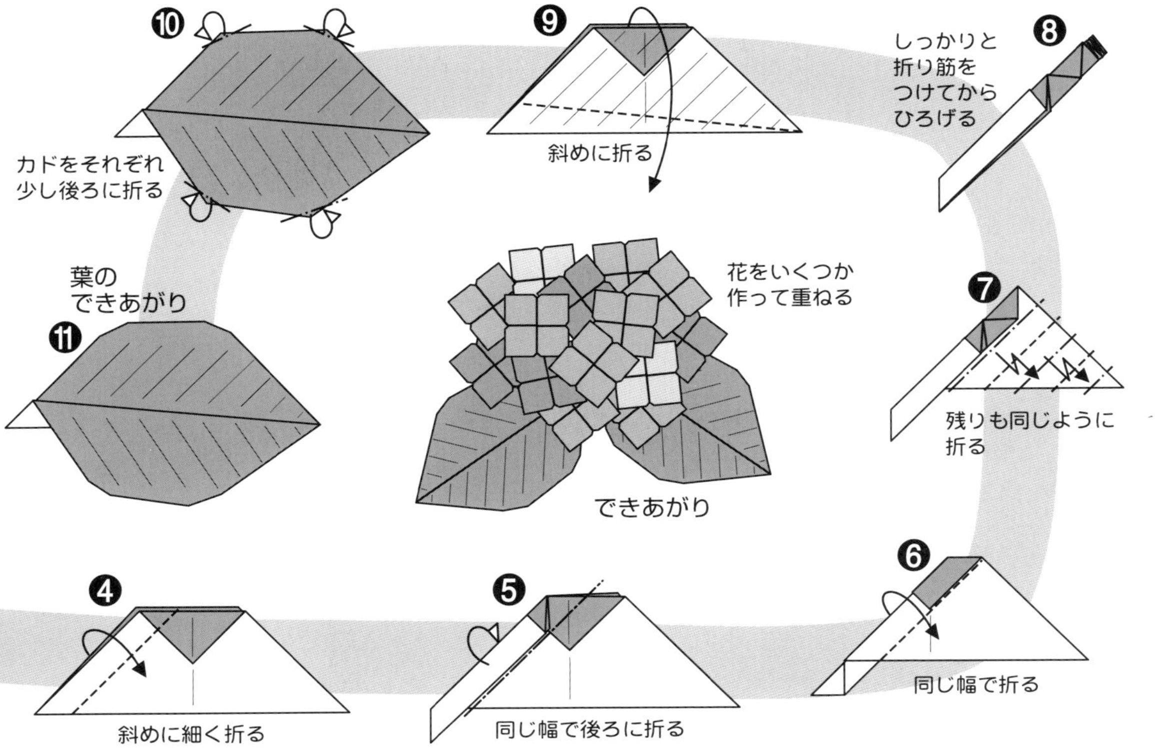
❹
斜めに細く折る
❺
同じ幅で後ろに折る
❻
同じ幅で折る
❼
残りも同じように折る
❽
しっかりと折り筋をつけてからひろげる
❾
斜めに折る
❿
カドをそれぞれ少し後ろに折る
⓫
葉のできあがり
花をいくつか作って重ねる
できあがり

お花

ばら

花の内側と外側は基本の紙で、
葉はC-2の比率の紙で折ります。
⑨でカドをすき間に折り込むことで、
内側と外側がはずれなくなります。

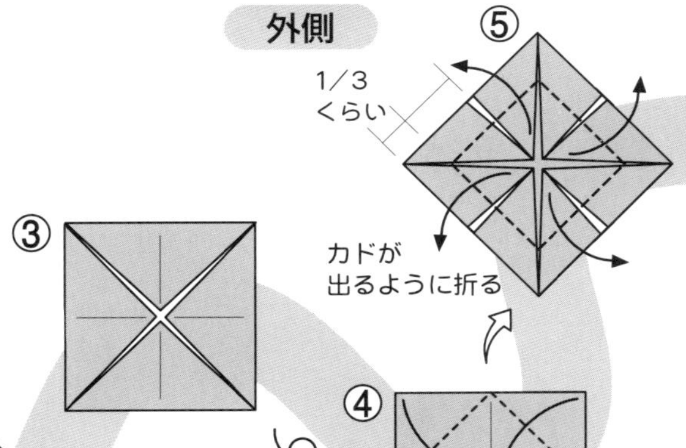
③
外側
⑤
1/3
くらい
カドが
出るように折る

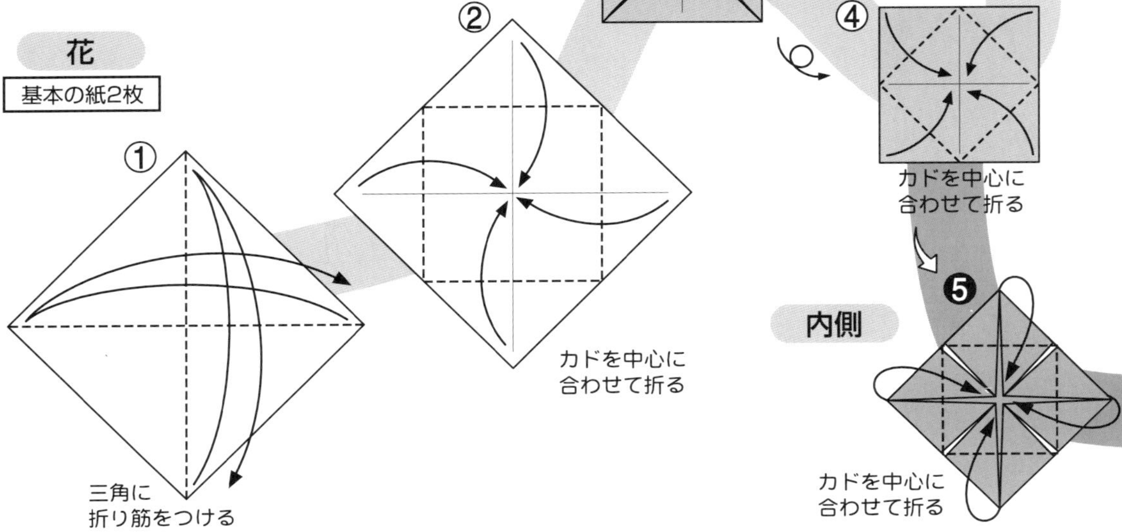
花
基本の紙2枚
①
三角に
折り筋をつける
②
カドを中心に
合わせて折る
④
カドを中心に
合わせて折る
内側
❺
カドを中心に
合わせて折る

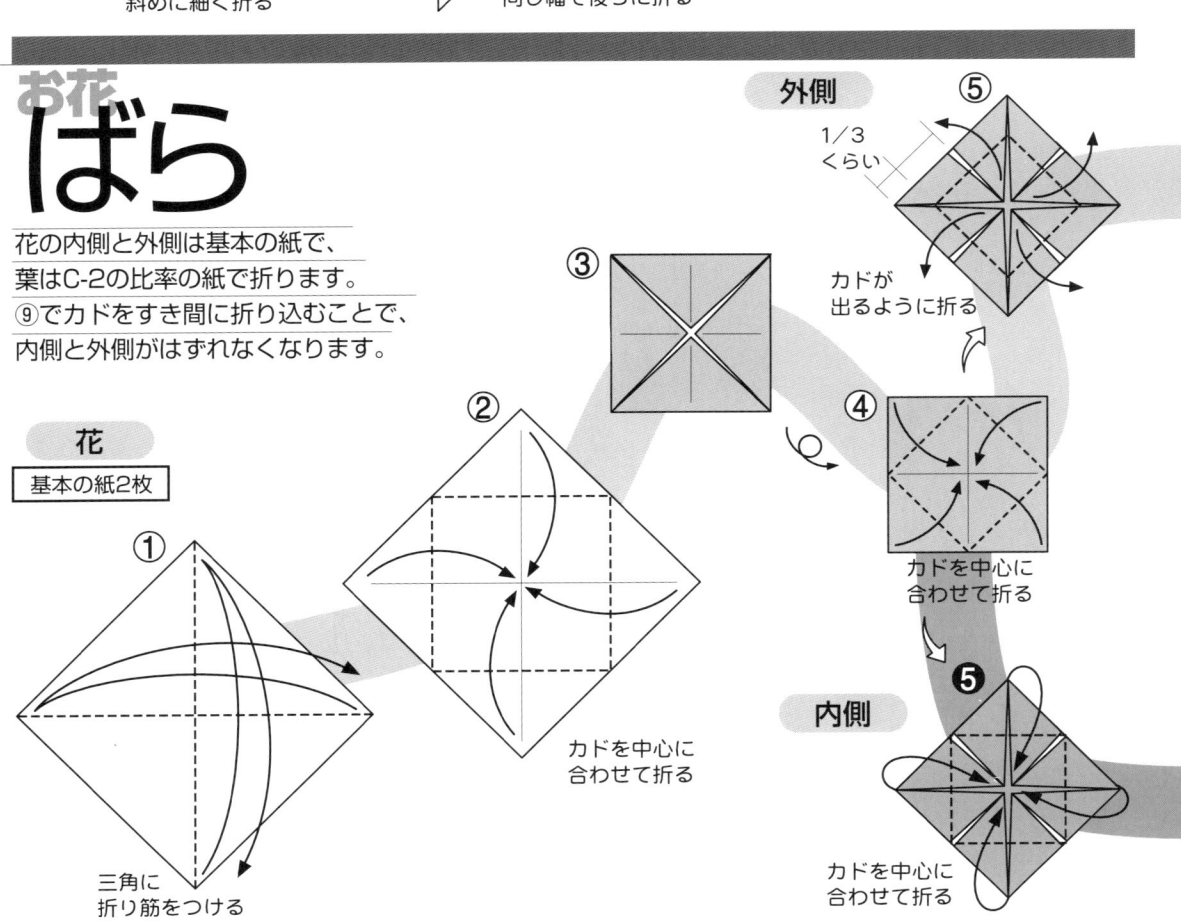

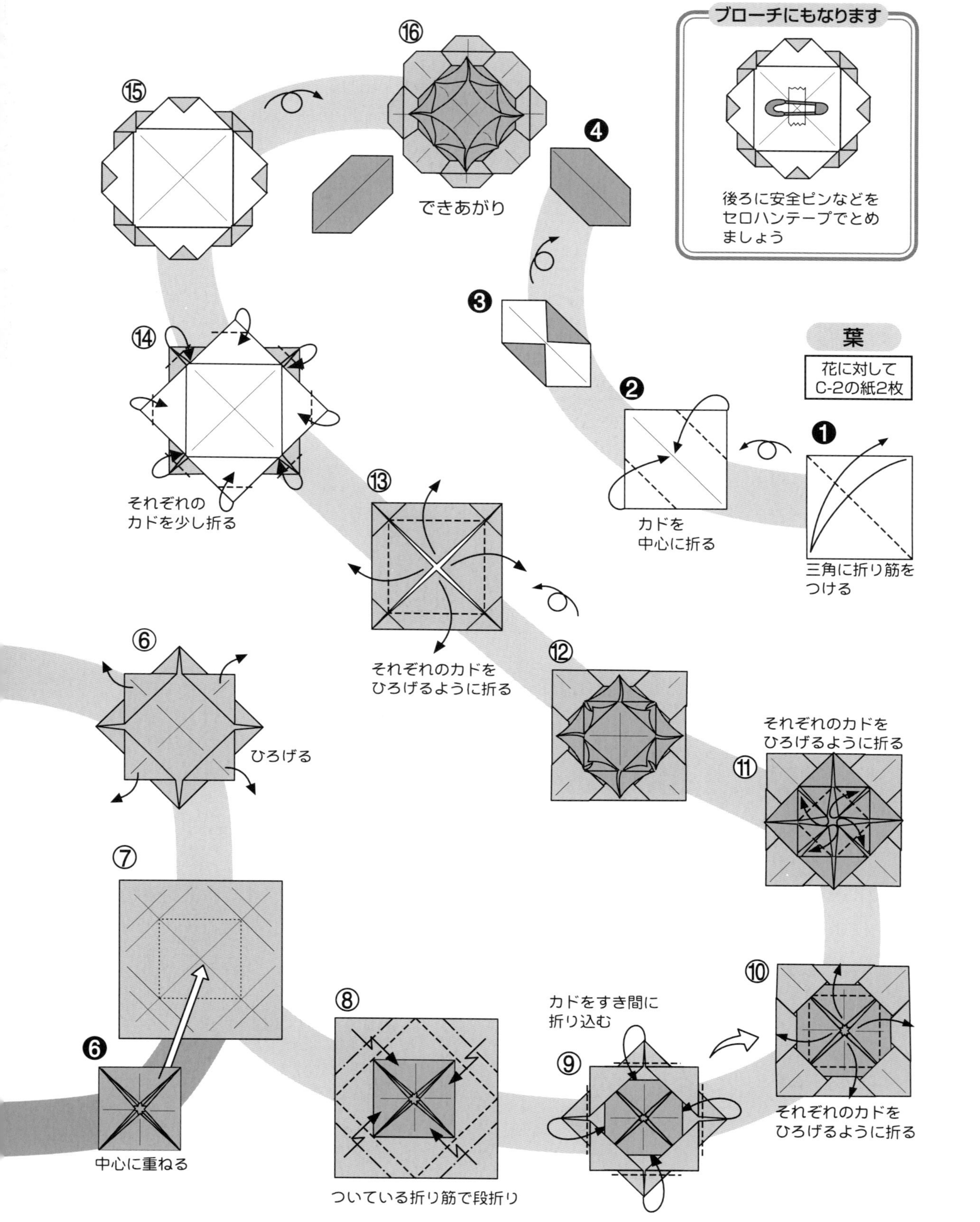
ブローチにもなります
後ろに安全ピンなどを
セロハンテープでとめ
ましょう
葉
花に対して
C-2の紙2枚
❶
三角に折り筋を
つける
❷
カドを
中心に折る
❸
❹
❻
中心に重ねる
⑥
ひろげる
⑦
⑧
ついている折り筋で段折り
⑨
カドをすき間に
折り込む
⑩
それぞれのカドを
ひろげるように折る
⑪
それぞれのカドを
ひろげるように折る
⑫
⑬
それぞれのカドを
ひろげるように折る
⑭
それぞれの
カドを少し折る
⑮
⑯
できあがり

お花 すみれ

花芯は花びらに対してA-1の比率の紙で折ります。②で重ねるときに、中心をかるくのりづけしておくと折りやすくなります。花びらの⑬で作るくぼみは、少なめのほうがきれいに仕上がります。

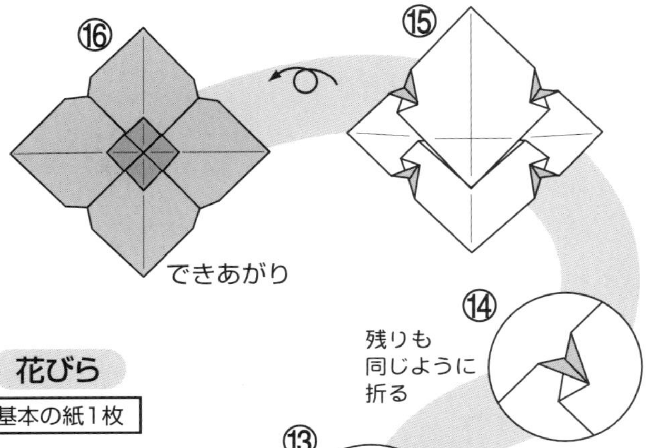
⑯
できあがり
⑮
⑭
残りも
同じように
折る

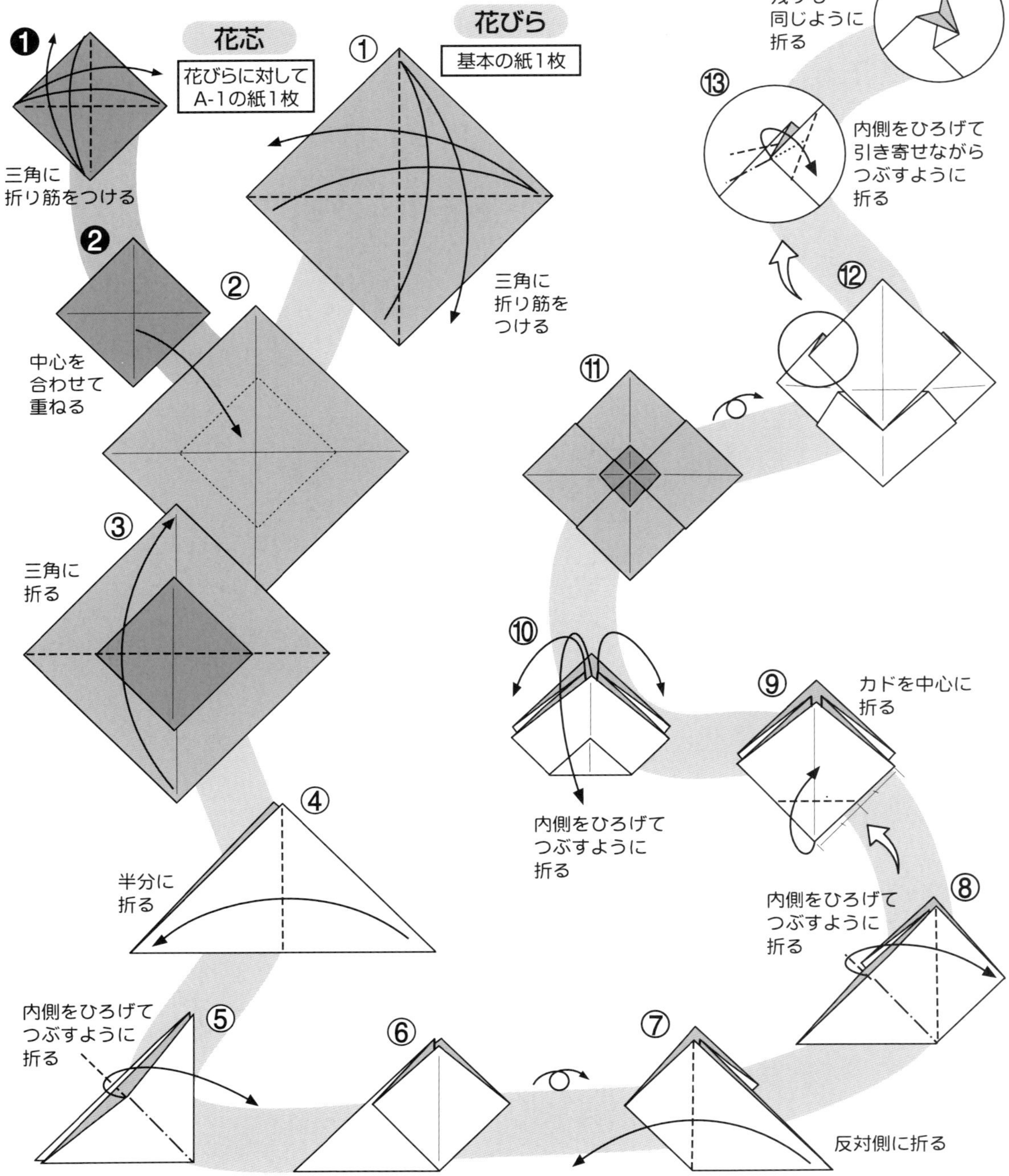
花芯
花びらに対して
A-1の紙1枚
❶
三角に
折り筋をつける
❷
中心を
合わせて
重ねる
花びら
基本の紙1枚
①
三角に
折り筋を
つける
②
③
三角に
折る
④
半分に
折る
⑤
内側をひろげて
つぶすように
折る
⑥
⑦
反対側に折る
⑧
内側をひろげて
つぶすように
折る
⑨
カドを中心に
折る
⑩
内側をひろげて
つぶすように
折る
⑪
⑫
⑬
内側をひろげて
引き寄せながら
つぶすように
折る

朝顔

⑮まで折ったら、しっかりと
折り筋をつけておくと、
⑱で楽に折りたためます。

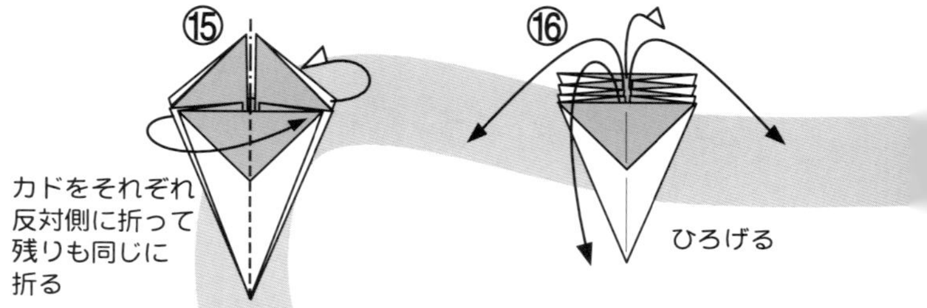
⑮
カドをそれぞれ
反対側に折って
残りも同じに
折る
⑯
ひろげる

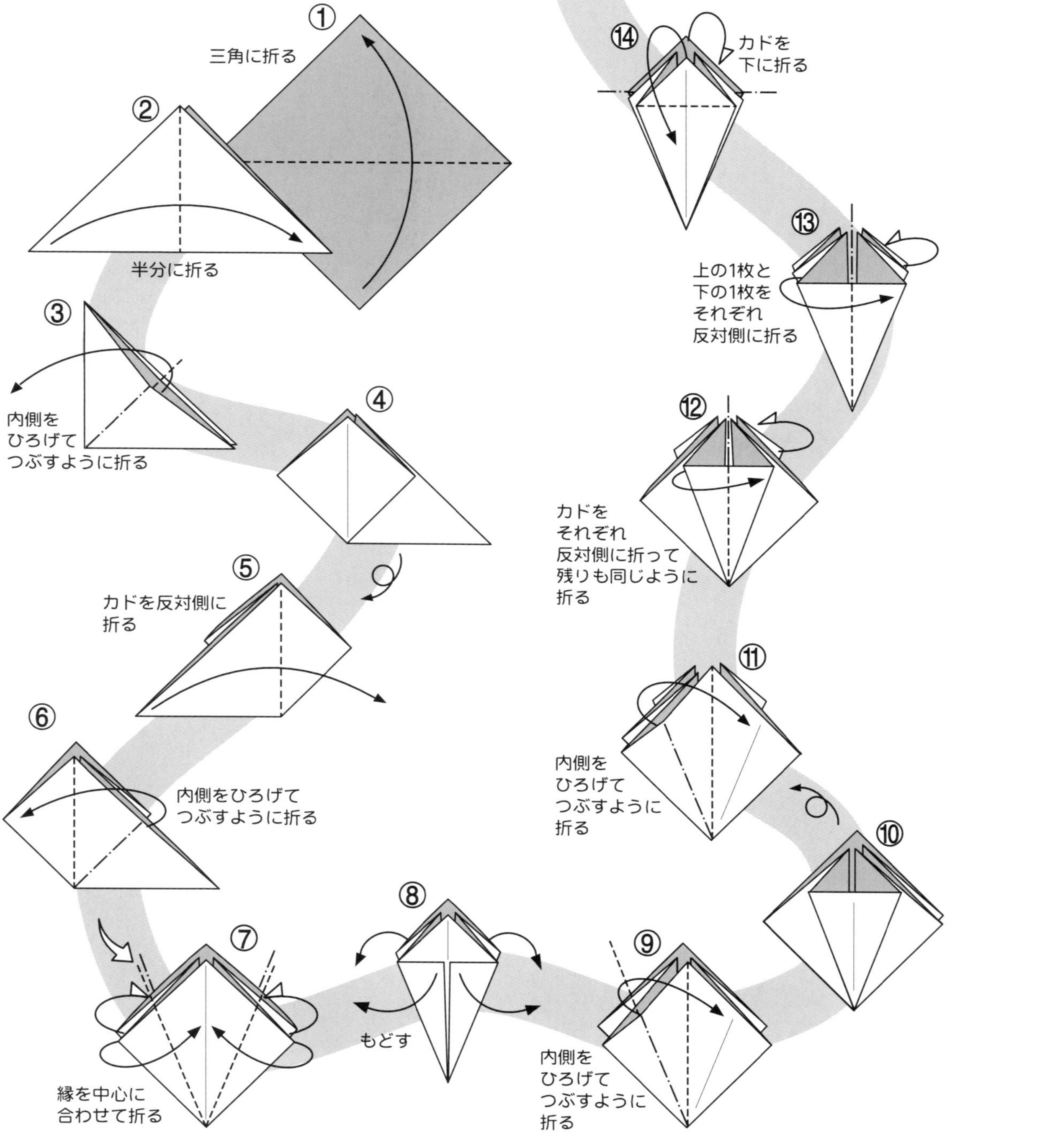
①
三角に折る
②
半分に折る
③
内側を
ひろげて
つぶすように折る
④
⑤
カドを反対側に
折る
⑥
内側をひろげて
つぶすように折る
⑦
縁を中心に
合わせて折る
⑧
もどす
⑨
内側を
ひろげて
つぶすように
折る
⑩
⑪
内側を
ひろげて
つぶすように
折る
⑫
カドを
それぞれ
反対側に折って
残りも同じように
折る
⑬
上の1枚と
下の1枚を
それぞれ
反対側に折る
⑭
カドを
下に折る

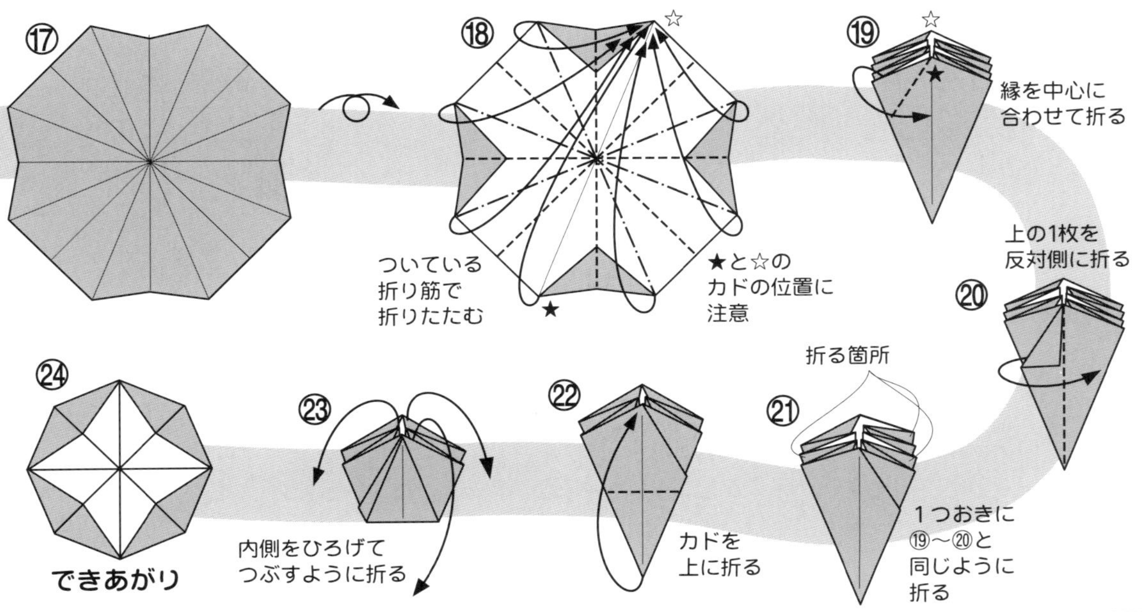
⑰
⑱
☆
★
ついている
折り筋で
折りたたむ
★と☆の
カドの位置に
注意
⑲
☆
★
縁を中心に
合わせて折る
⑳
上の1枚を
反対側に折る
㉑
折る箇所
1つおきに
⑲〜⑳と
同じように
折る
㉒
カドを
上に折る
㉓
内側をひろげて
つぶすように折る
㉔
できあがり

お花 ひまわり

花芯は基本の紙で、花びらはC-2、葉はA-1、
茎はB-2の比率の紙で折ります。
花芯は段折りをヨコとタテ交互に繰り返します。
少しくらい幅がずれても大丈夫。
気にしないで折りましょう。

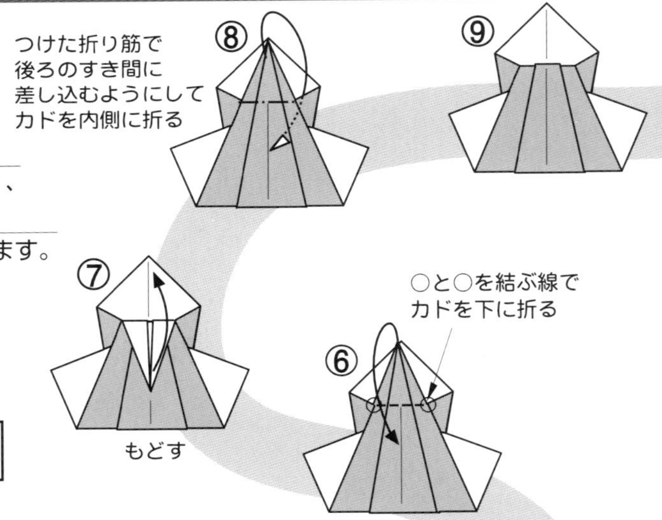
⑧
つけた折り筋で
後ろのすき間に
差し込むようにして
カドを内側に折る
⑨
⑦
もどす
⑥
○と○を結ぶ線で
カドを下に折る

花びら

花芯に対して
C-2の紙16枚

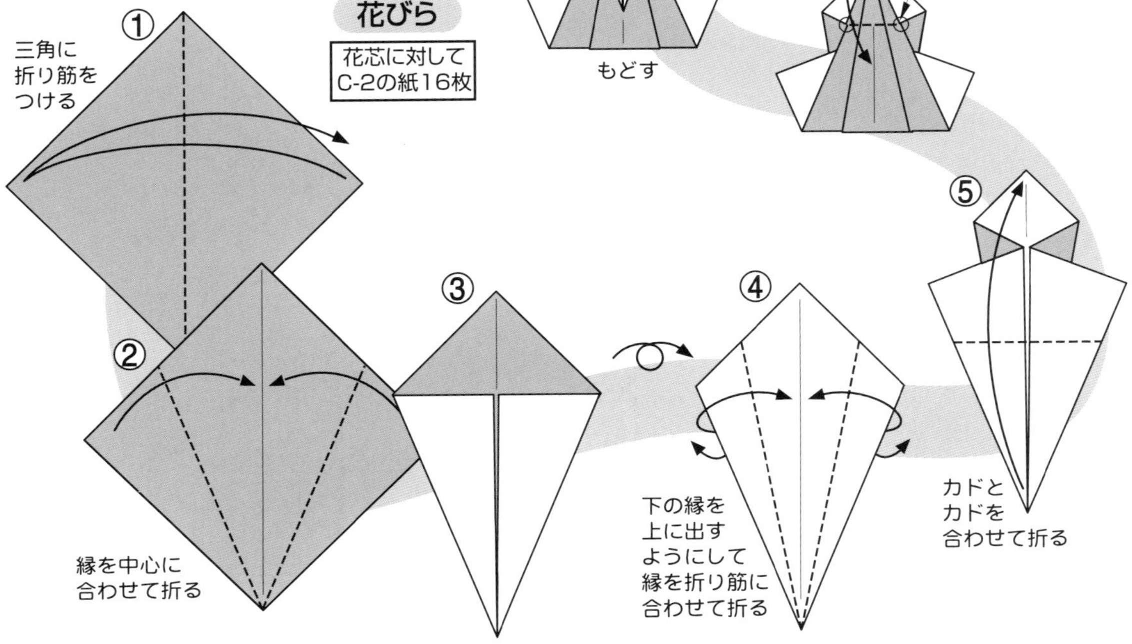
①
三角に
折り筋を
つける
②
縁を中心に
合わせて折る
③
④
下の縁を
上に出す
ようにして
縁を折り筋に
合わせて折る
⑤
カドと
カドを
合わせて折る

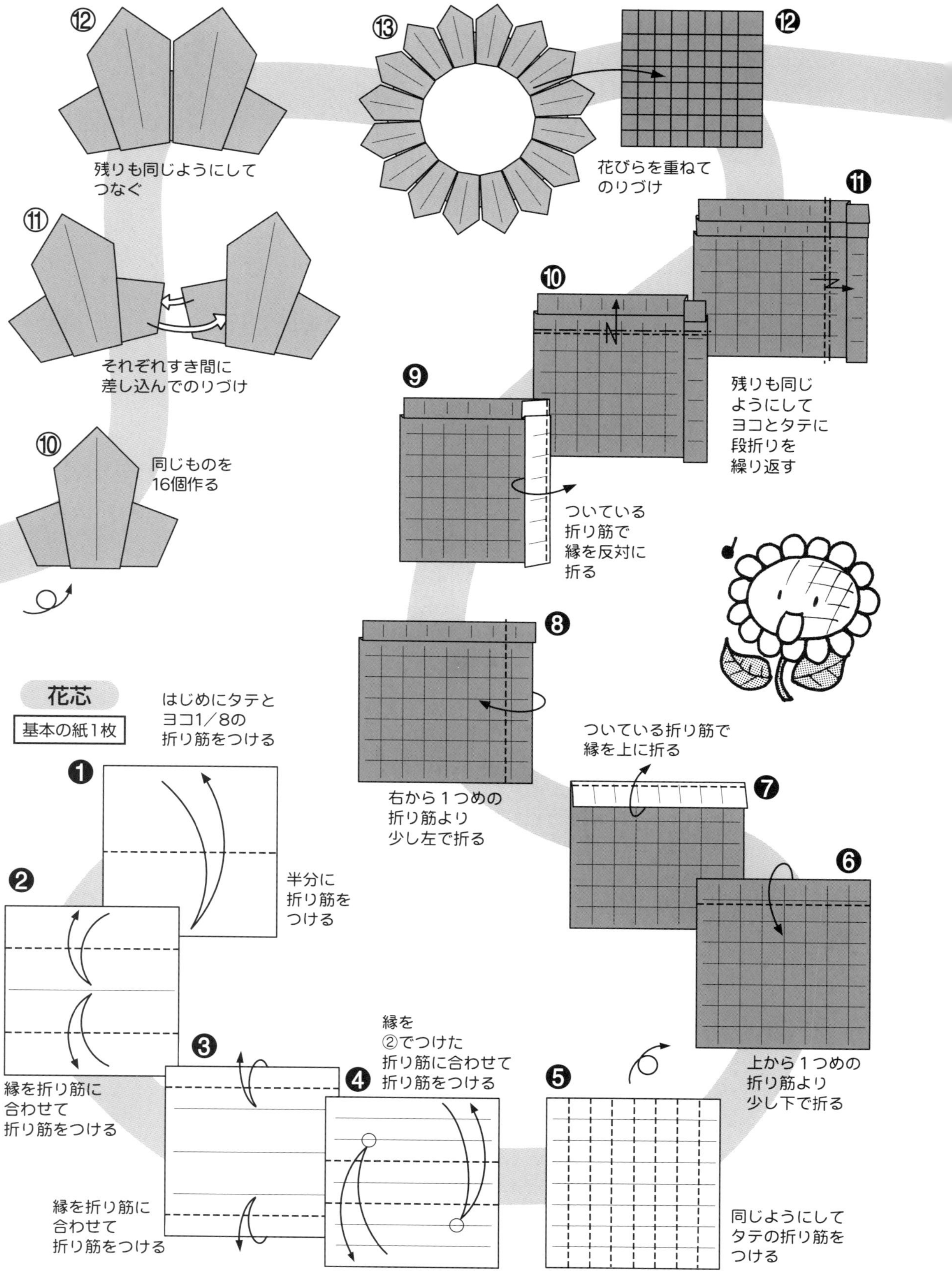
⑩
同じものを
16個作る
⑪
それぞれすき間に
差し込んでのりづけ
⑫
残りも同じようにして
つなぐ
⑬
花びらを重ねて
のりづけ
花芯
基本の紙1枚
はじめにタテと
ヨコ1／8の
折り筋をつける
1
半分に
折り筋を
つける
2
縁を折り筋に
合わせて
折り筋をつける
3
縁を折り筋に
合わせて
折り筋をつける
4
縁を
②でつけた
折り筋に合わせて
折り筋をつける
5
同じようにして
タテの折り筋を
つける
6
上から１つめの
折り筋より
少し下で折る
7
ついている折り筋で
縁を上に折る
8
右から１つめの
折り筋より
少し左で折る
9
ついている
折り筋で
縁を反対に
折る
10
11
残りも同じ
ようにして
ヨコとタテに
段折りを
繰り返す
12

ひまわり

⑭

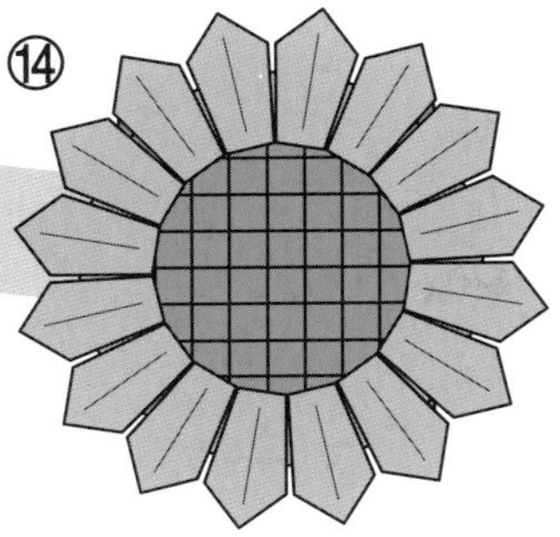

花のできあがり

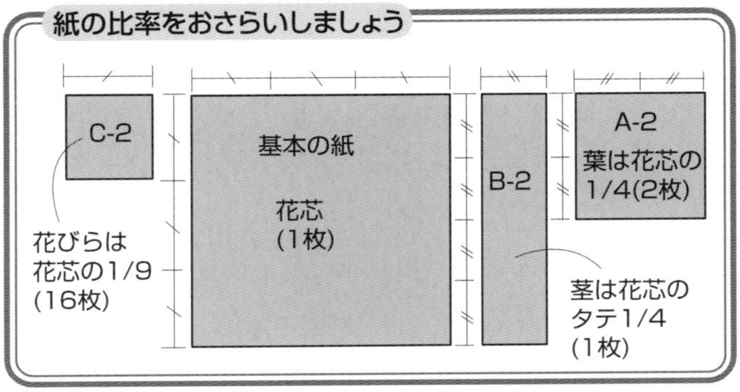
紙の比率をおさらいしましょう
C-2
花びらは
花芯の1/9
(16枚)
基本の紙
花芯
(1枚)
B-2
茎は花芯の
タテ1/4
(1枚)
A-2
葉は花芯の
1/4(2枚)

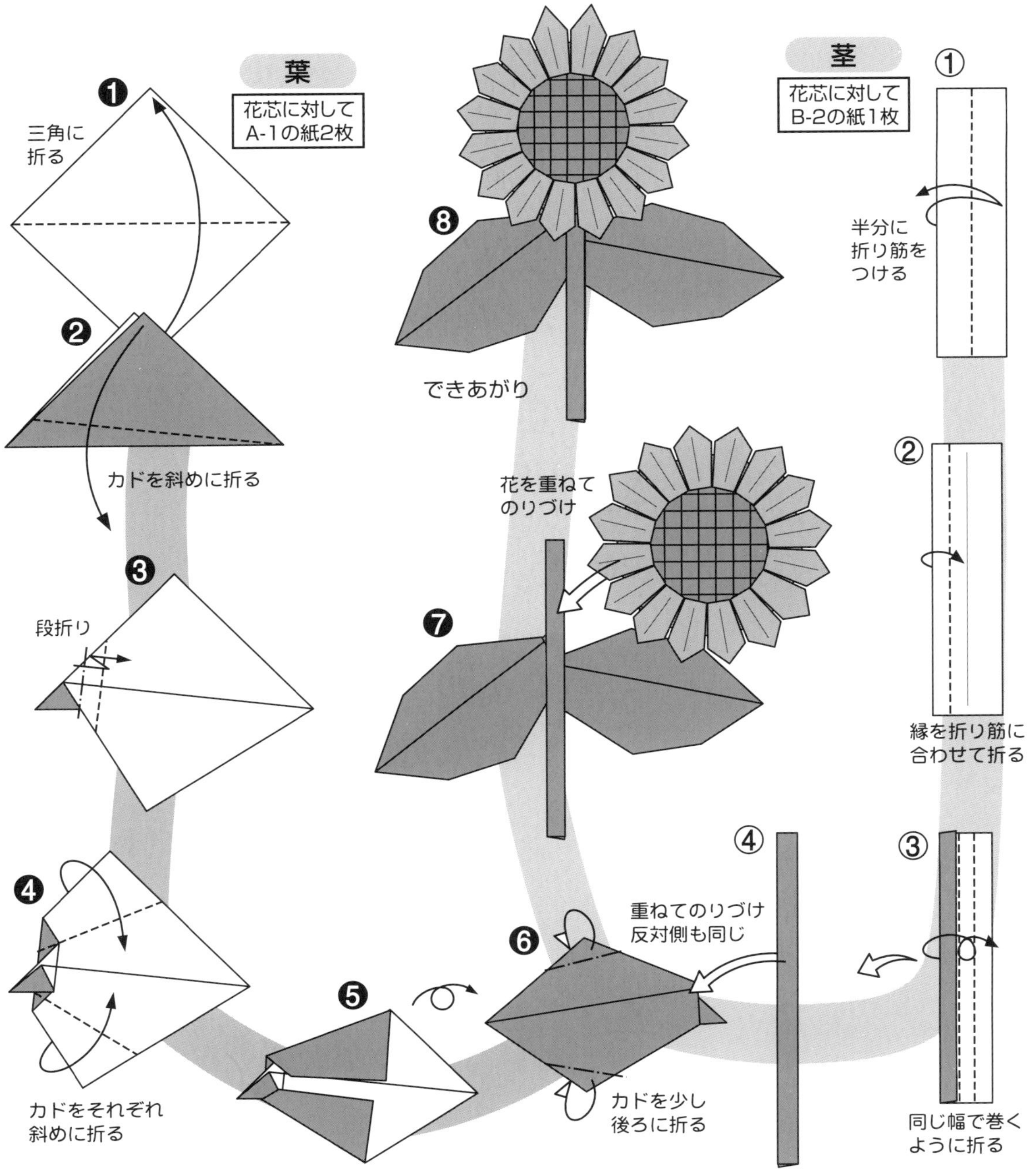
葉
花芯に対して
A-1の紙2枚
❶
三角に
折る
❷
カドを斜めに折る
❸
段折り
❹
カドをそれぞれ
斜めに折る
❺
❻
重ねてのりづけ
反対側も同じ
カドを少し
後ろに折る
❼
花を重ねて
のりづけ
❽
できあがり
茎
花芯に対して
B-2の紙1枚
①
半分に
折り筋を
つける
②
縁を折り筋に
合わせて折る
③
同じ幅で巻く
ように折る
④

お花

ポインセチア

葉は基本の紙で、花はC-1の比率の紙で折ります。
⑧の差し込み方に注意してください。
⑩では、折ってあった三角の部分を起こして、
下にあるカドにかぶせるように
後ろに折り返します。

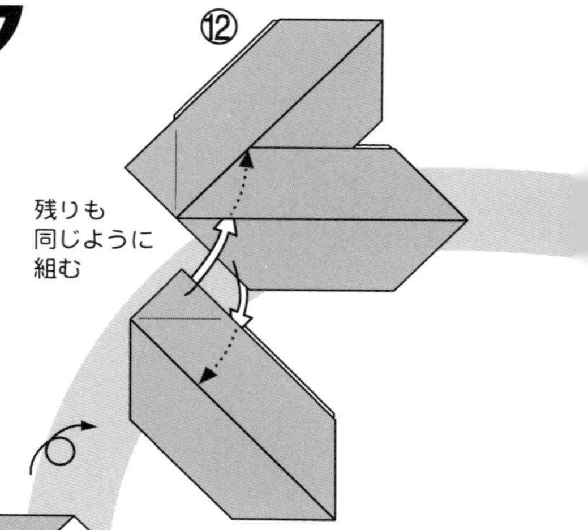
⑫
残りも
同じように
組む

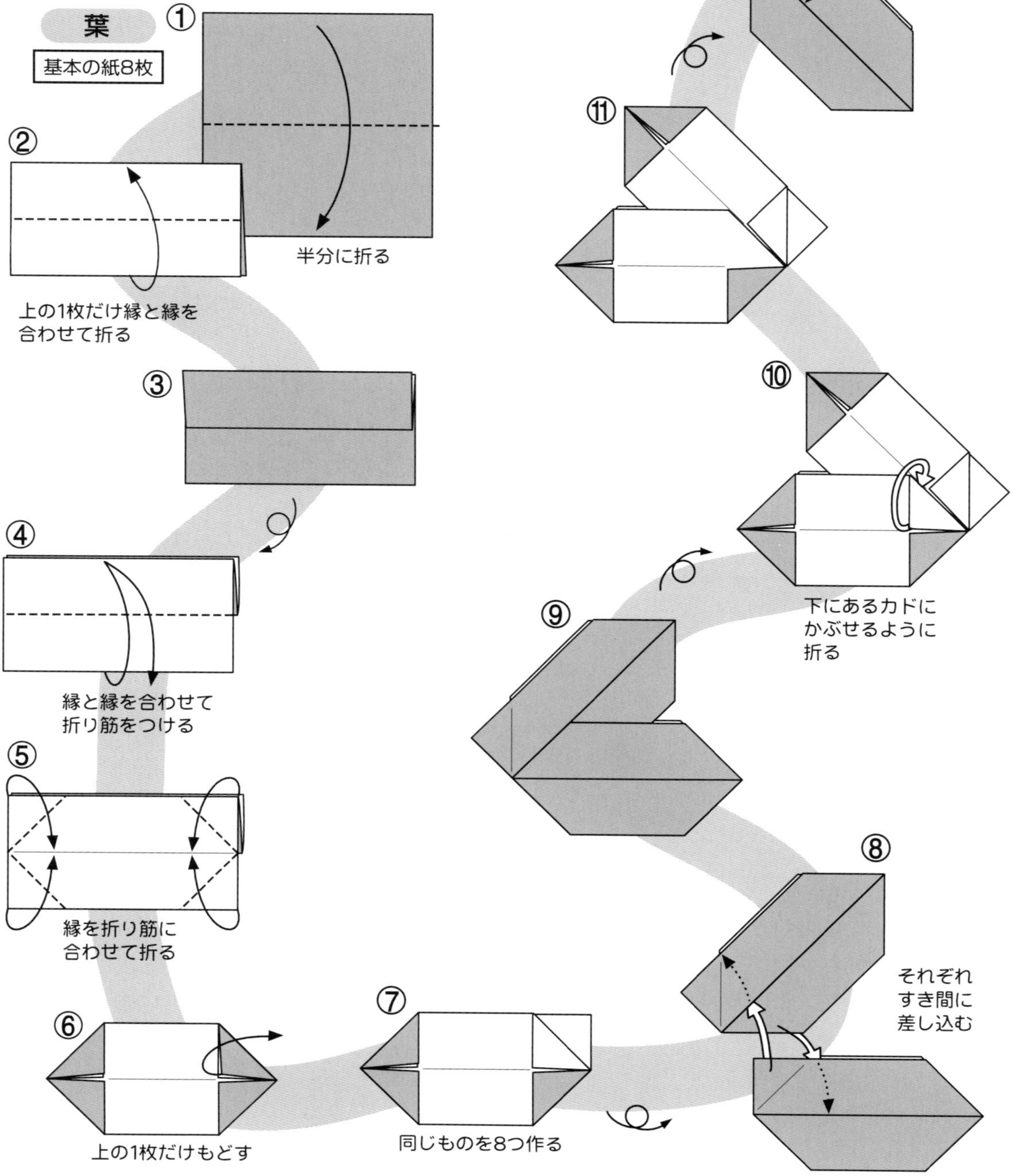
葉
基本の紙8枚
①
半分に折る
②
上の1枚だけ縁と縁を
合わせて折る
③
④
縁と縁を合わせて
折り筋をつける
⑤
縁を折り筋に
合わせて折る
⑥
上の1枚だけもどす
⑦
同じものを8つ作る
⑧
それぞれ
すき間に
差し込む
⑨
⑩
下にあるカドに
かぶせるように
折る
⑪

⑬

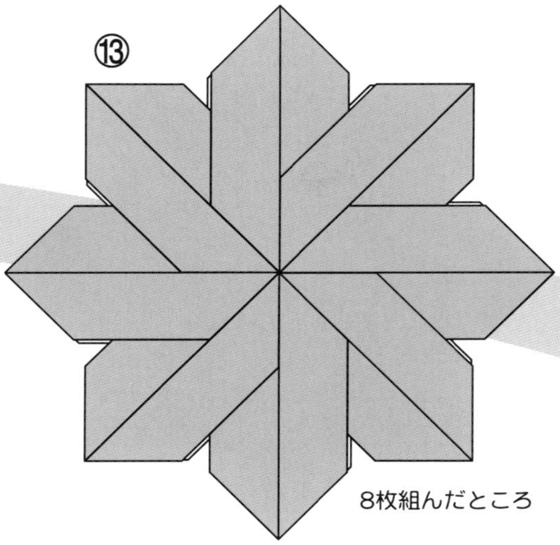

8枚組んだところ

花

花芯に対して
C-1の紙8枚

2／3の大きさの紙で
葉と同じように作った
花を重ねてのりづけ

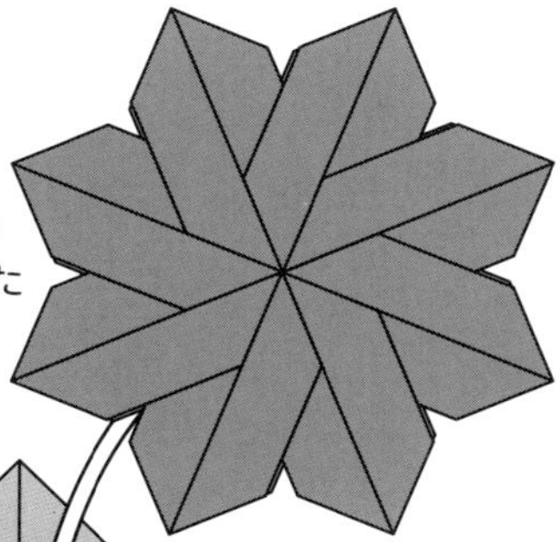

⑭

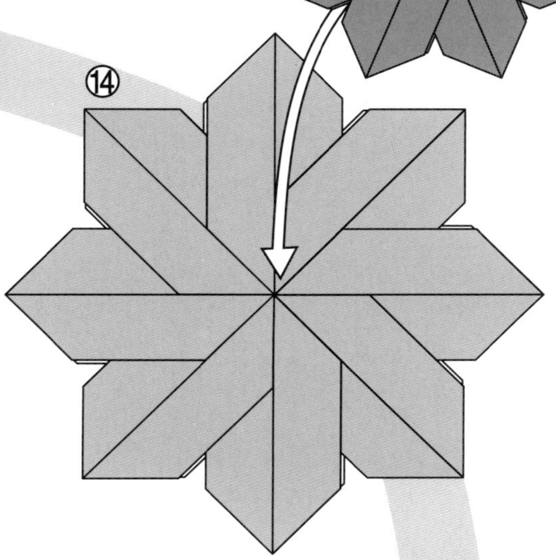

⑮

できあがり

飾ってみましょう

花の中心あたりに、
パンチなどで抜いたり、
丸く切った紙を何枚か
貼ると、ポイントが
できて、よりかわいい
感じになります。
紙の色は赤と緑で作ると
クリスマスの雰囲気が
出ます

りんご

壁面飾り用に創作したりんごです。
色を変えて折ると梨にもなります。実はB-1、
枝はA-3の比率くらいの適当な大きさの紙で、
細く巻くように折って付けます。

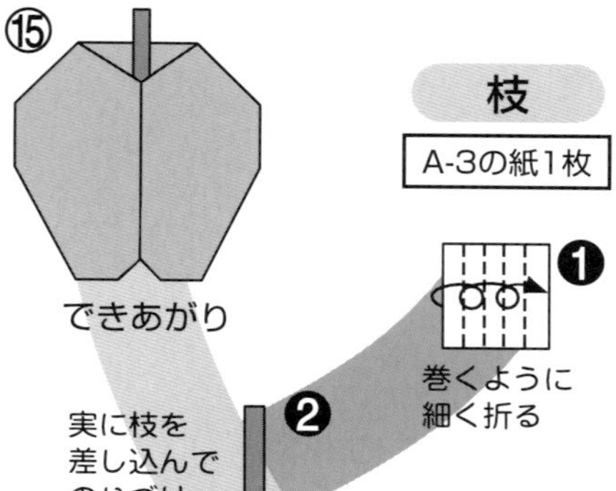
⑮
できあがり
枝
A-3の紙1枚
❶
巻くように
細く折る
❷
実に枝を
差し込んで
のりづけ
⑭

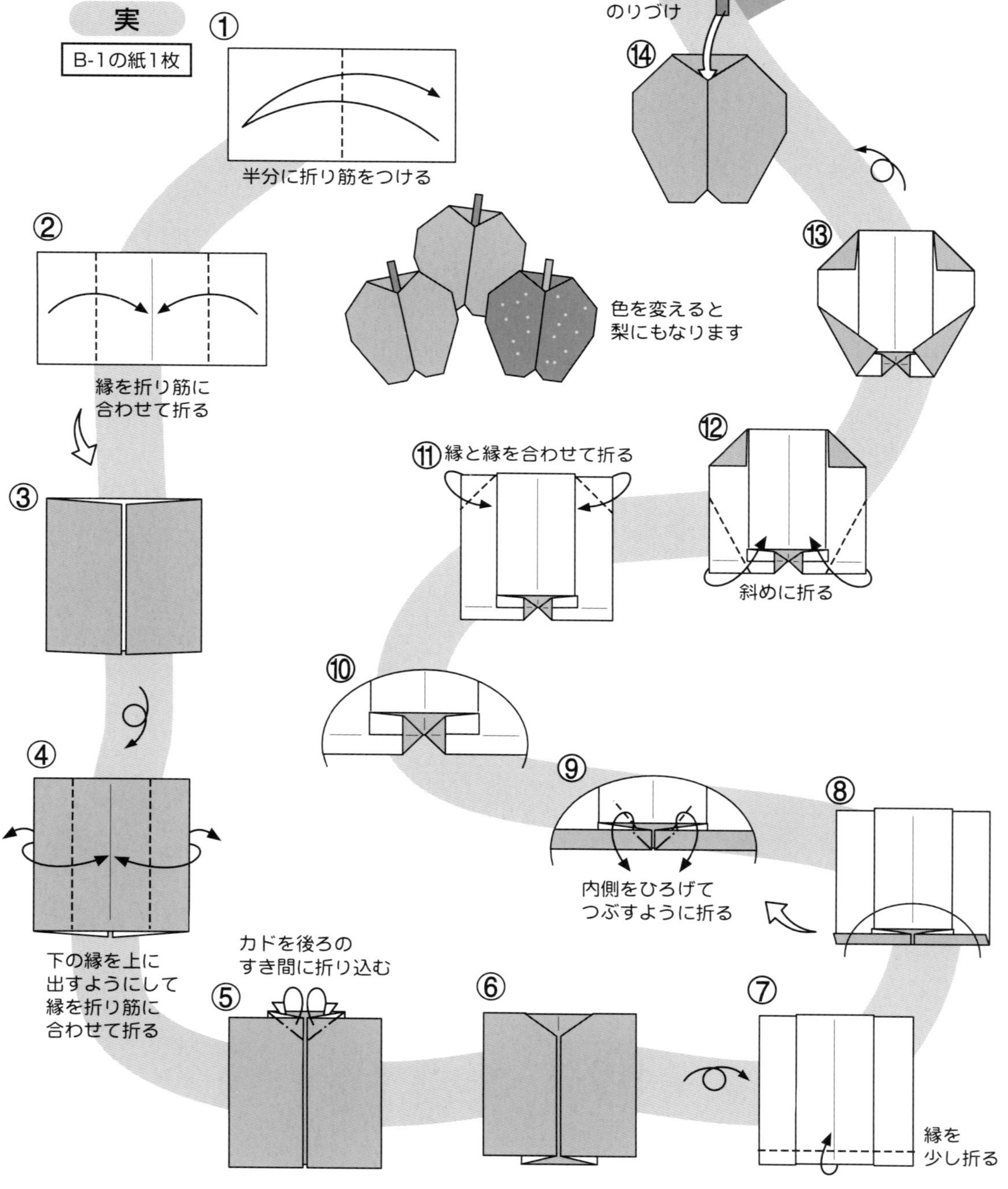
実
B-1の紙1枚
①
半分に折り筋をつける
②
縁を折り筋に
合わせて折る
③
④
下の縁を上に
出すようにして
縁を折り筋に
合わせて折る
⑤
カドを後ろの
すき間に折り込む
⑥
⑦
縁を
少し折る
⑧
⑨
内側をひろげて
つぶすように折る
⑩
⑪
縁と縁を合わせて折る
⑫
斜めに折る
⑬
色を変えると
梨にもなります

食べ物 さくらんぼ

この作品も壁面飾り用に創作したものです。
色を変えていくつも作り、
つなげるとぶどうに変身します。
実はA-1、枝はB-3の比率の紙で折ります。

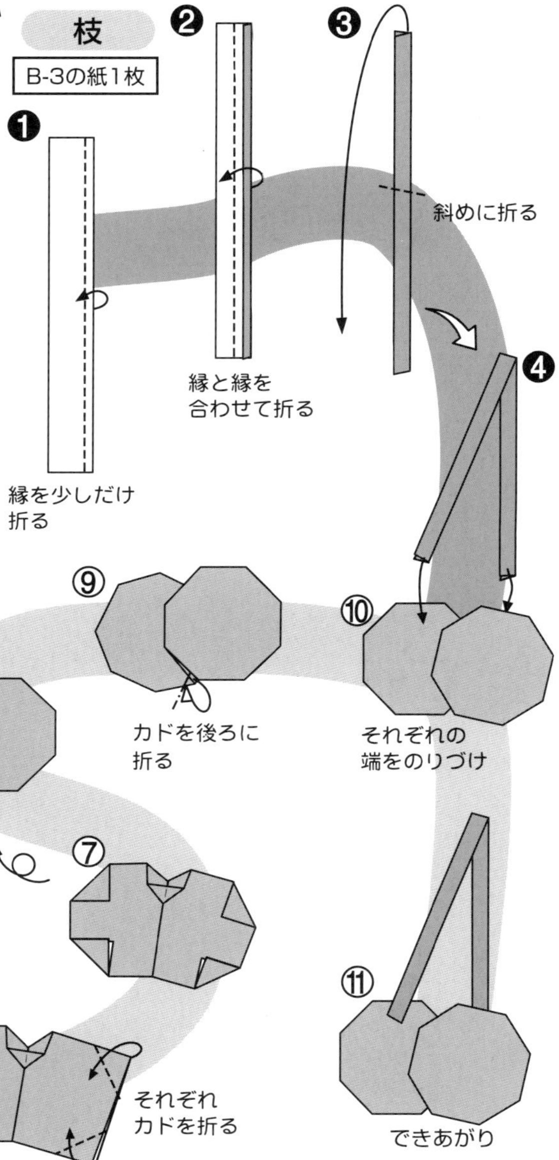
枝
B-3の紙1枚
❶
縁を少しだけ
折る
❷
縁と縁を
合わせて折る
❸
斜めに折る
❹
⑩
それぞれの
端をのりづけ
⑪
できあがり

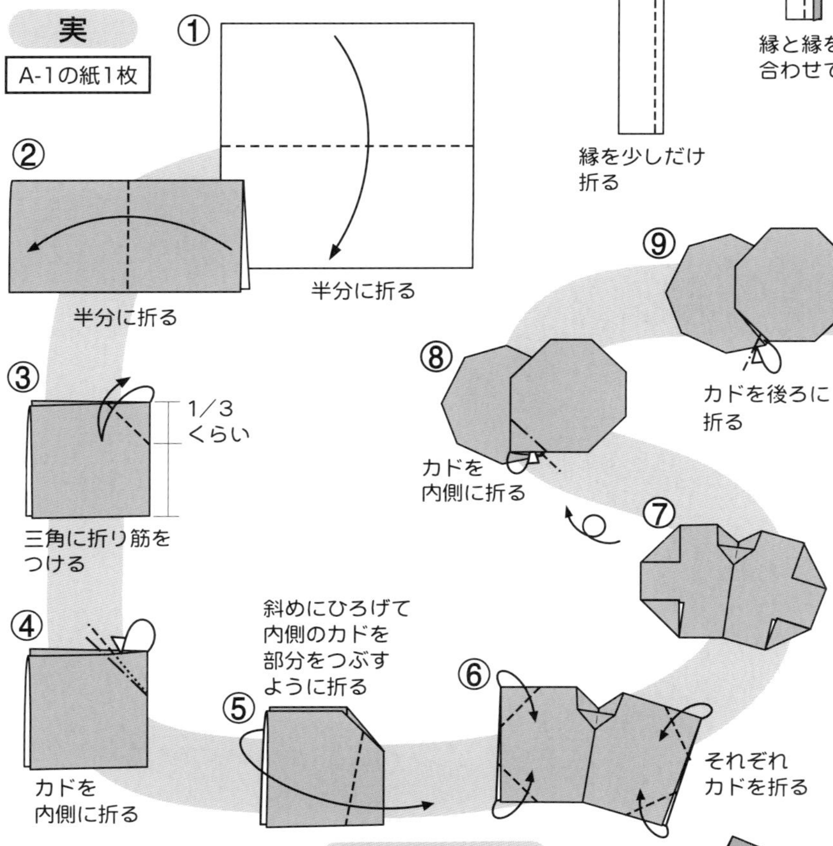
実
A-1の紙1枚
①
半分に折る
②
半分に折る
③
1/3
くらい
三角に折り筋を
つける
④
カドを
内側に折る
⑤
斜めにひろげて
内側のカドを
部分をつぶす
ように折る
⑥
それぞれ
カドを折る
⑦
⑧
カドを
内側に折る
⑨
カドを後ろに
折る

ぶどうを作りましょう

さくらんぼと同じ折り方で
ぶどうも作ることができます

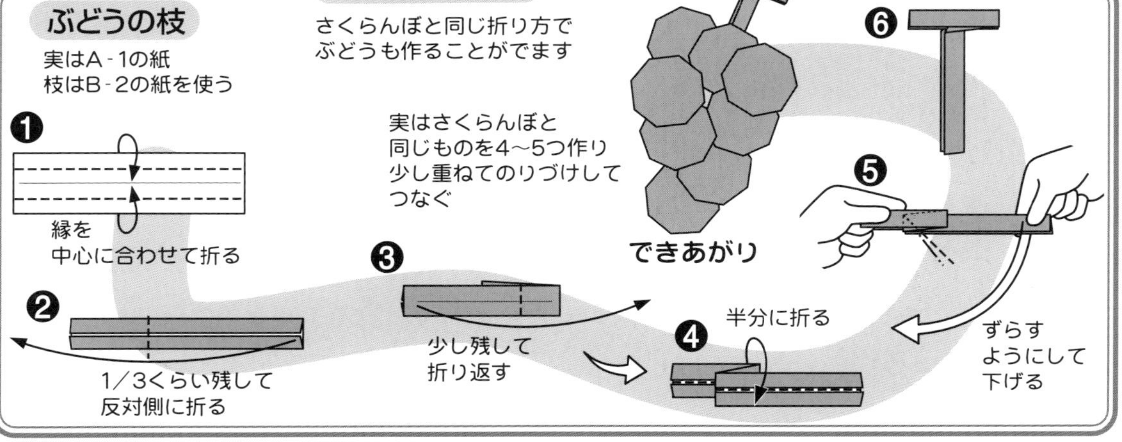
ぶどうの枝
実はA-1の紙
枝はB-2の紙を使う
❶
縁を
中心に合わせて折る
❷
1/3くらい残して
反対側に折る
❸
少し残して
折り返す
❹
半分に折る
❺
ずらす
ようにして
下げる
❻
実はさくらんぼと
同じものを4〜5つ作り
少し重ねてのりづけして
つなぐ
できあがり

かぼちゃ

同じ大きさの紙を3枚使って折ります。
顔の絵を描くとハロウィンでも活躍します。
細く作るとピーマンに変身します。

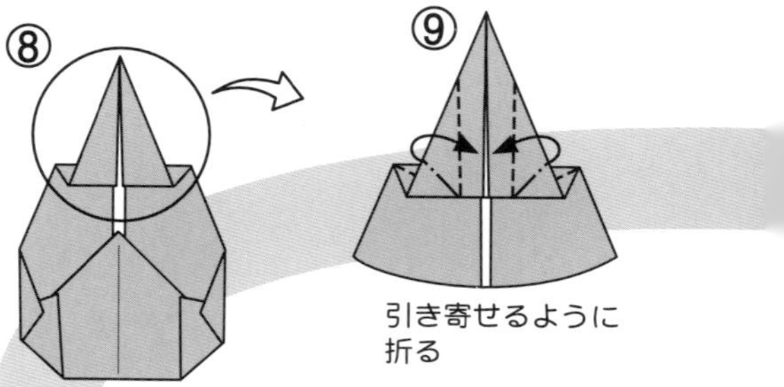
⑧
⑨
引き寄せるように
折る

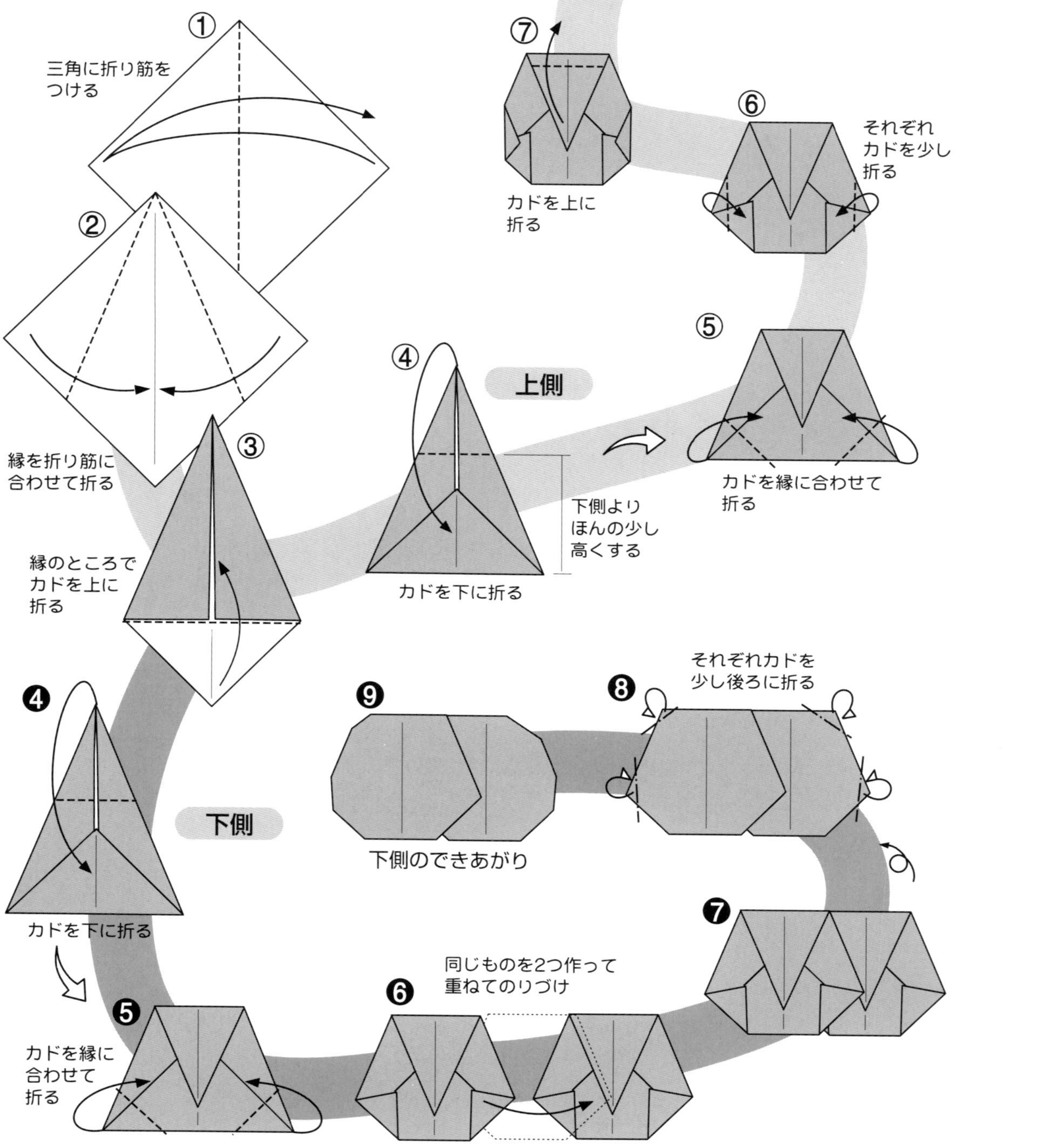
①
三角に折り筋を
つける
②
縁を折り筋に
合わせて折る
③
縁のところで
カドを上に
折る
上側
④
カドを下に折る
下側より
ほんの少し
高くする
⑤
カドを縁に合わせて
折る
⑥
それぞれ
カドを少し
折る
⑦
カドを上に
折る
下側
❹
カドを下に折る
❺
カドを縁に
合わせて
折る
❻
同じものを2つ作って
重ねてのりづけ
❼
❽
それぞれカドを
少し後ろに折る
❾
下側のできあがり

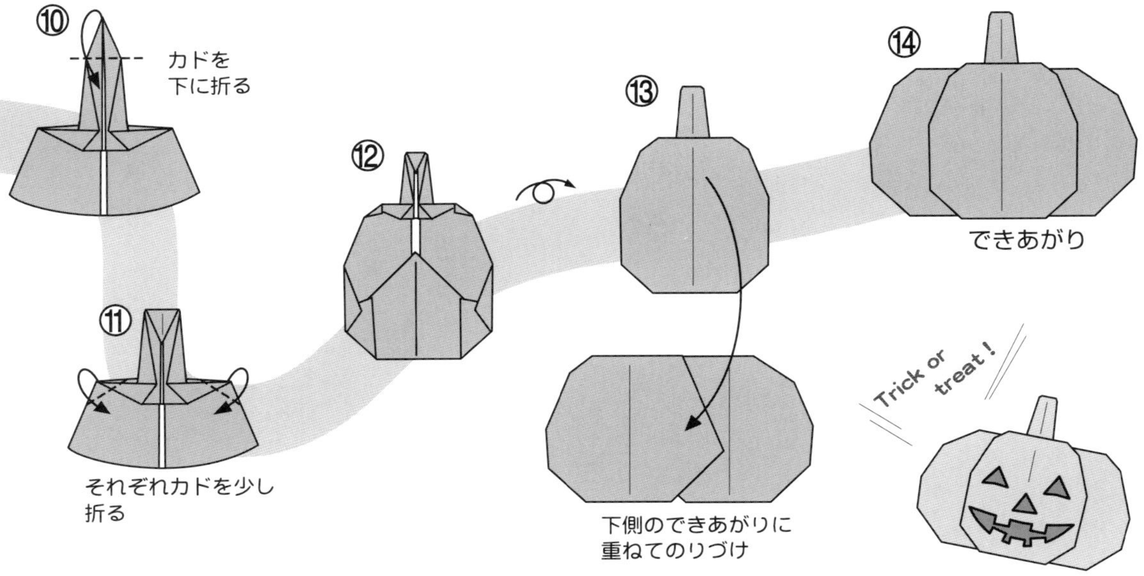
⑩
カドを
下に折る
⑪
それぞれカドを少し
折る
⑫
⑬
下側のできあがりに
重ねてのりづけ
⑭
できあがり
Trick or treat!

食べ物

くり・どんぐり

紙の表と裏を活かした折り方です。両面折り紙を使って折るとよいでしょう。ない場合は、裏が出る部分に他の紙を貼ってもOKです。

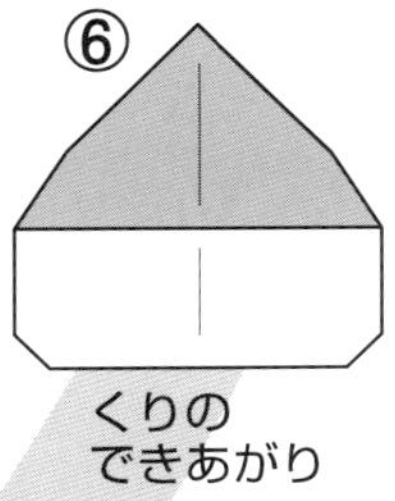
⑥
くりの
できあがり

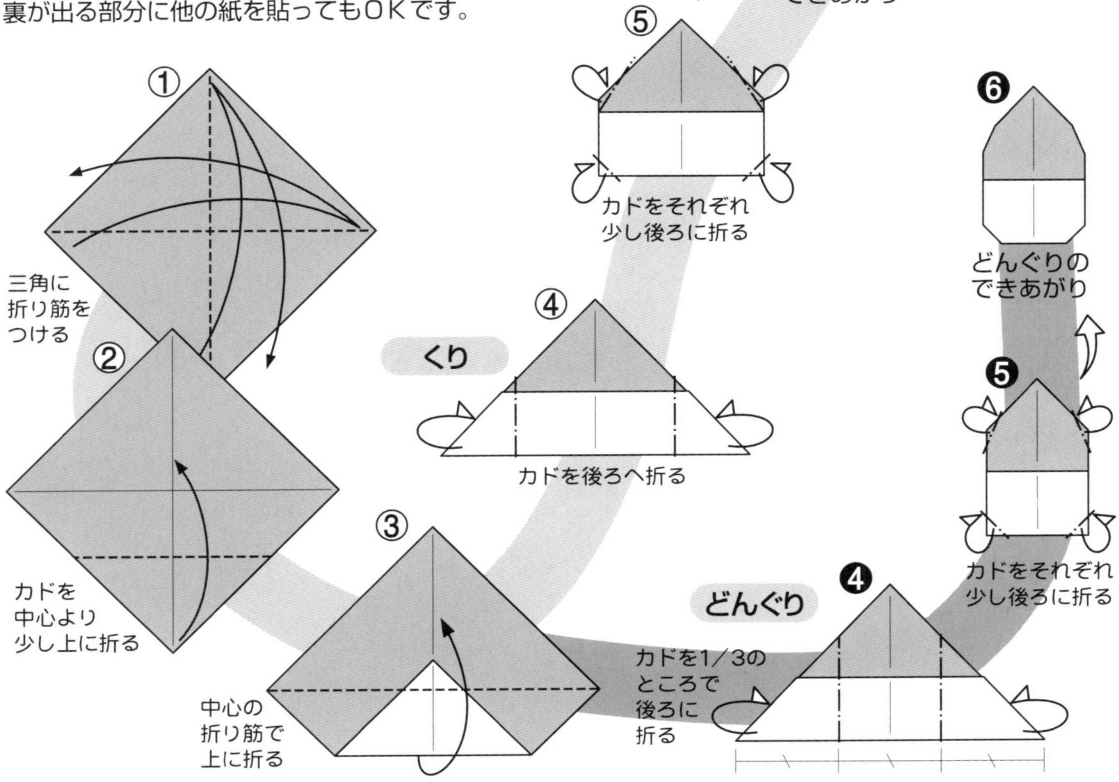
①
三角に
折り筋を
つける
②
カドを
中心より
少し上に折る
③
中心の
折り筋で
上に折る
くり
④
カドを後ろへ折る
⑤
カドをそれぞれ
少し後ろに折る
どんぐり
❹
カドを1/3の
ところで
後ろに
折る
❺
カドをそれぞれ
少し後ろに折る
❻
どんぐりの
できあがり

フライドポテト

カップは基本の紙で、ポテトはA-1の比率の紙で折ります。カップを赤い紙、ポテトを黄色い紙で折ると、どこかのファストフードのお店のようになります。

ポテト

カップに対して
A-2の紙
好みの枚数で

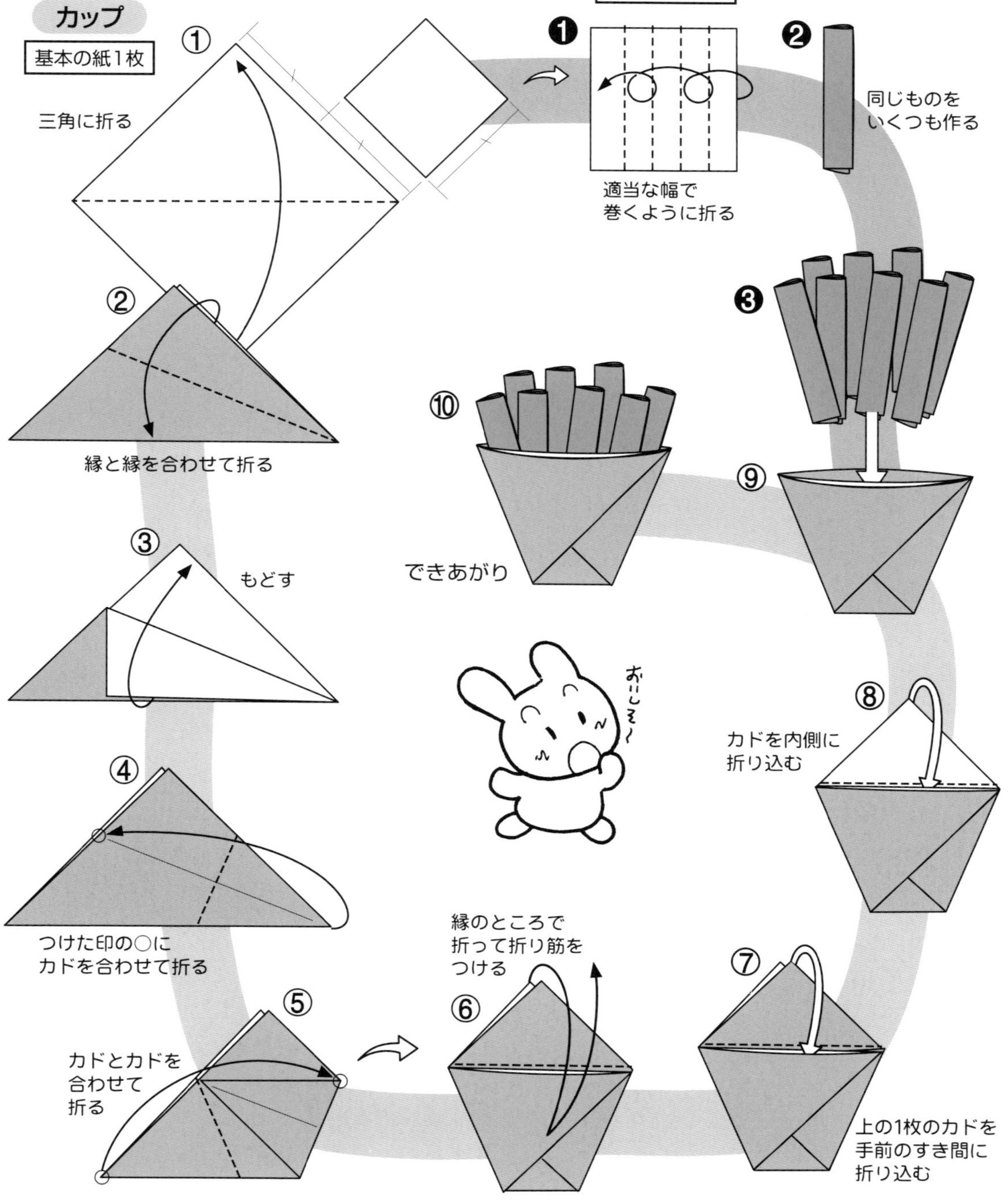

カップ
基本の紙1枚
①
三角に折る
②
縁と縁を合わせて折る
③
もどす
④
つけた印の○に
カドを合わせて折る
⑤
カドとカドを
合わせて
折る
⑥
縁のところで
折って折り筋を
つける
⑦
上の1枚のカドを
手前のすき間に
折り込む
⑧
カドを内側に
折り込む
⑨
⑩
できあがり
❶
適当な幅で
巻くように折る
❷
同じものを
いくつも作る
❸
おいしそ～

食べ物 アイスクリーム

アイスクリームとコーンは同じ大きさの紙で
折ります。色を変えた紙でアイスクリームを折って
トップに重ねると、
ダブル、トリプルにもなります。

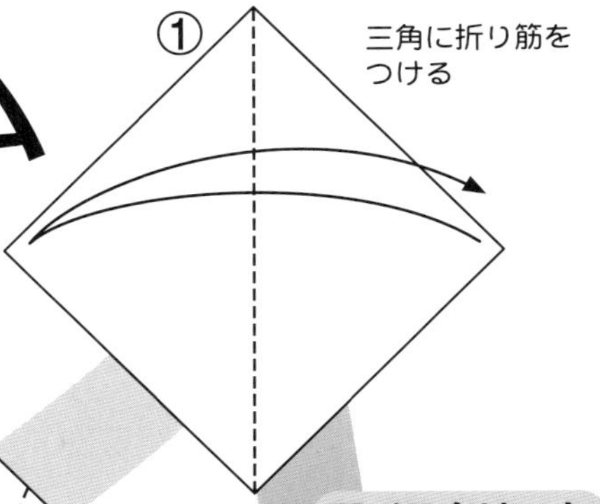
①
三角に折り筋を
つける

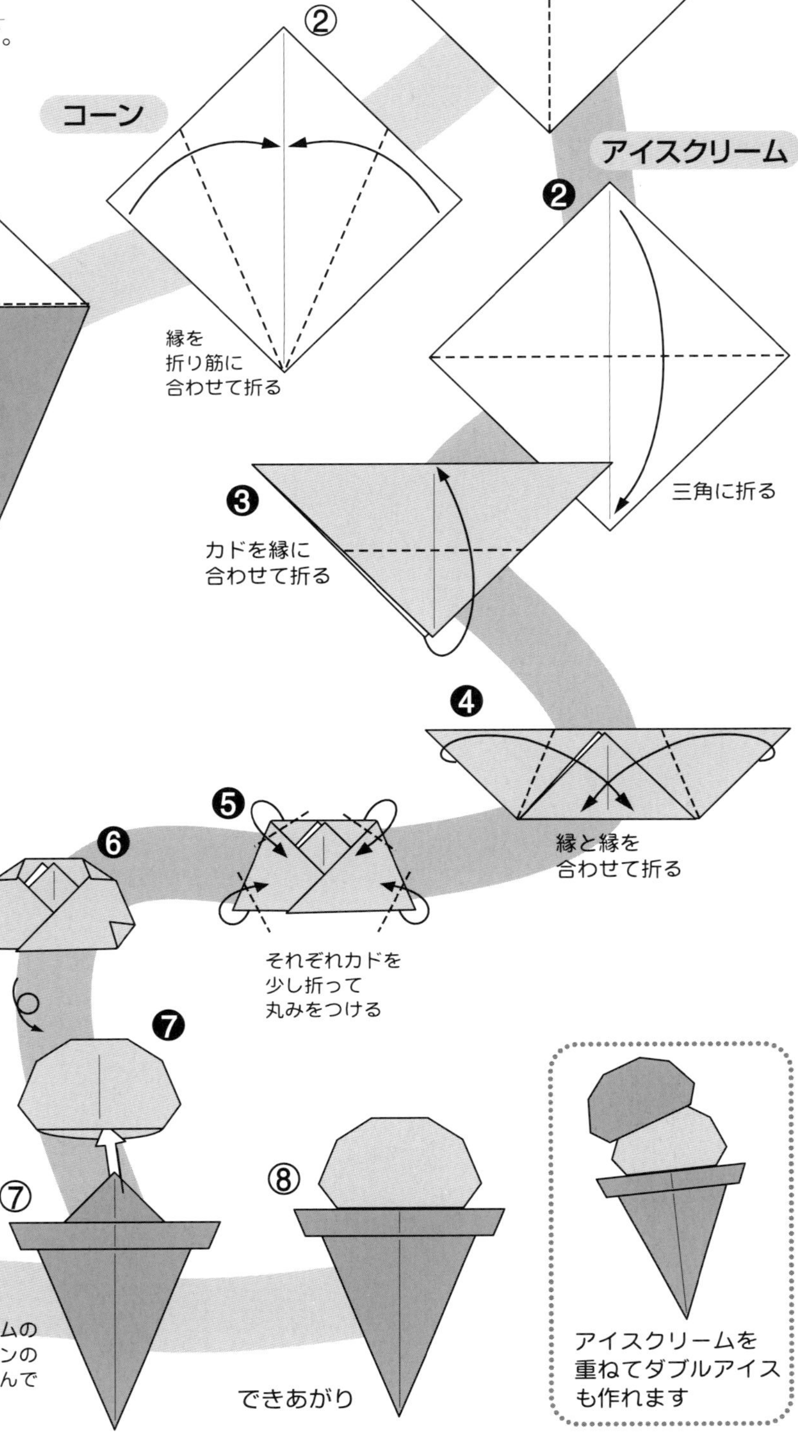
コーン
②
縁を
折り筋に
合わせて折る
アイスクリーム
❷
三角に折る
❸
カドを縁に
合わせて折る
❹
縁と縁を
合わせて折る
❺
それぞれカドを
少し折って
丸みをつける
❻
❼
⑦
⑧
できあがり
アイスクリームを
重ねてダブルアイス
も作れます

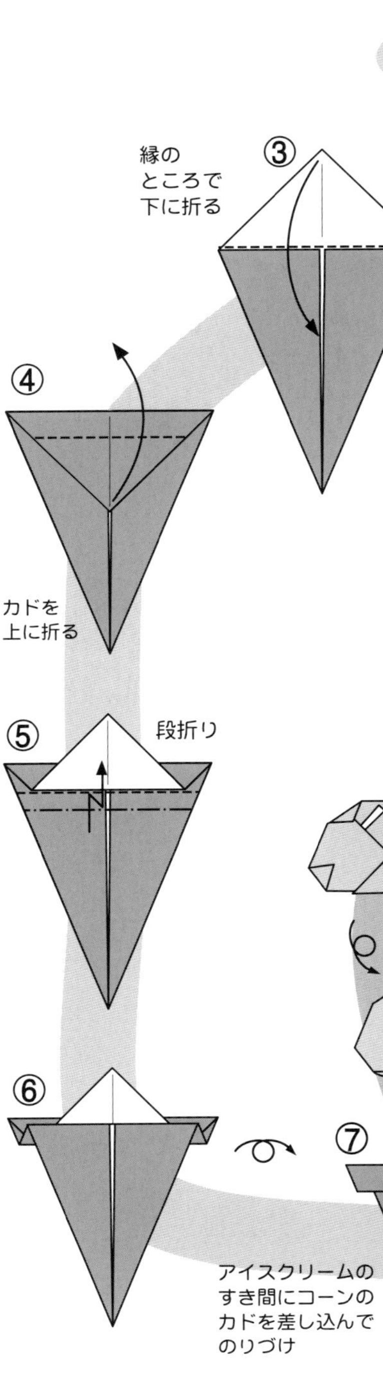
③
縁の
ところで
下に折る
④
カドを
上に折る
⑤
段折り
⑥
アイスクリームの
すき間にコーンの
カドを差し込んで
のりづけ

食べ物

みかん

実は基本の紙、へたはA-3の比率の紙で折ります。
へたを差し込んでのりづけするときには、
のりを少なめにするときれいに仕上がります。

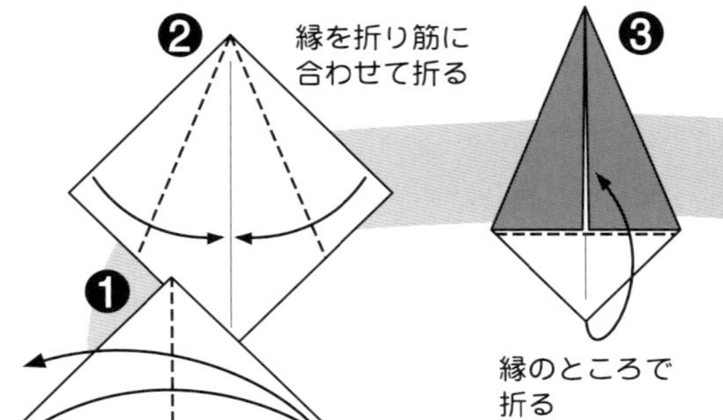
❷
縁を折り筋に
合わせて折る
❸
縁のところで
折る
❶

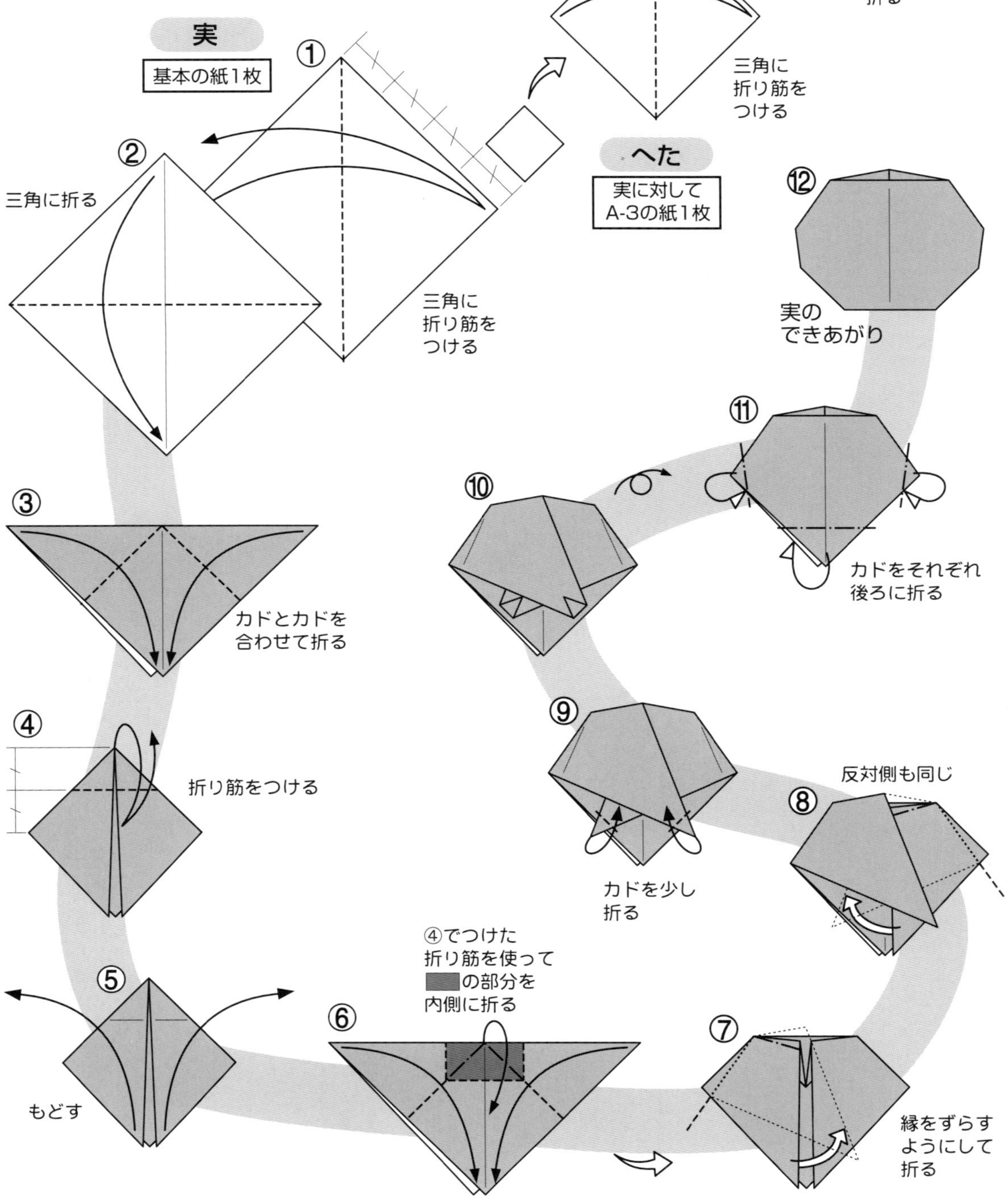
実
基本の紙1枚
①
三角に
折り筋を
つける
②
三角に折る
③
カドとカドを
合わせて折る
④
折り筋をつける
⑤
もどす
⑥
④でつけた
折り筋を使って
の部分を
内側に折る
⑦
縁をずらす
ようにして
折る
⑧
反対側も同じ
⑨
カドを少し
折る
⑩
⑪
カドをそれぞれ
後ろに折る
⑫
実の
できあがり
へた
実に対して
A-3の紙1枚
三角に
折り筋を
つける

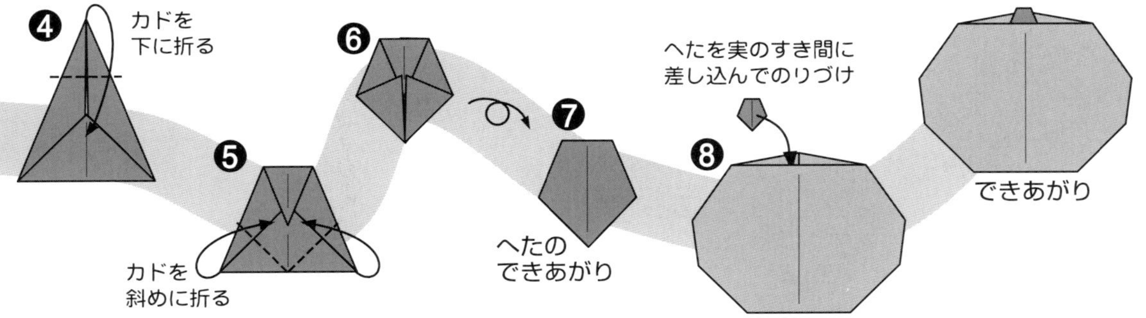
4
カドを
下に折る
5
カドを
斜めに折る
6
7
へたの
できあがり
8
へたを実のすき間に
差し込んでのりづけ
できあがり

食べ物

きのこ

⑥⑦で折る比率を変えると、いしづきを
細くしたり傘を小さくしたりできます。
ちょっとした工夫でいろいろなバリエーションが
楽しめます。

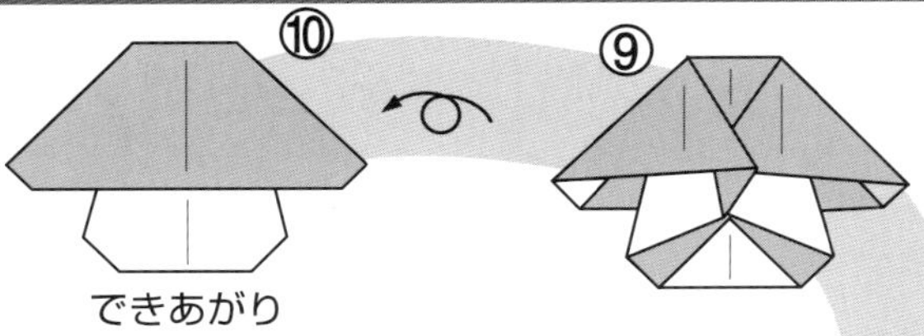
⑩
できあがり
⑨

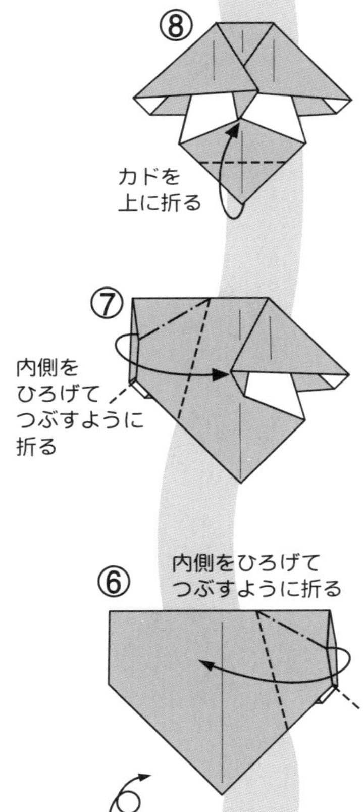
⑧
カドを
上に折る
⑦
内側を
ひろげて
つぶすように
折る
⑥
内側をひろげて
つぶすように折る

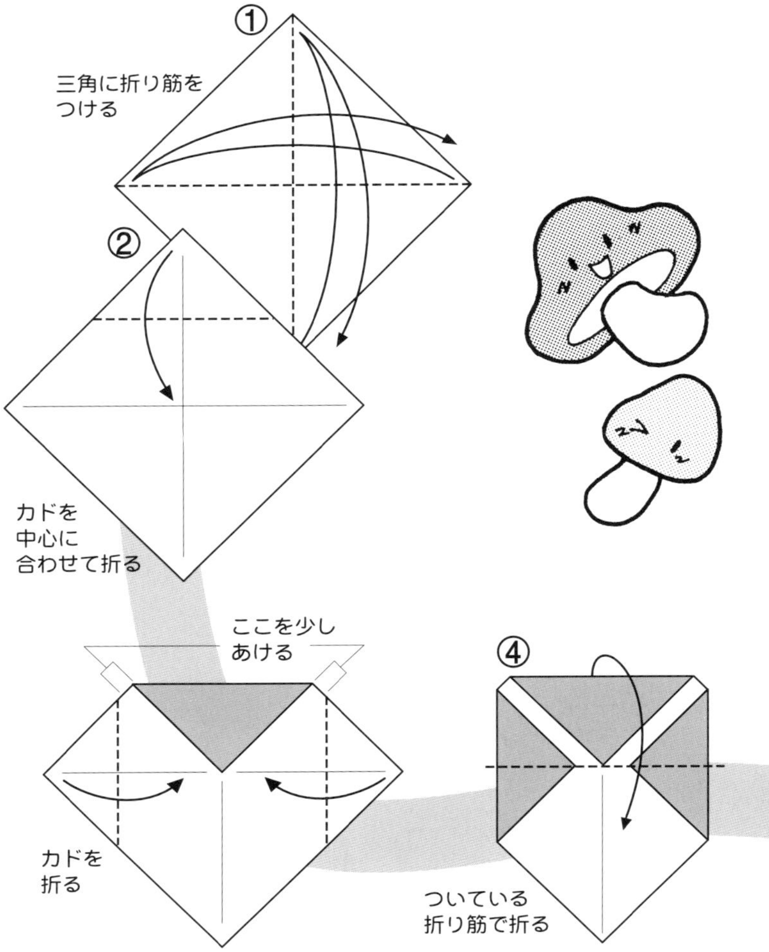
①
三角に折り筋を
つける
②
カドを
中心に
合わせて折る
③
ここを少し
あける
カドを
折る
④
ついている
折り筋で折る

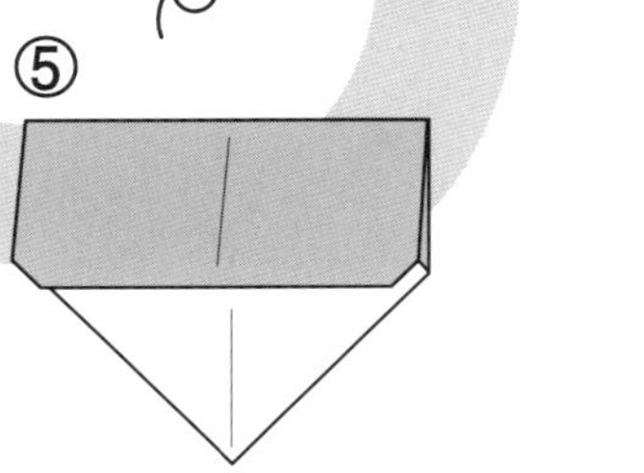
⑤

乗り物

機関車

本体、運転台、炭水車、客車は基本の紙で、
車輪はB-1、煙突と釜はA-1の比率の紙で折ります。
連結器にはA-3の比率の紙を使います。
いくつも折るので大変そうですが、
それぞれの折り方はとても簡単です。
ていねいに折ることがきれいに仕上げるこつです。

運転台

基本の紙1枚

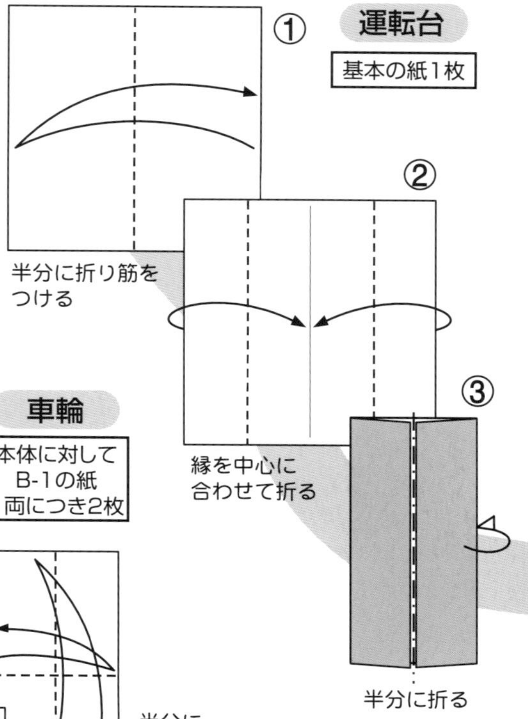

①
半分に折り筋をつける
②
縁を中心に合わせて折る
③
半分に折る

本体

基本の紙
好みの枚数で

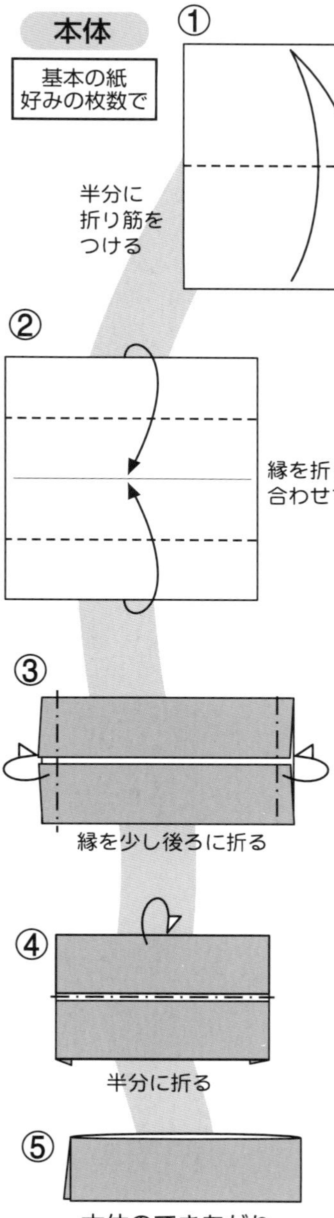

①
半分に折り筋をつける
②
縁を折り筋に合わせて折る
③
縁を少し後ろに折る
④
半分に折る
⑤
本体のできあがり

車輪

本体に対して
B-1の紙
1両につき2枚

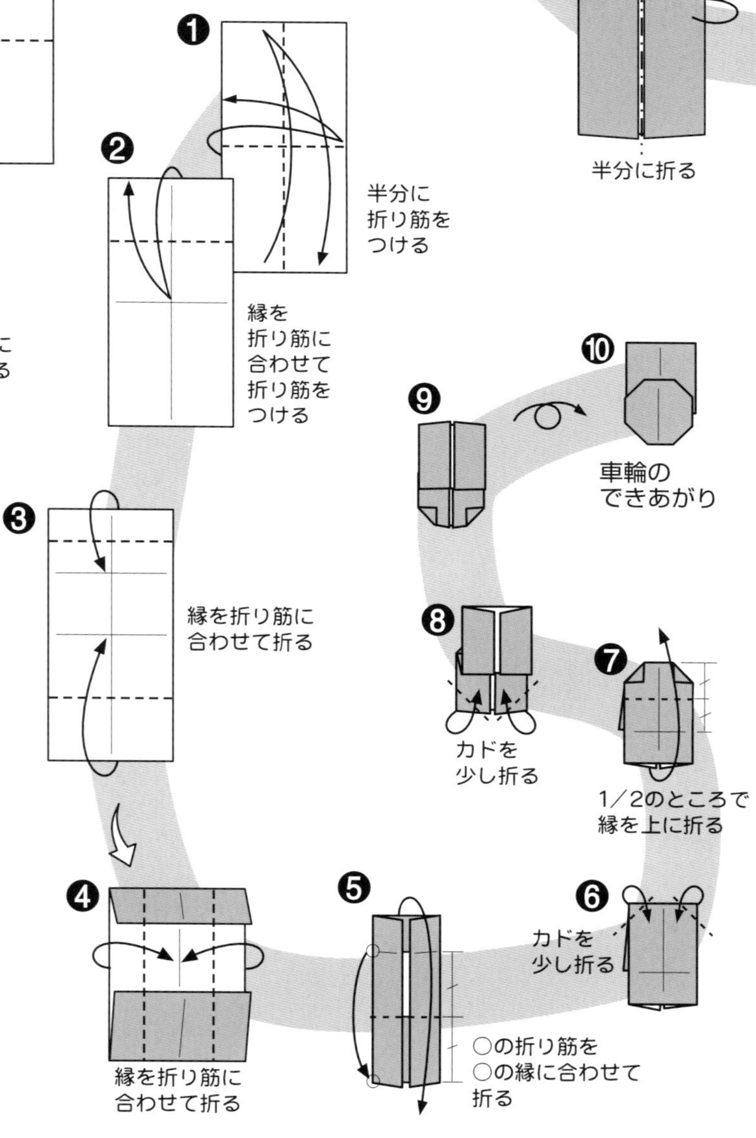

❶
半分に折り筋をつける
❷
縁を折り筋に合わせて折り筋をつける
❸
縁を折り筋に合わせて折る
❹
縁を折り筋に合わせて折る
❺
○の折り筋を○の縁に合わせて折る
❻
カドを少し折る
❼
1／2のところで縁を上に折る
❽
カドを少し折る
❾
❿
車輪のできあがり

機関車

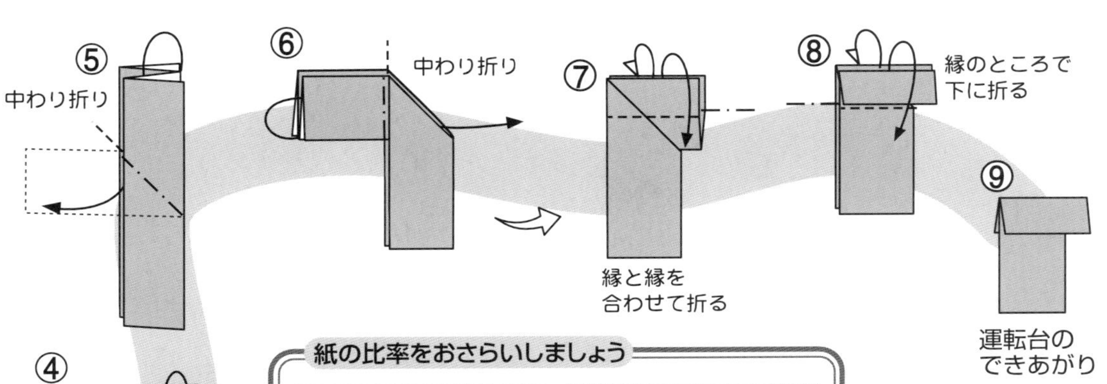

⑤
中わり折り
⑥
中わり折り
⑦
縁と縁を
合わせて折る
⑧
縁のところで
下に折る
⑨
運転台の
できあがり

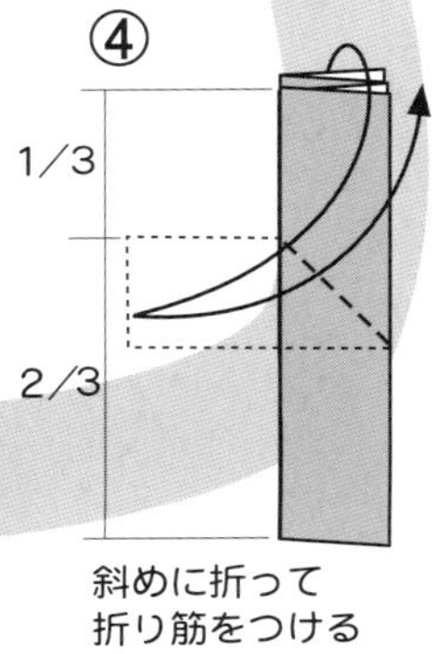

④
1/3
2/3
斜めに折って
折り筋をつける

紙の比率をおさらいしましょう

基本の紙
本体
(好みの枚数で)
運転台
炭水車
(1枚)
客車
(好みの枚数で)

B-1
車輪
(1両に
つき2枚)

A-1
煙突
(1枚)

A-1
釜
(1枚)

炭水車

基本の紙1枚

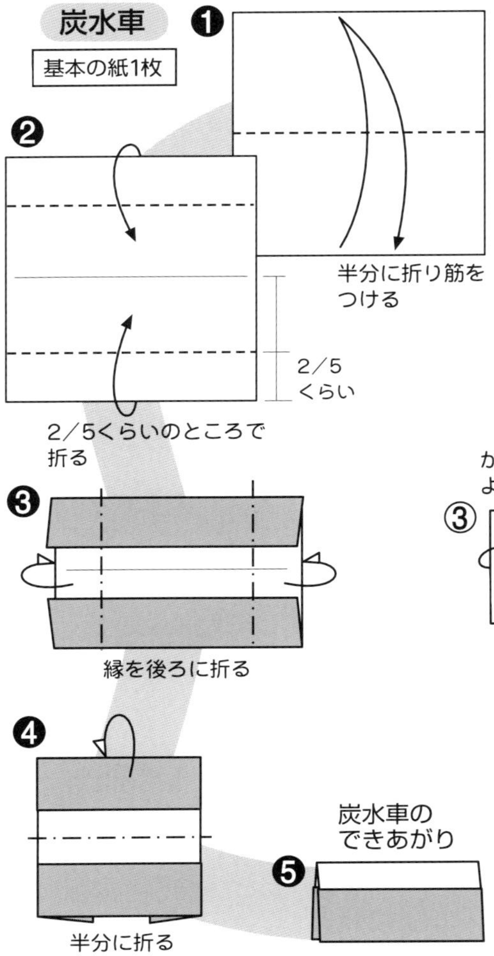

❶
半分に折り筋を
つける
❷
2/5
くらい
2/5くらいのところで
折る
❸
縁を後ろに折る
❹
半分に折る
❺
炭水車の
できあがり

煙突

本体に対して
A-1の紙1枚

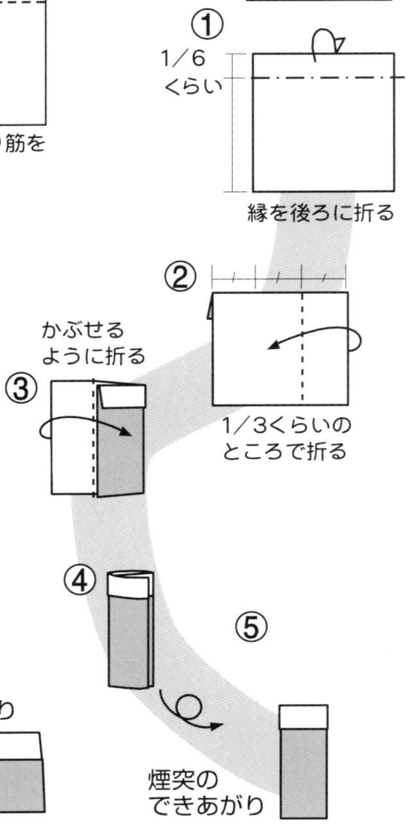

①
1/6
くらい
縁を後ろに折る
②
1/3くらいの
ところで折る
③
かぶせる
ように折る
④
⑤
煙突の
できあがり

釜

本体に対して
A-1の紙1枚

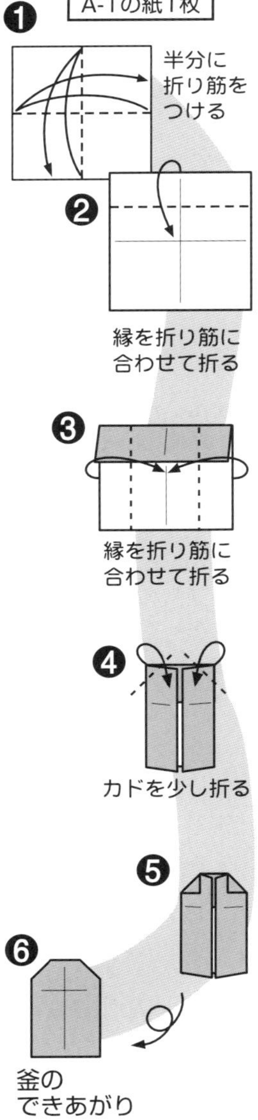

❶
半分に
折り筋を
つける
❷
縁を折り筋に
合わせて折る
❸
縁を折り筋に
合わせて折る
❹
カドを少し折る
❺
❻
釜の
できあがり

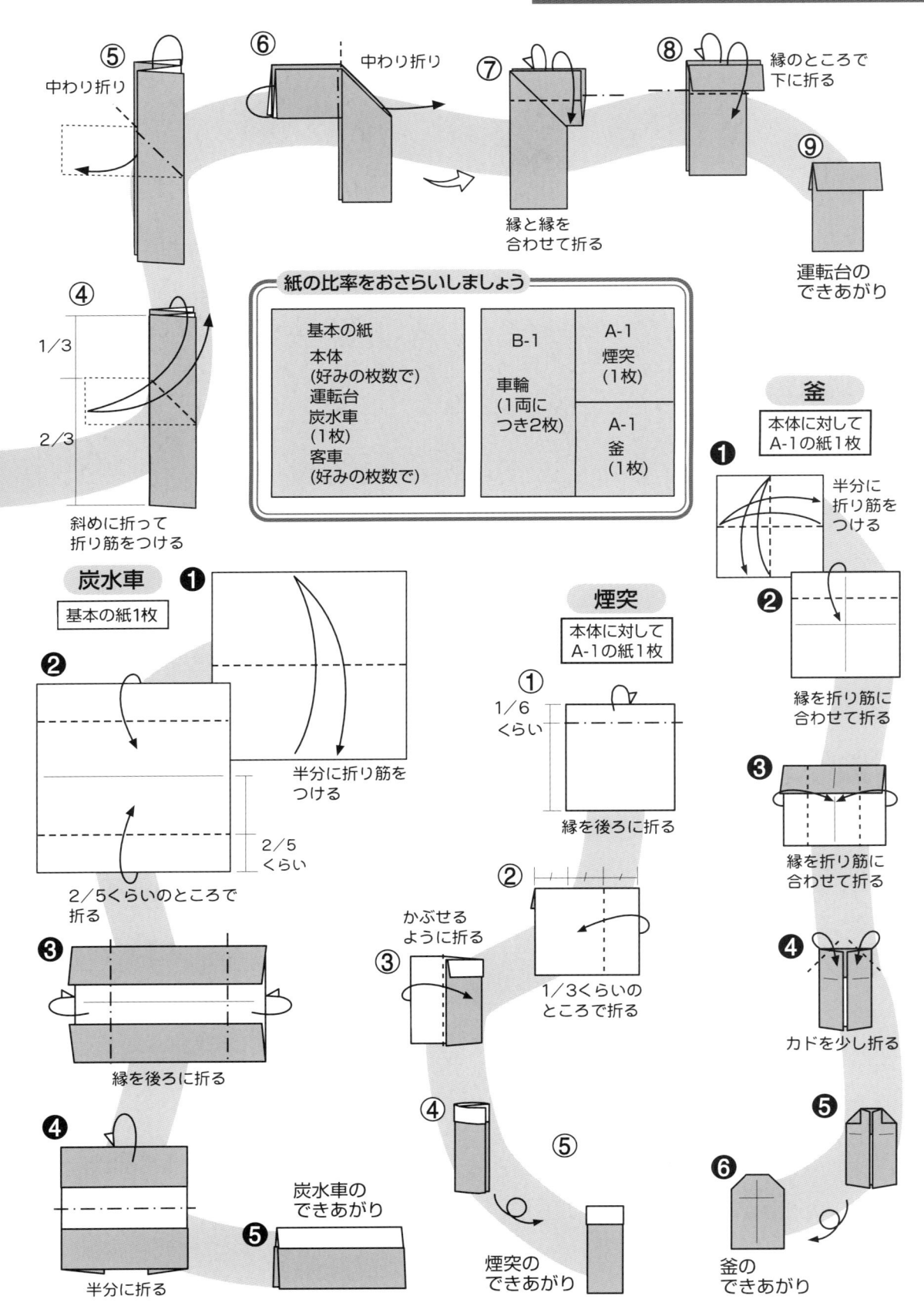

客車

基本の紙
好みの枚数で

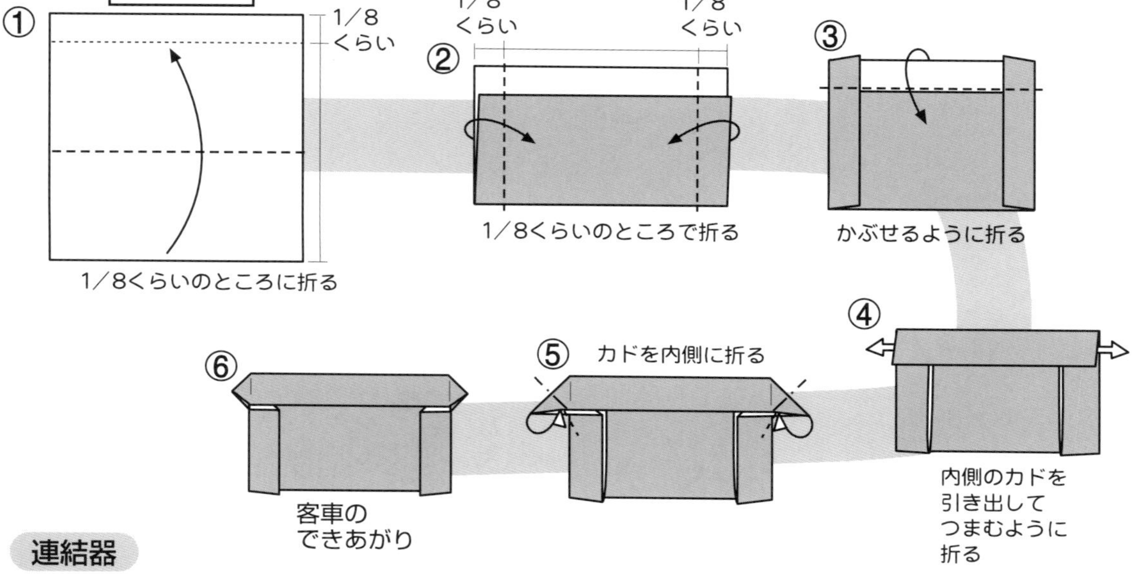

①
1／8
くらい
1／8くらいのところに折る
②
1／8
くらい
1／8
くらい
1／8くらいのところで折る
③
かぶせるように折る
④
内側のカドを
引き出して
つまむように
折る
⑤
カドを内側に折る
⑥
客車の
できあがり

連結器

本体に対して
A-3の紙
好みの枚数で

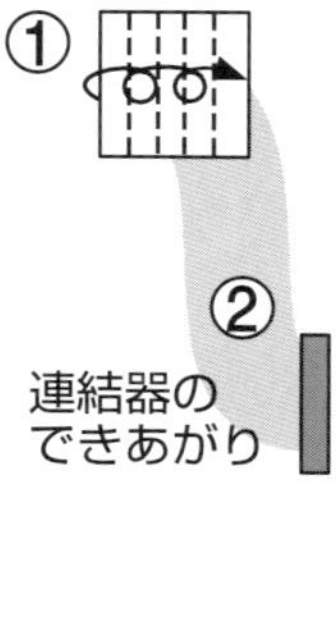

①
②
連結器の
できあがり

組み合わせ方

それぞれの部品を図のようにすき間に差し込んで組み合わせます。客車はいくつも作ってつなげましょう

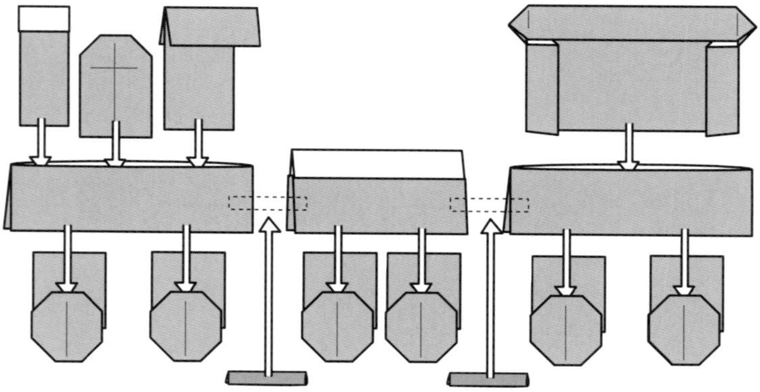

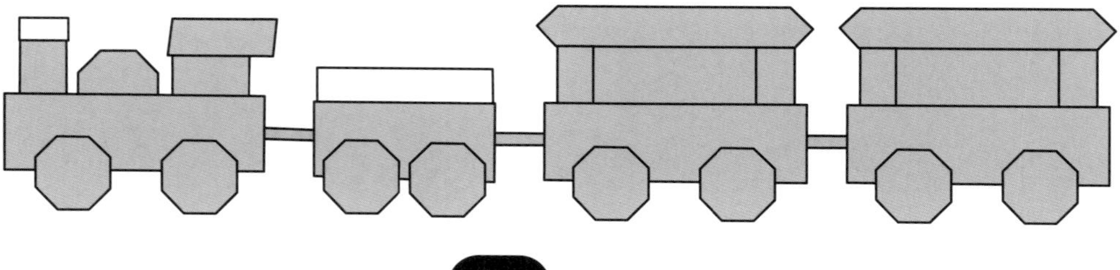

乗り物

自動車

⑤でしっかりと折り筋をつけておくと、後の中わり折りが楽です。できあがった車体にドアや窓を描いてあげましょう。

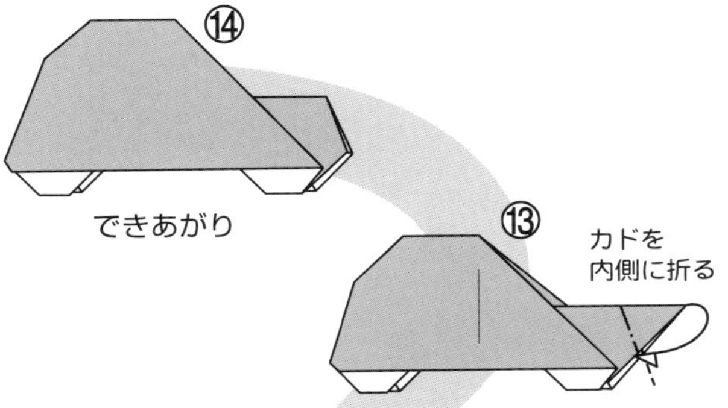
⑭
できあがり
⑬
カドを
内側に折る

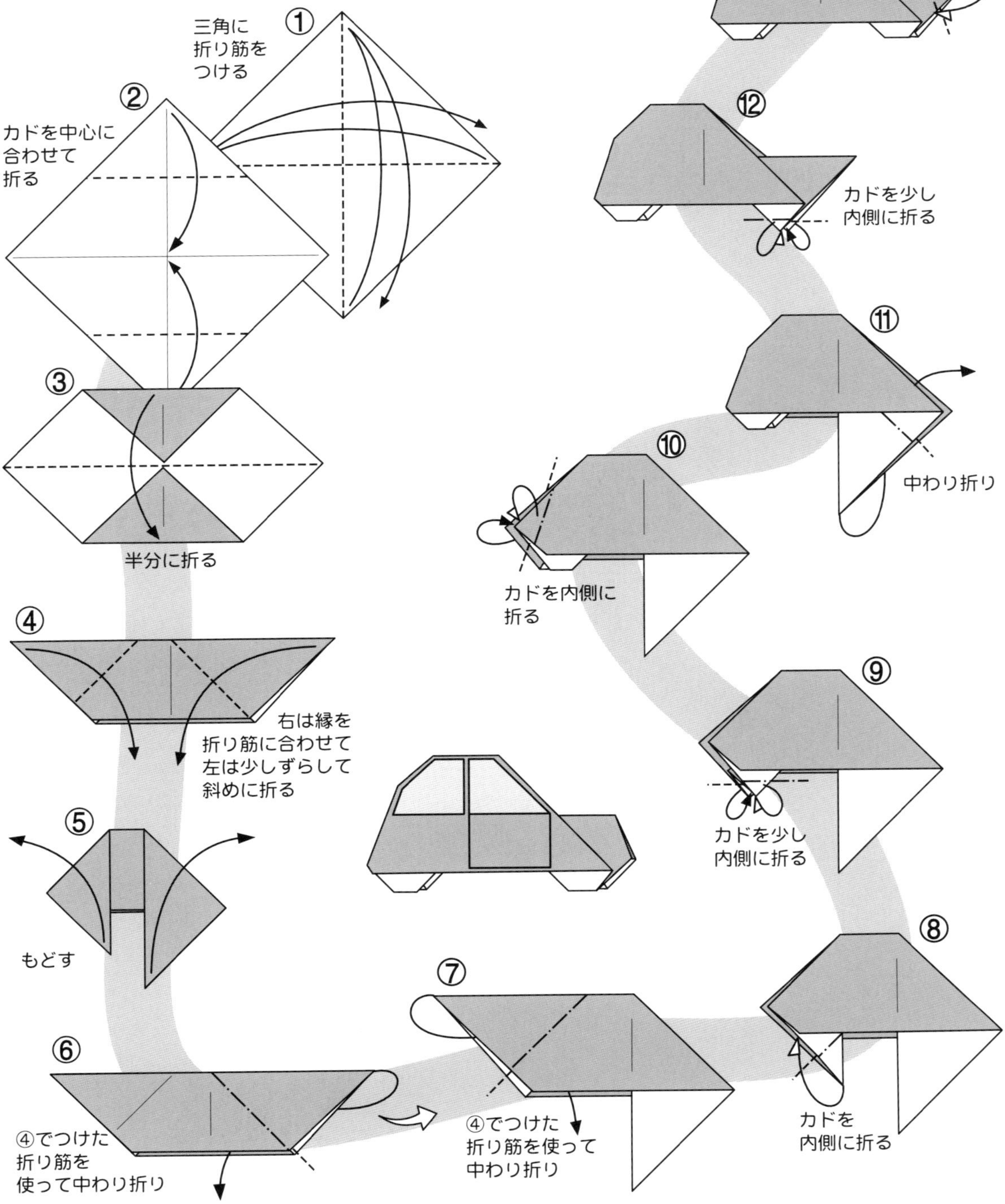
①
三角に
折り筋を
つける
②
カドを中心に
合わせて
折る
③
半分に折る
④
右は縁を
折り筋に合わせて
左は少しずらして
斜めに折る
⑤
もどす
⑥
④でつけた
折り筋を
使って中わり折り
⑦
④でつけた
折り筋を使って
中わり折り
⑧
カドを
内側に折る
⑨
カドを少し
内側に折る
⑩
カドを内側に
折る
⑪
中わり折り
⑫
カドを少し
内側に折る

ヨット

壁面構成用に考えて作ったヨットです。
夏のお便りなどに貼ってもいいですね。

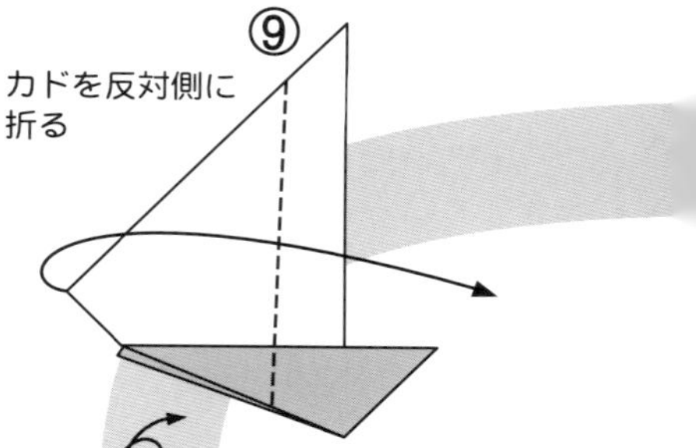
⑨
カドを反対側に
折る

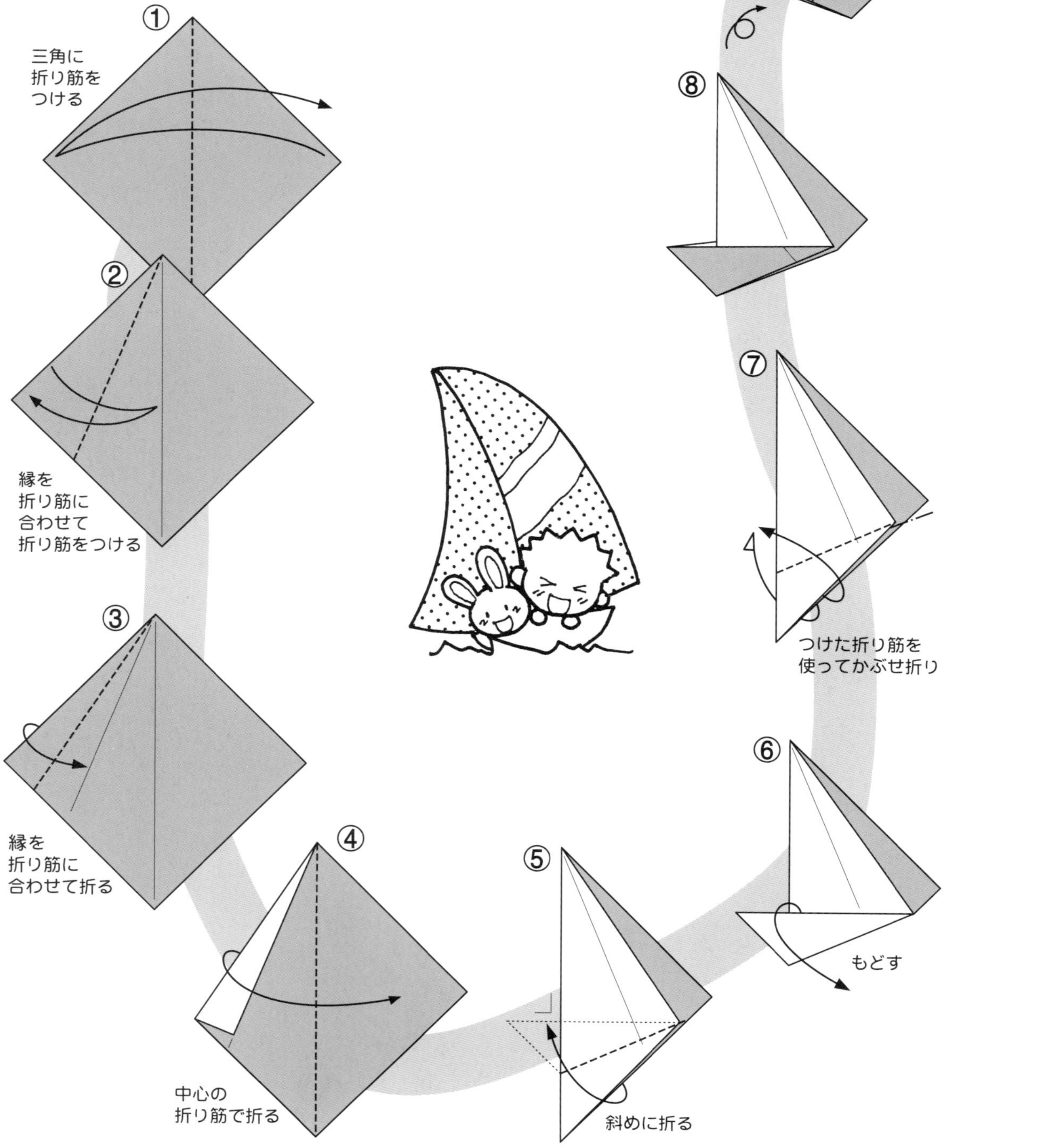
①
三角に
折り筋を
つける
②
縁を
折り筋に
合わせて
折り筋をつける
③
縁を
折り筋に
合わせて折る
④
中心の
折り筋で折る
⑤
斜めに折る
⑥
もどす
⑦
つけた折り筋を
使ってかぶせ折り
⑧

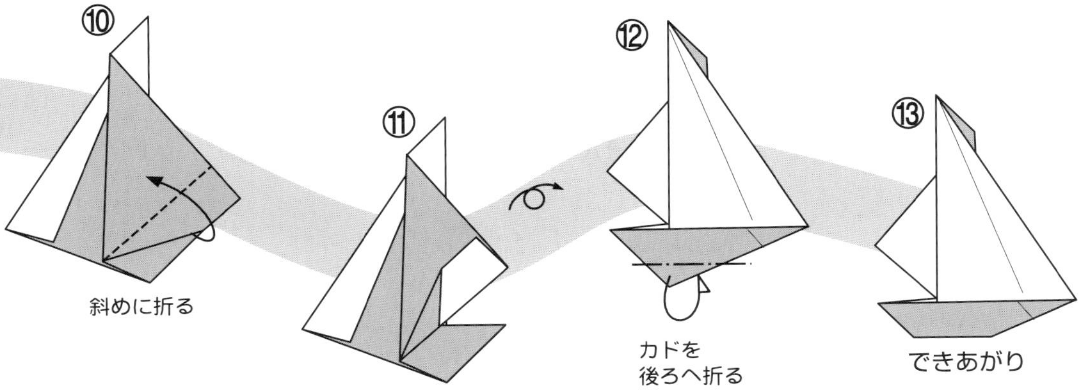
⑩
斜めに折る
⑪
⑫
カドを
後ろへ折る
⑬
できあがり

乗り物

汽船

伝承作品

船体に絵を描き込みましょう。
壁面に煙を描いてもいいですね。
❷〜❹で折る比率は、図とまったく同じでなくても大丈夫です。

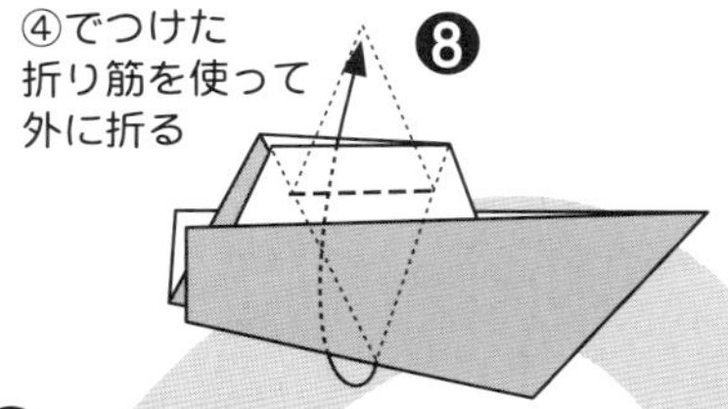
❽
④でつけた
折り筋を使って
外に折る

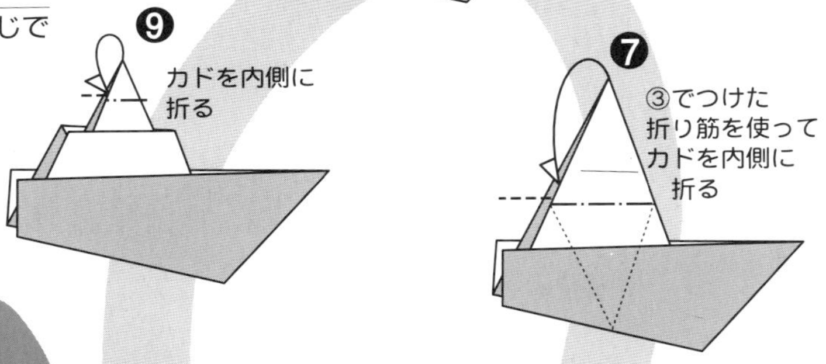
❾
カドを内側に
折る
❼
③でつけた
折り筋を使って
カドを内側に
折る

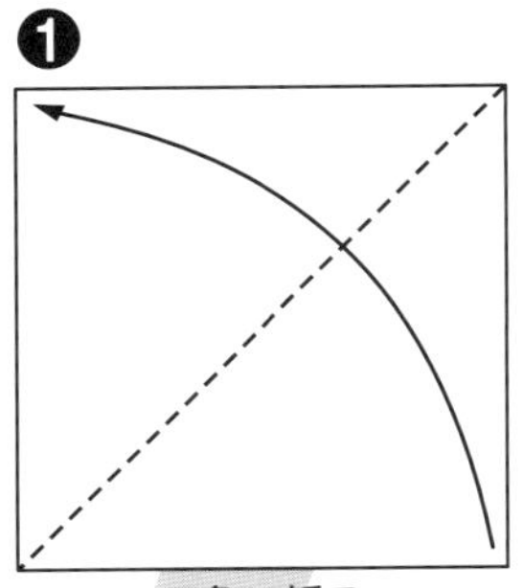
❶
三角に折る

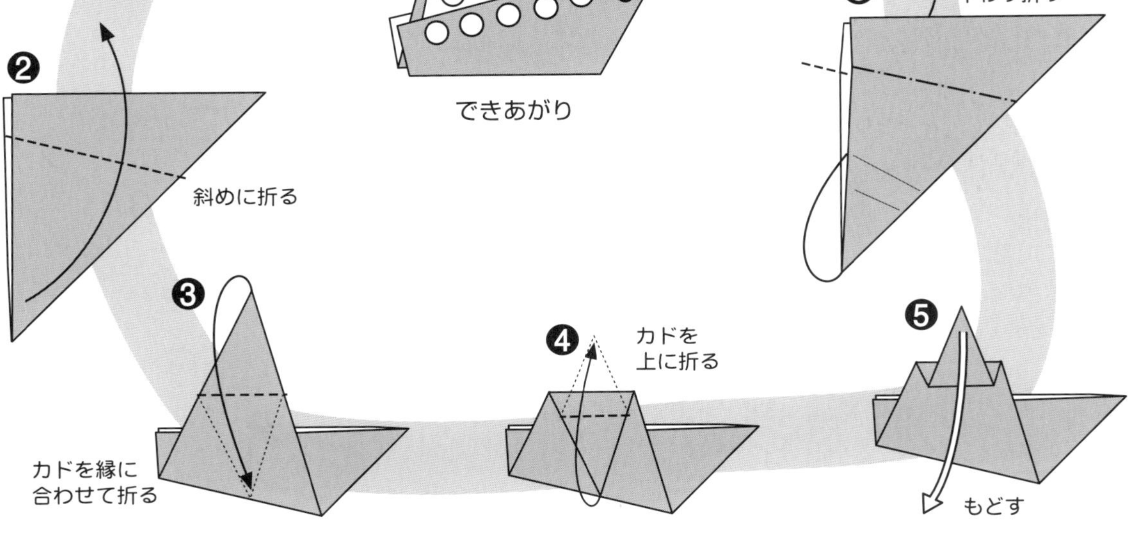
❷
斜めに折る
❸
カドを縁に
合わせて折る
❹
カドを
上に折る
❺
もどす
❻
②でつけた
折り筋を使って
中わり折り
⑩
できあがり

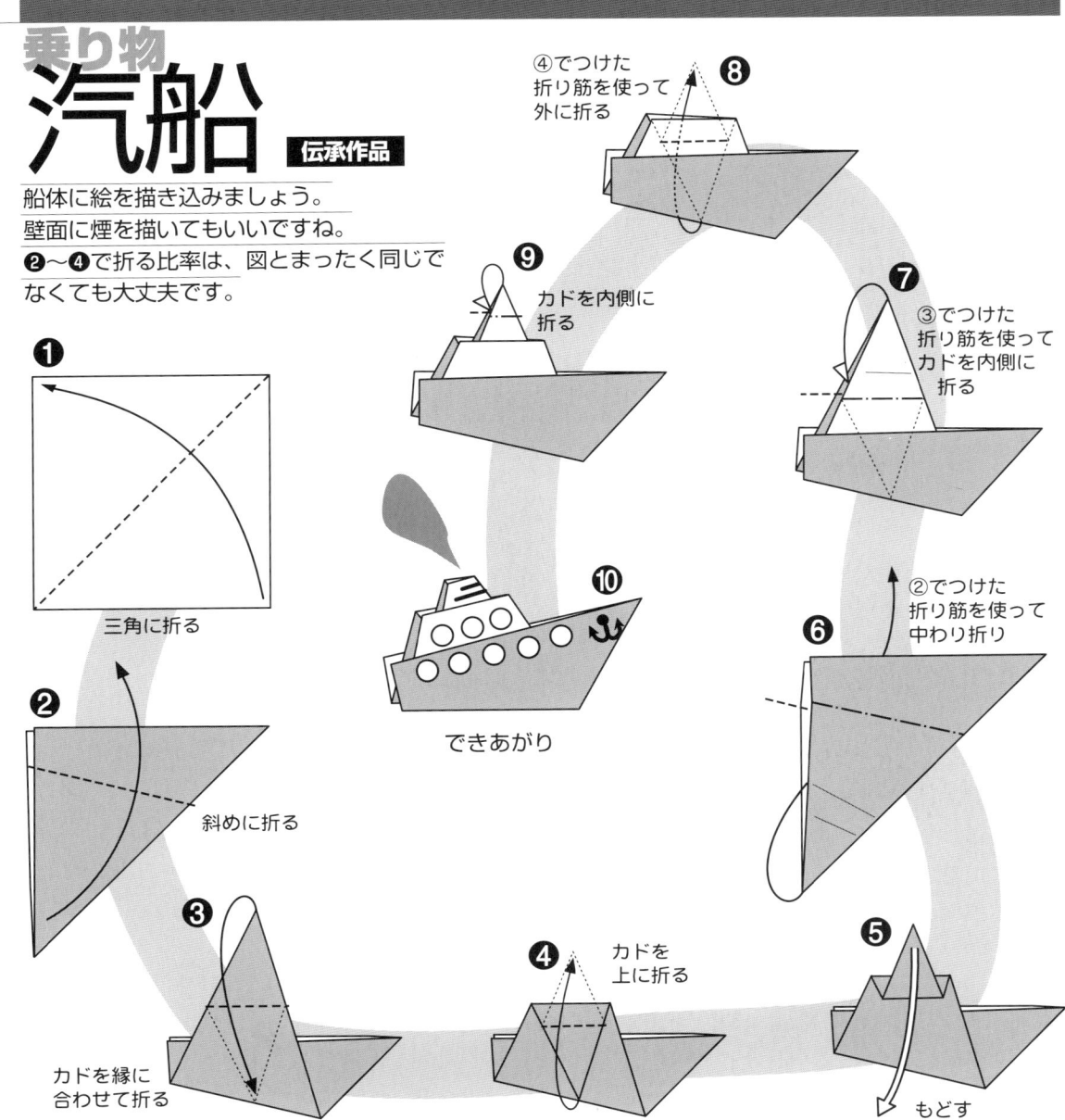

生き物

ちょうちょ

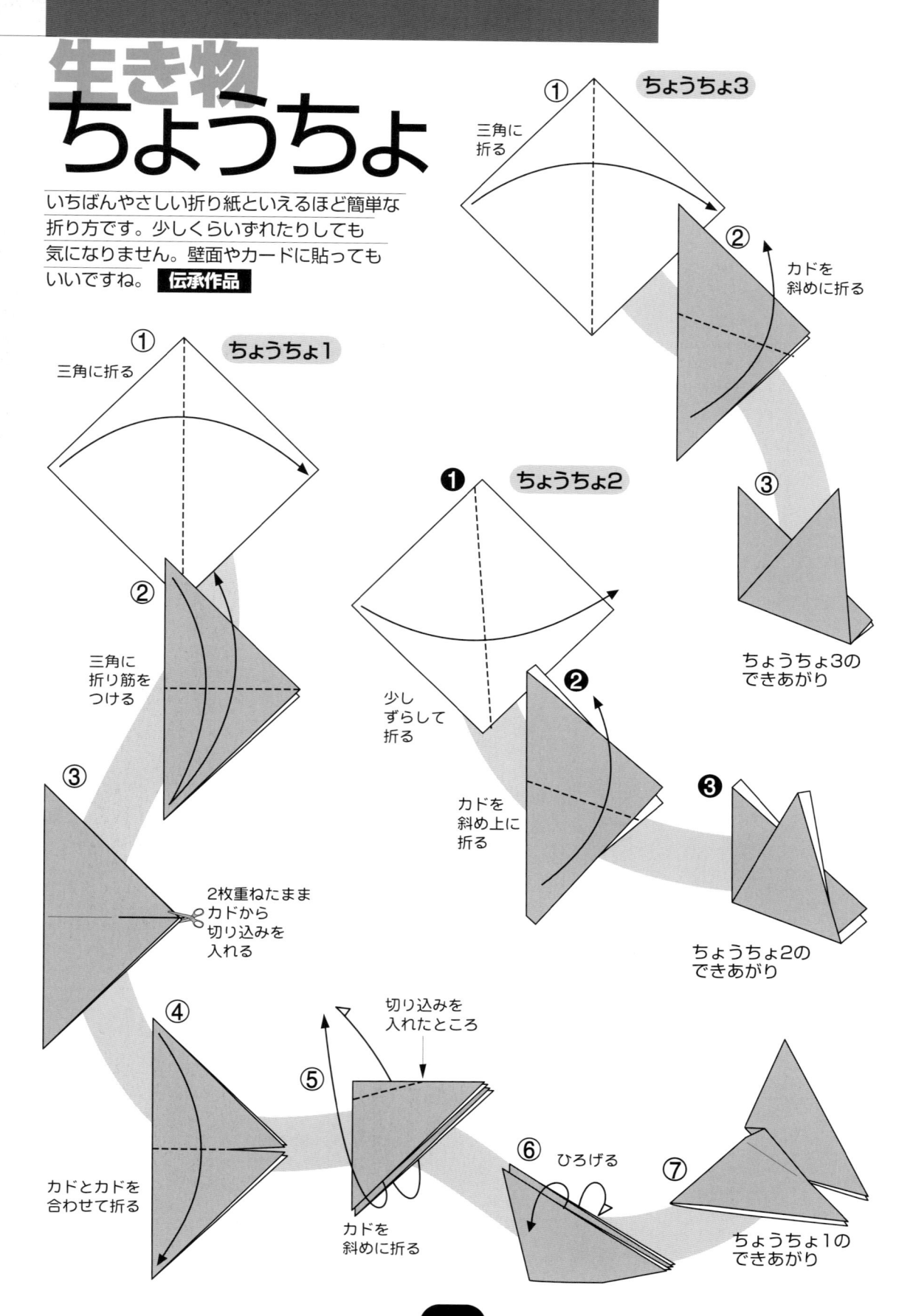

いちばんやさしい折り紙といえるほど簡単な折り方です。少しくらいずれたりしても気になりません。壁面やカードに貼ってもいいですね。 **伝承作品**

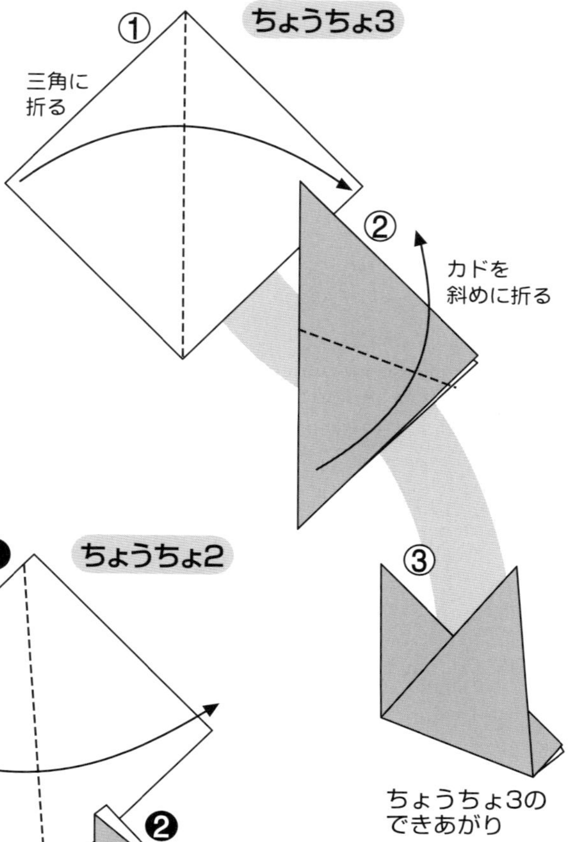
ちょうちょ3
①
三角に
折る
②
カドを
斜めに折る
③
ちょうちょ3の
できあがり

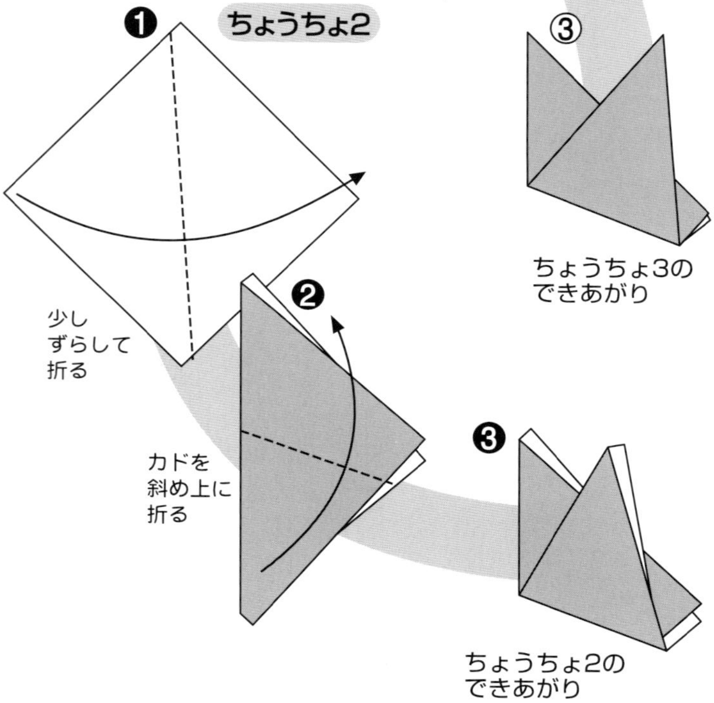
ちょうちょ2
❶
少し
ずらして
折る
❷
カドを
斜め上に
折る
❸
ちょうちょ2の
できあがり

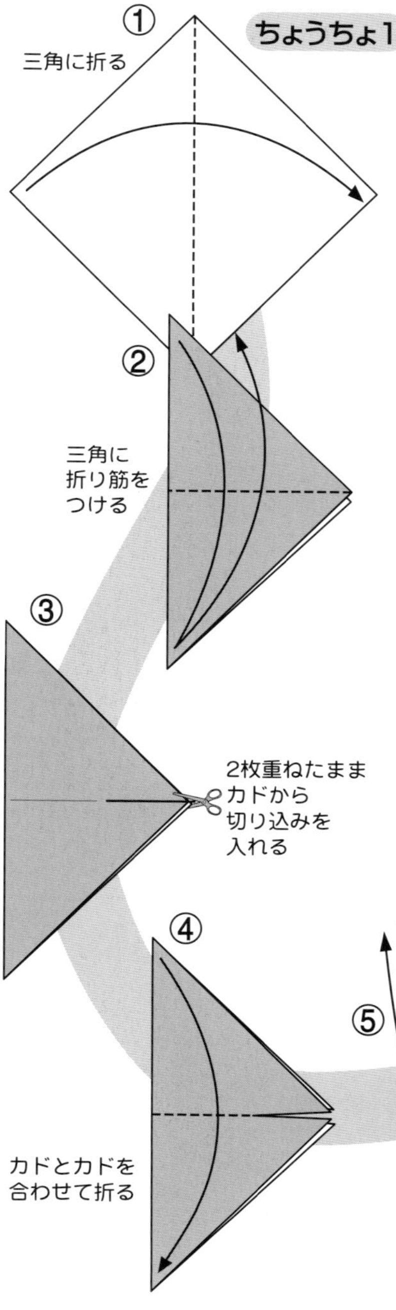
ちょうちょ1
①
三角に折る
②
三角に
折り筋を
つける
③
2枚重ねたまま
カドから
切り込みを
入れる
④
カドとカドを
合わせて折る

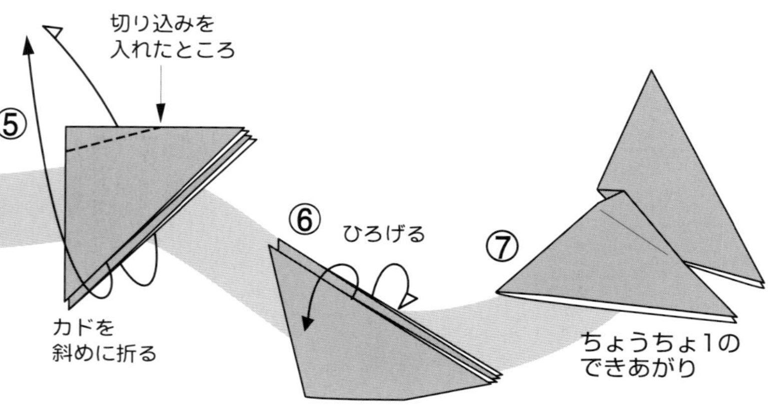
⑤
切り込みを
入れたところ
カドを
斜めに折る
⑥
ひろげる
⑦
ちょうちょ1の
できあがり

生き物

かたつむり

からだは基本の紙、殻はA-1の比率の紙で折ります。
壁面飾り用の作品なので
片面の仕上がりになります。
あじさいと組み合わせて飾ってください。

殻

本体に対して
A-1の紙1枚

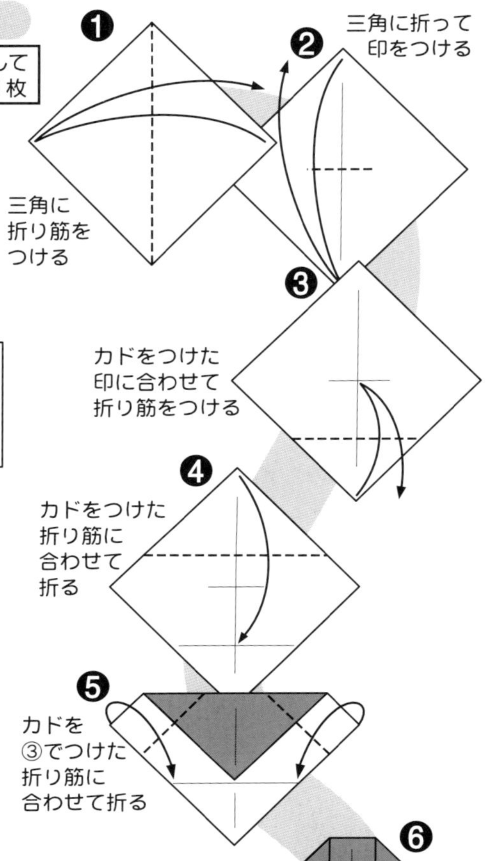
❶
三角に
折り筋を
つける
❷
三角に折って
印をつける
❸
カドをつけた
印に合わせて
折り筋をつける
❹
カドをつけた
折り筋に
合わせて
折る
❺
カドを
③でつけた
折り筋に
合わせて折る

からだ

基本の紙1枚

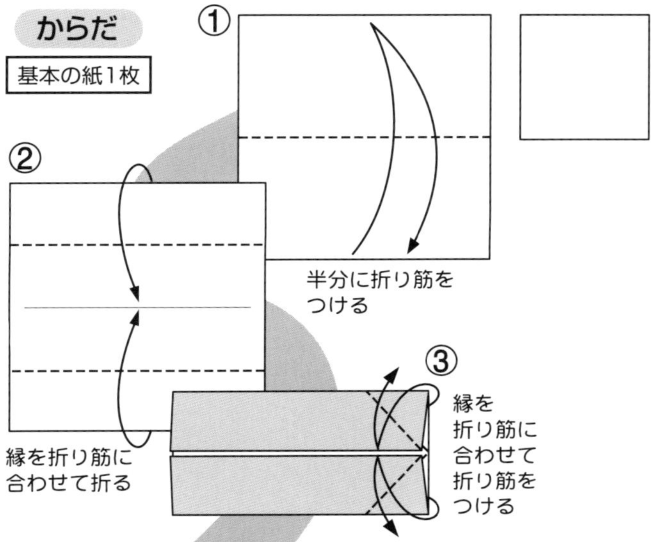
①
半分に折り筋を
つける
②
縁を折り筋に
合わせて折る
③
縁を
折り筋に
合わせて
折り筋を
つける

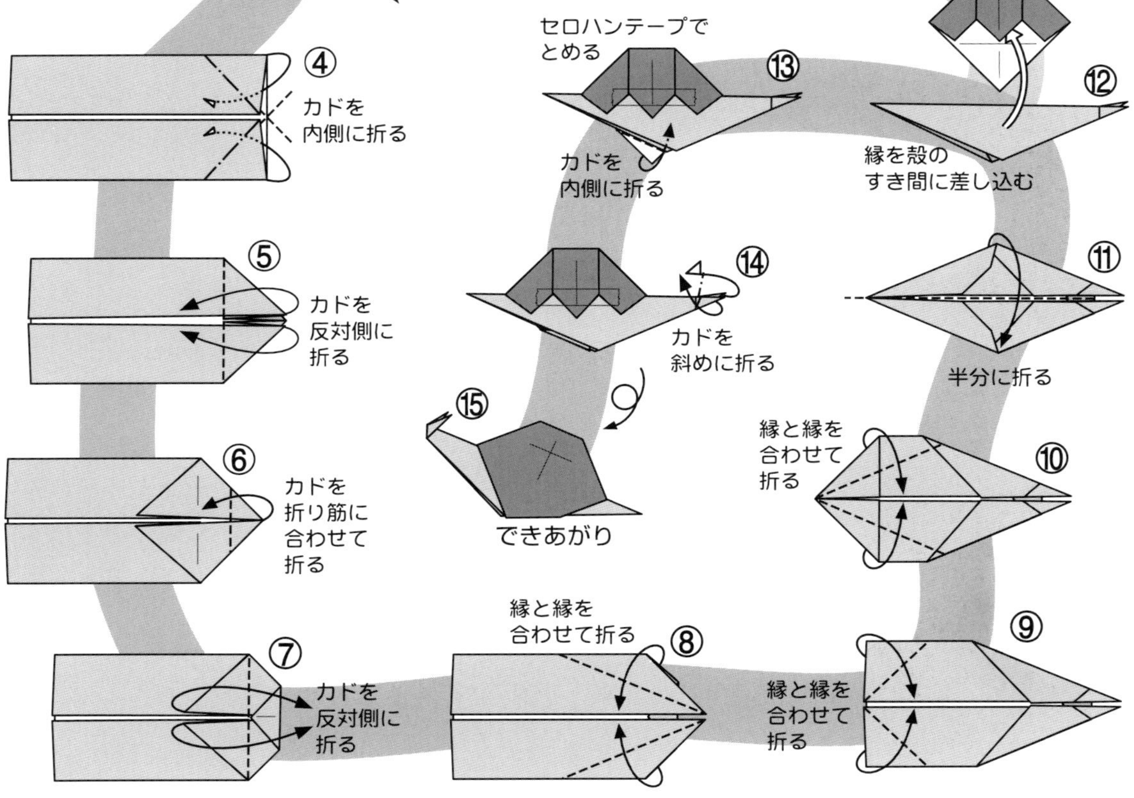
❻
④
カドを
内側に折る
⑤
カドを
反対側に
折る
⑥
カドを
折り筋に
合わせて
折る
⑦
カドを
反対側に
折る
⑧
縁と縁を
合わせて折る
⑨
縁と縁を
合わせて
折る
⑩
縁と縁を
合わせて
折る
⑪
半分に折る
⑫
縁を殻の
すき間に差し込む
⑬
セロハンテープで
とめる
カドを
内側に折る
⑭
カドを
斜めに折る
⑮
できあがり

せみ

伝承作品

伝承作品のせみです。伝承作品の中でも名作の１つです。折り方も整理されているので、手から手へと伝えられてきたのでしょう。

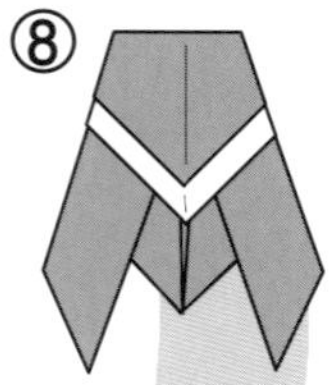
⑧
せみ1の
できあがり

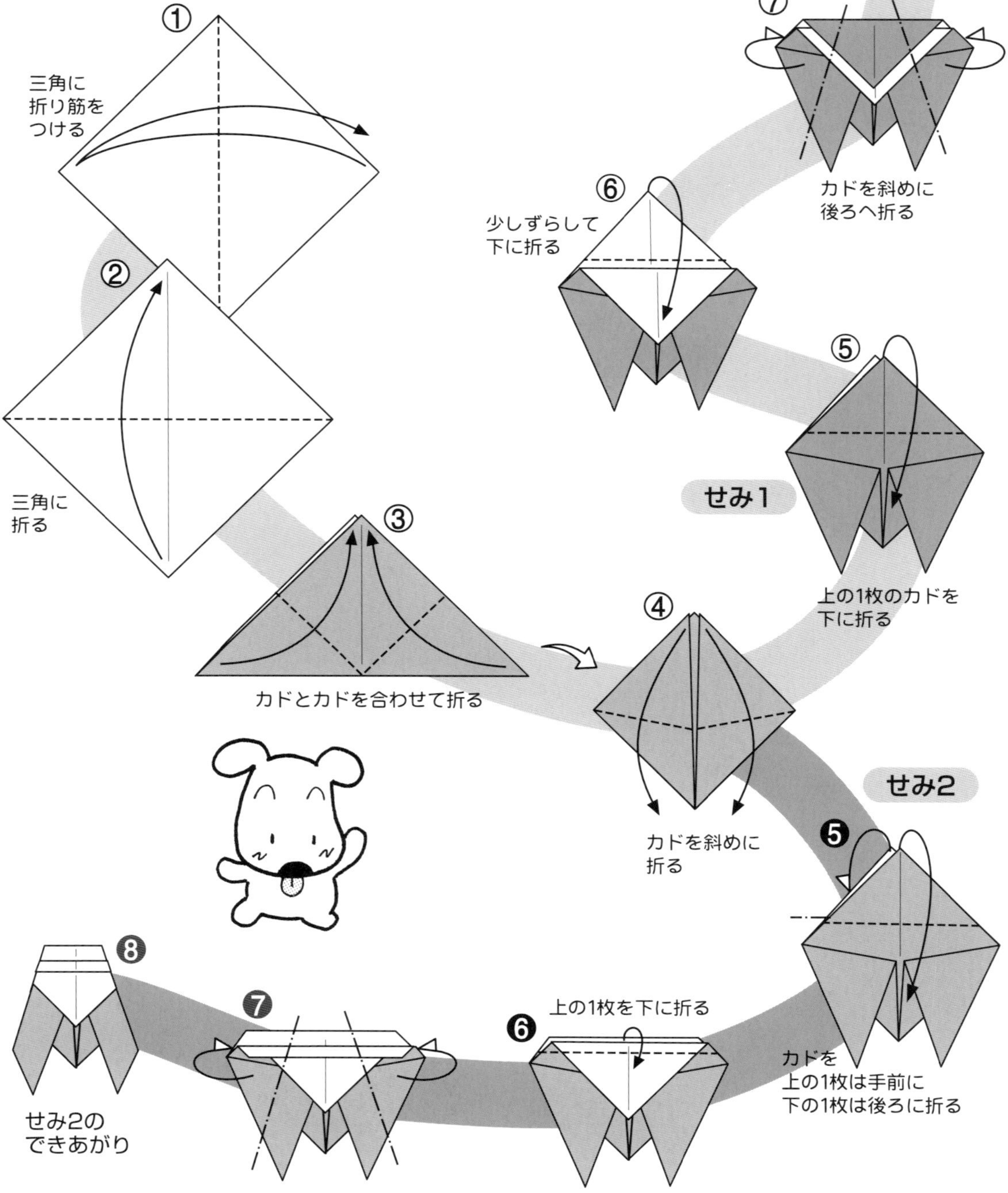
①
三角に
折り筋を
つける
②
三角に
折る
③
カドとカドを合わせて折る
④
カドを斜めに
折る
せみ1
⑤
上の1枚のカドを
下に折る
⑥
少しずらして
下に折る
⑦
カドを斜めに
後ろへ折る
せみ2
❺
カドを
上の1枚は手前に
下の1枚は後ろに折る
❻
上の1枚を下に折る
❼
❽
せみ2の
できあがり

生き物

くわがた

からだとあごは同じ大きさの紙で折ります。
組み合わせるときに、重なる部分を
かるくのりづけするとよいでしょう。

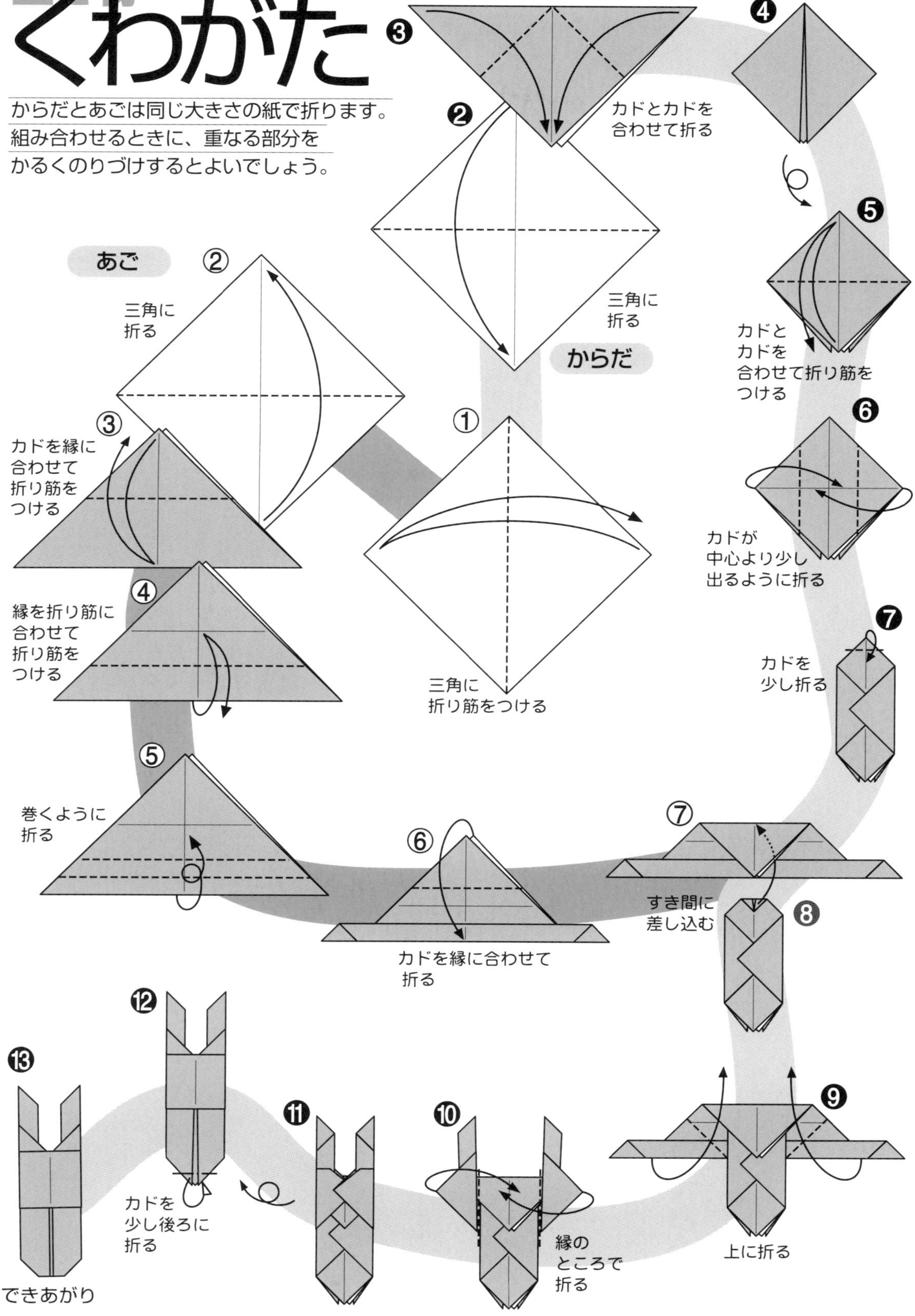

からだ
①
三角に
折り筋をつける
②
三角に
折る
③
カドとカドを
合わせて折る
④
⑤
カドと
カドを
合わせて折り筋を
つける
⑥
カドが
中心より少し
出るように折る
⑦
カドを
少し折る
あご
②
三角に
折る
③
カドを縁に
合わせて
折り筋を
つける
④
縁を折り筋に
合わせて
折り筋を
つける
⑤
巻くように
折る
⑥
カドを縁に合わせて
折る
⑦
すき間に
差し込む
⑧
⑨
上に折る
⑩
縁の
ところで
折る
⑪
⑫
カドを
少し後ろに
折る
⑬
できあがり

季節の風物
こいのぼり

いくつものパーツを使います。胴体と尾は基本の紙で、
うろこはC-2、目はA-3の比率の紙で折ります。
台紙は胴体と同じ大きさに切った厚手の紙を使います。
ていねいに折ると、しっかりしたこいのぼりができます。

尾

基本の紙2枚

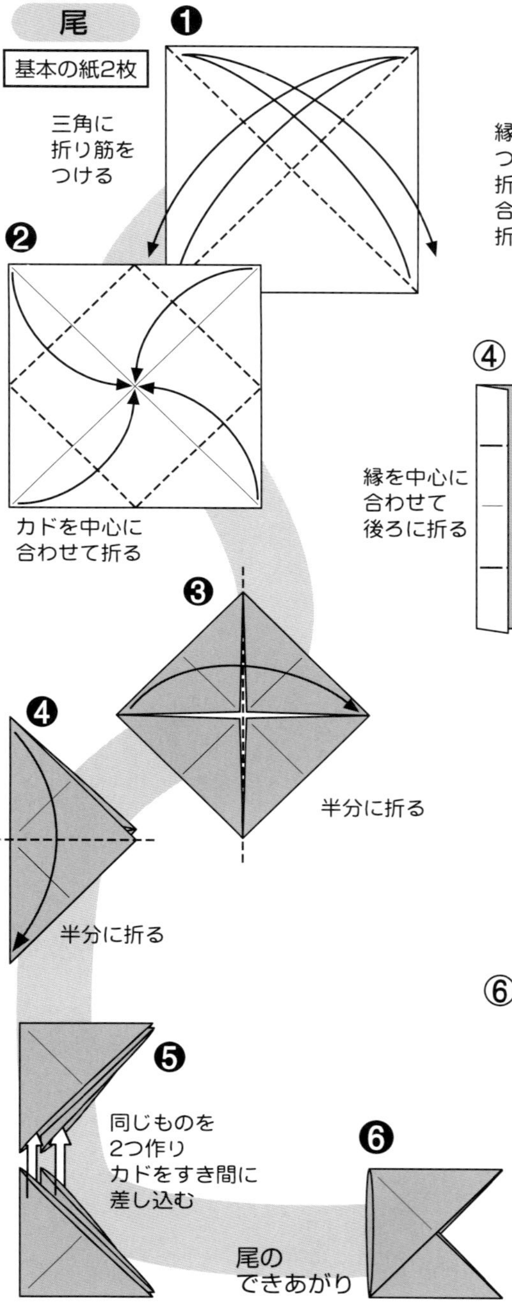
❶
三角に折り筋をつける
❷
カドを中心に合わせて折る
❸
半分に折る
❹
半分に折る
❺
同じものを2つ作りカドをすき間に差し込む
❻
尾のできあがり

胴体

基本の紙1枚

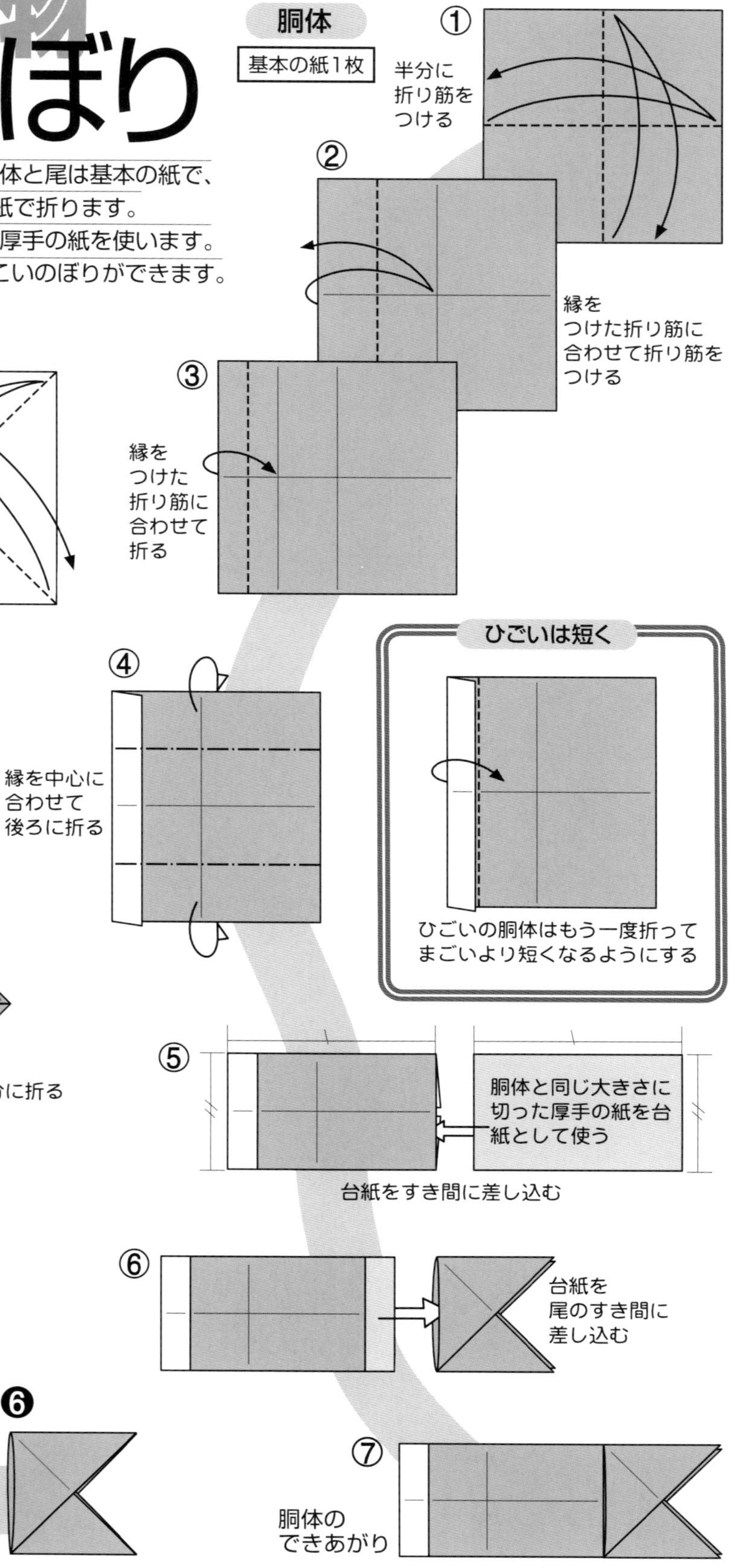
①
半分に折り筋をつける
②
縁をつけた折り筋に合わせて折り筋をつける
③
縁をつけた折り筋に合わせて折る
④
縁を中心に合わせて後ろに折る
ひごいは短く
ひごいの胴体はもう一度折ってまごいより短くなるようにする
⑤
胴体と同じ大きさに切った厚手の紙を台紙として使う
台紙をすき間に差し込む
⑥
台紙を尾のすき間に差し込む
⑦
胴体のできあがり

こいのぼり

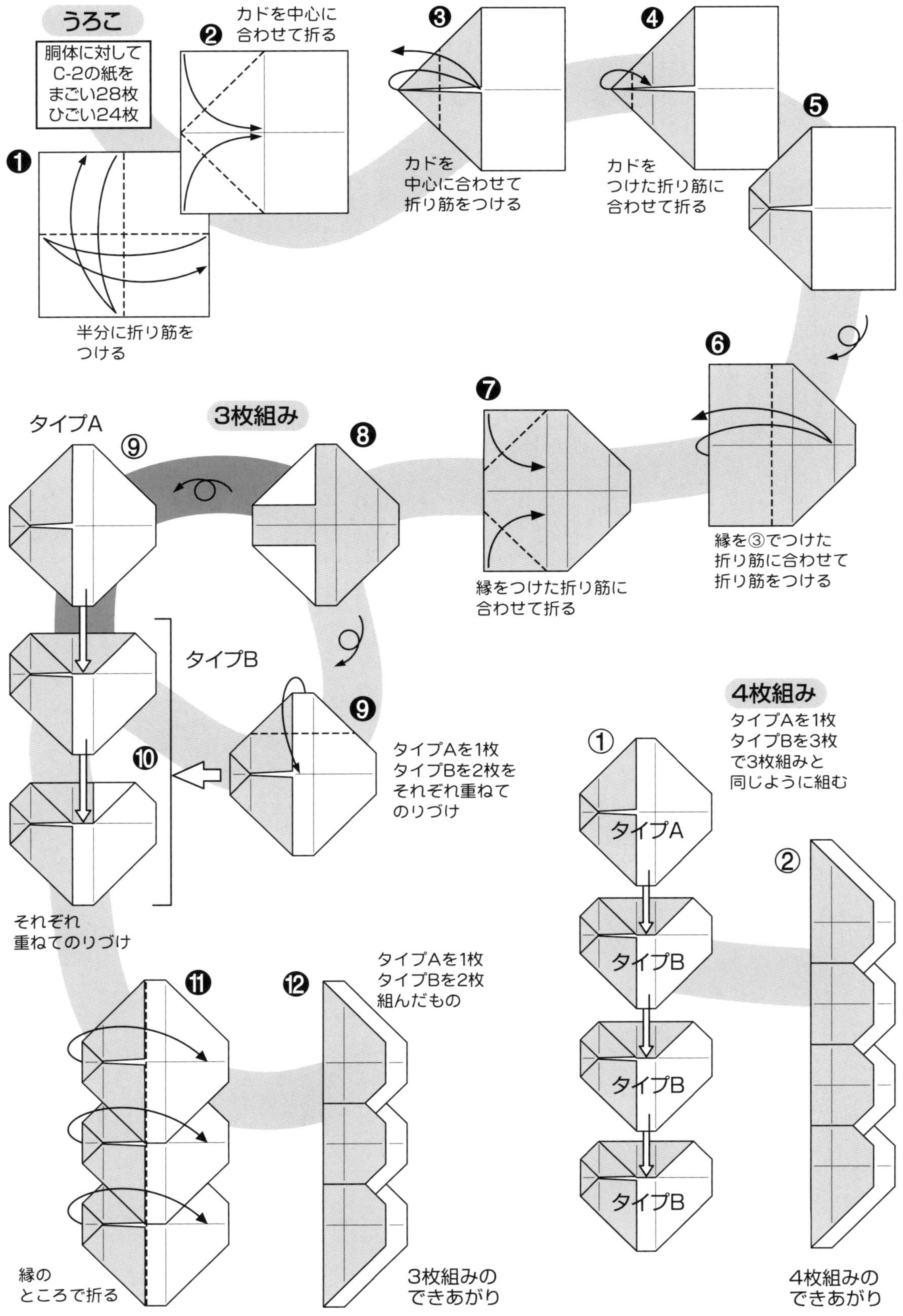

うろこ
胴体に対して
C-2の紙を
まごい28枚
ひごい24枚
1
半分に折り筋を
つける
2
カドを中心に
合わせて折る
3
カドを
中心に合わせて
折り筋をつける
4
カドを
つけた折り筋に
合わせて折る
5
6
縁を③でつけた
折り筋に合わせて
折り筋をつける
7
縁をつけた折り筋に
合わせて折る
8
3枚組み
タイプA
⑨
9
タイプAを1枚
タイプBを2枚を
それぞれ重ねて
のりづけ
タイプB
10
それぞれ
重ねてのりづけ
11
縁の
ところで折る
12
タイプAを1枚
タイプBを2枚
組んだもの
3枚組みの
できあがり
4枚組み
タイプAを1枚
タイプBを3枚
で3枚組みと
同じように組む
①
タイプA
タイプB
タイプB
タイプB
②
4枚組みの
できあがり

黒目

胴体に対して
A-3の紙1枚

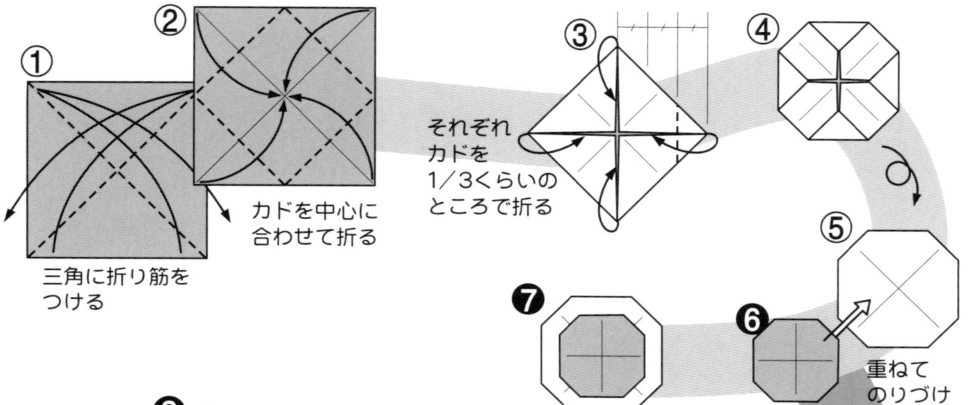
①
三角に折り筋を
つける
②
カドを中心に
合わせて折る
③
それぞれ
カドを
1/3くらいの
ところで折る
④
⑤
重ねて
のりづけ
目のできあがり

白目

胴体に対して
A-3の紙1枚

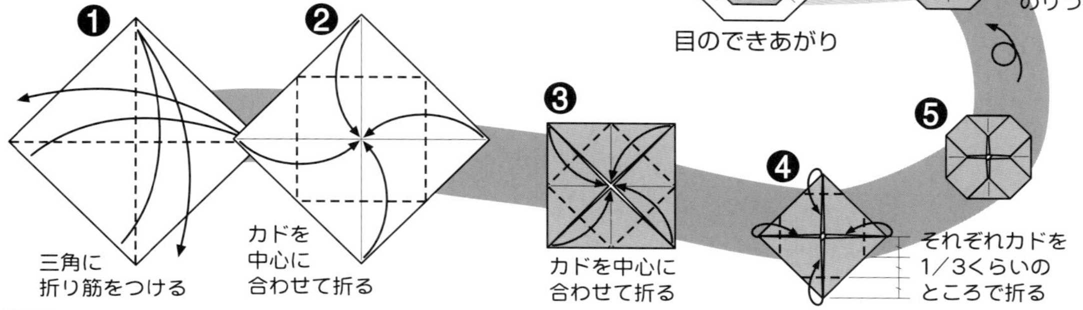
❶
三角に
折り筋をつける
❷
カドを
中心に
合わせて折る
❸
カドを中心に
合わせて折る
❹
それぞれカドを
1/3くらいの
ところで折る
❺
❻
❼

① まごいの組み立て方

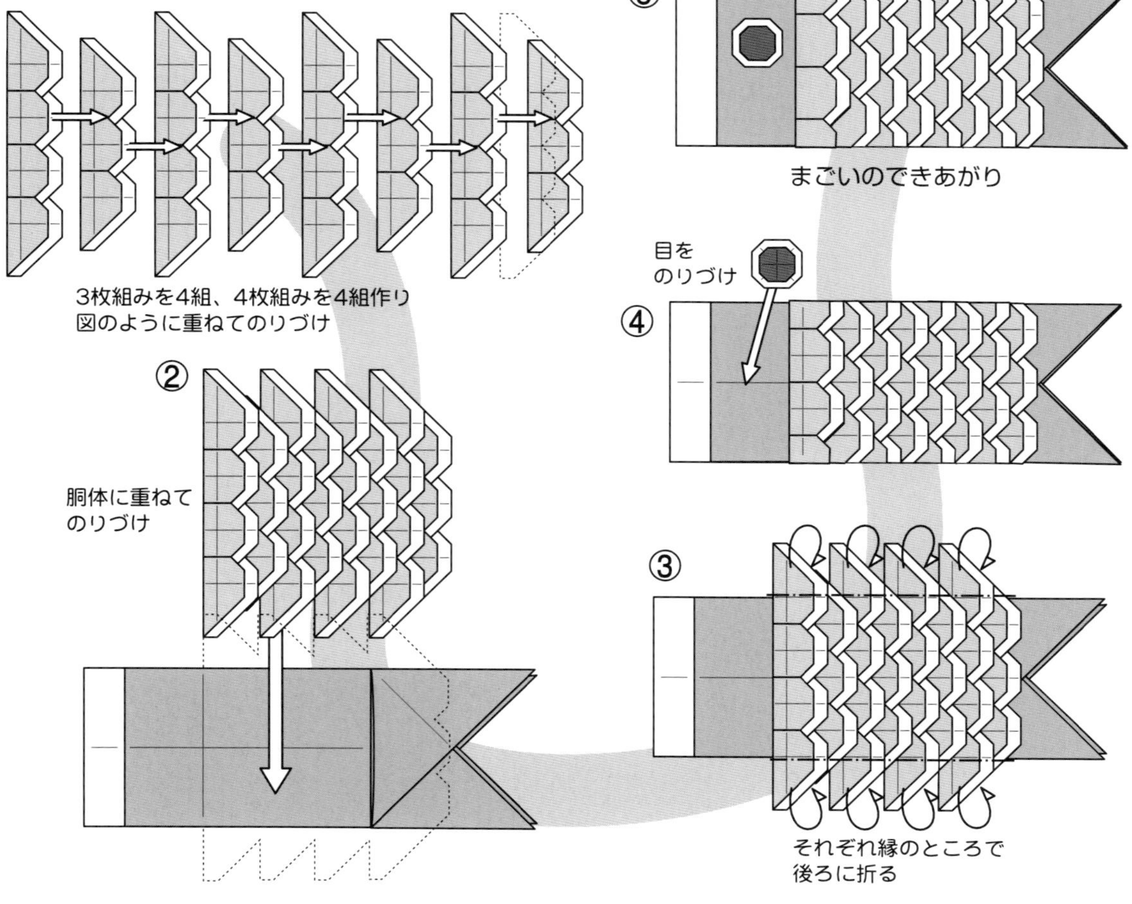
3枚組みを4組、4枚組みを4組作り
図のように重ねてのりづけ
②
胴体に重ねて
のりづけ
③
それぞれ縁のところで
後ろに折る
④
目を
のりづけ
⑤
まごいのできあがり

ひごいの組み立て方

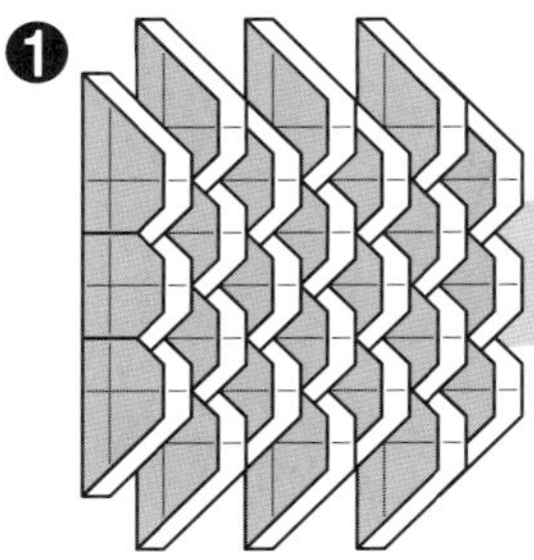
❶

3枚組みを4組、4枚組みを3組作り
まごいと同じように重ねてのりづけ

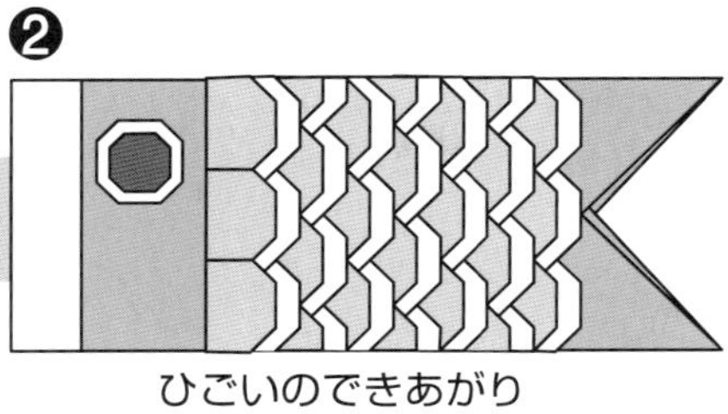
❷

ひごいのできあがり

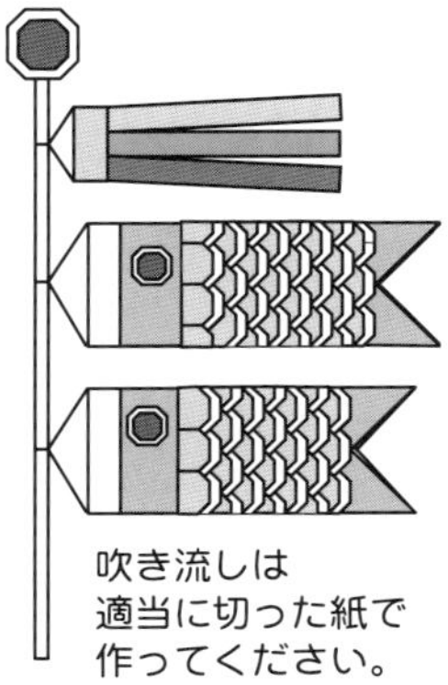

吹き流しは
適当に切った紙で
作ってください。
滑車は目を使います

季節の風物

武者かぶと

切り込みを入れることでくわがたの部分が
大きくなって、格好のよいかぶとができます。
両面のホイル紙で折ると豪華です。

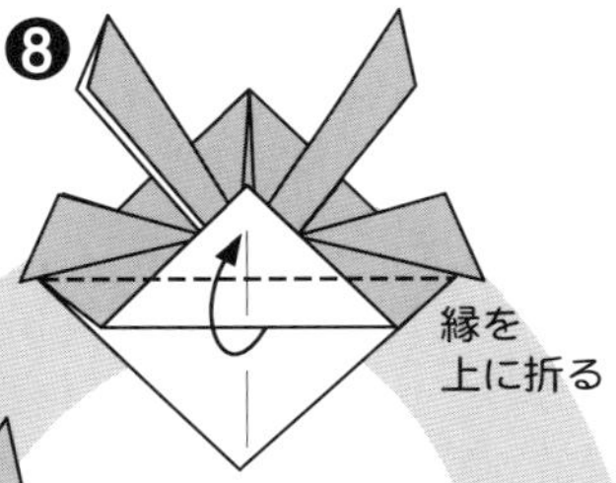
❽
縁を
上に折る

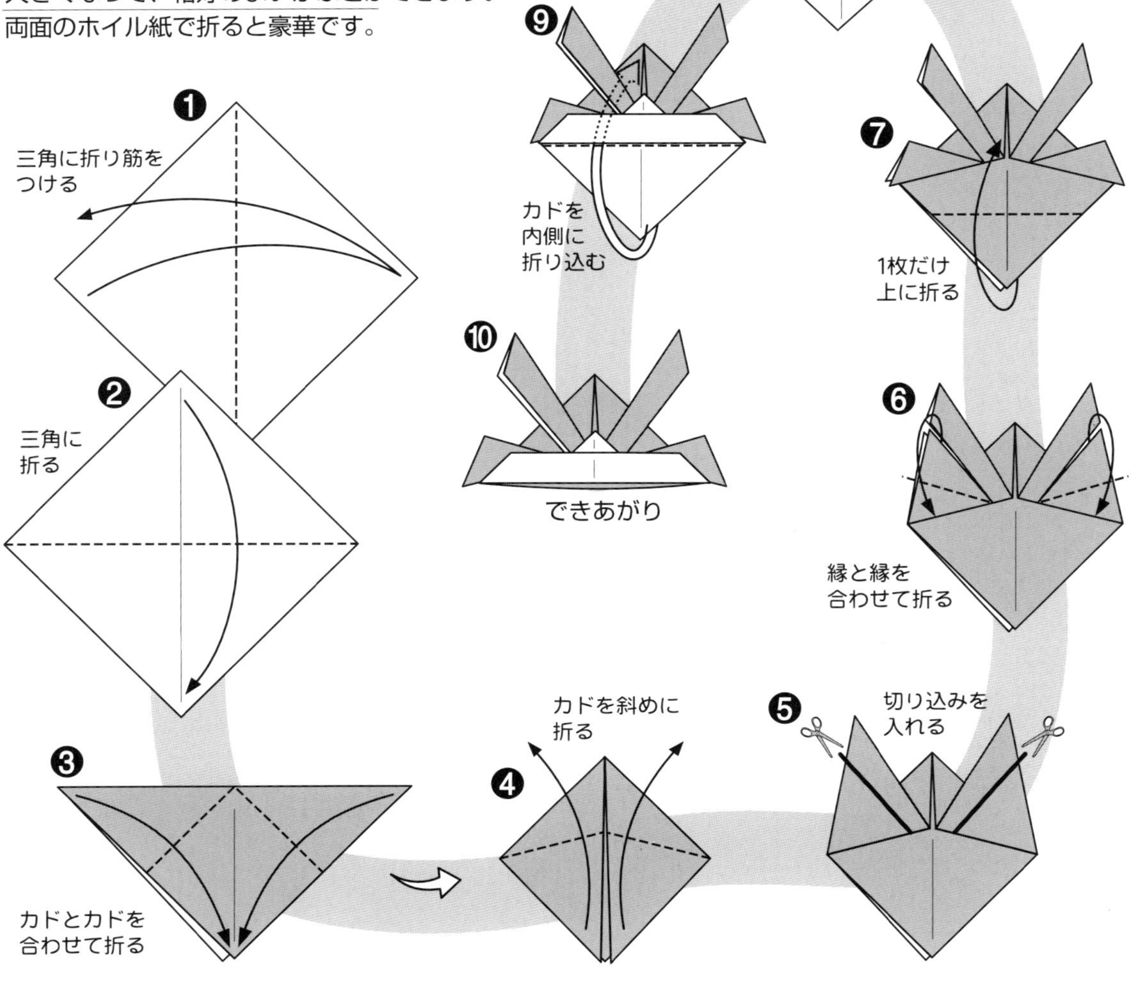
❶
三角に折り筋を
つける
❷
三角に
折る
❸
カドとカドを
合わせて折る
❹
カドを斜めに
折る
❺
切り込みを
入れる
❻
縁と縁を
合わせて折る
❼
1枚だけ
上に折る
❾
カドを
内側に
折り込む
❿
できあがり

星

同じ大きさの紙を３枚使って折る、
世界一やさしい星です。
七夕だけでなくクリスマスの
飾りとしても使えます。

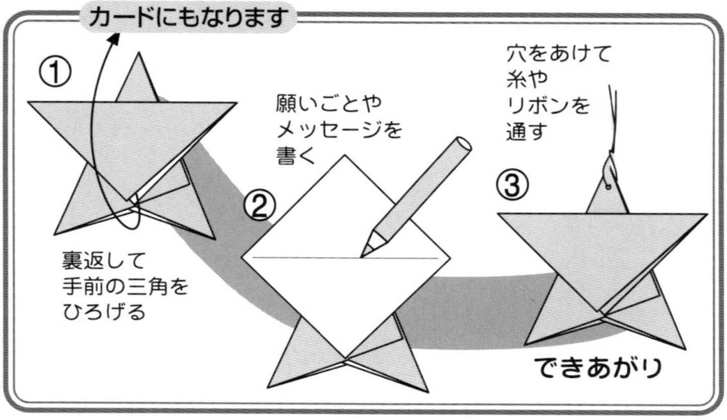
カードにもなります
①
裏返して
手前の三角を
ひろげる
②
願いごとや
メッセージを
書く
③
穴をあけて
糸や
リボンを
通す
できあがり

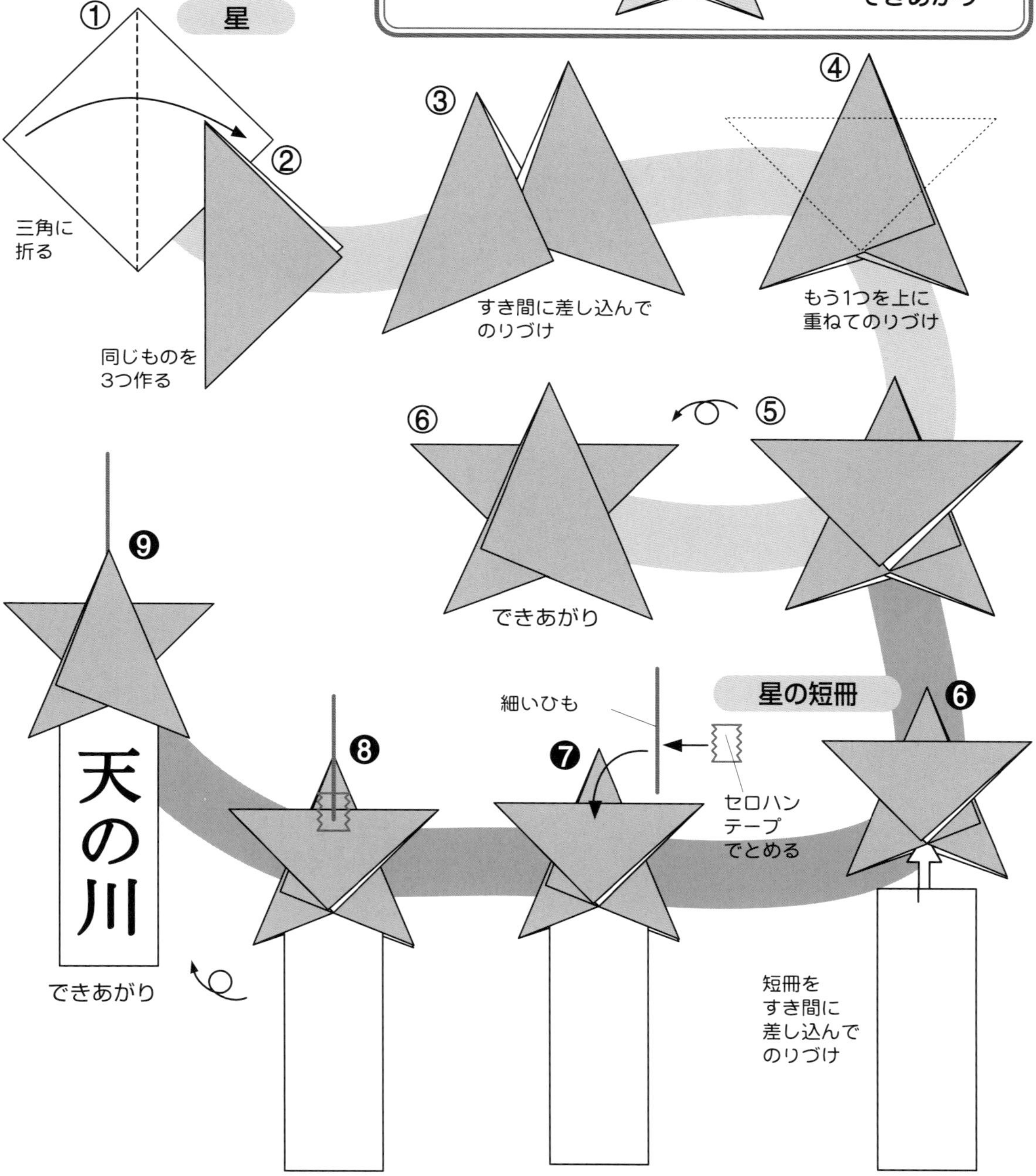
星
①
三角に
折る
②
同じものを
3つ作る
③
すき間に差し込んで
のりづけ
④
もう1つを上に
重ねてのりづけ
⑤
⑥
できあがり
星の短冊
❻
短冊を
すき間に
差し込んで
のりづけ
❼
細いひも
セロハン
テープ
でとめる
❽
❾
天の川
できあがり

季節の風物

織姫と彦星

かわいい男の子と女の子の顔です。
顔に対してDの比率の紙で折った星に貼って、
織姫、彦星として使ってください。
86ページのお雛さまの顔としても使います。

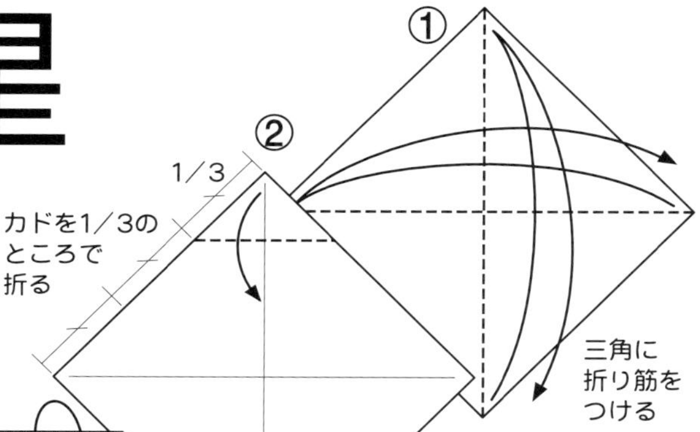
①
三角に
折り筋を
つける
②
1／3
カドを1／3の
ところで
折る

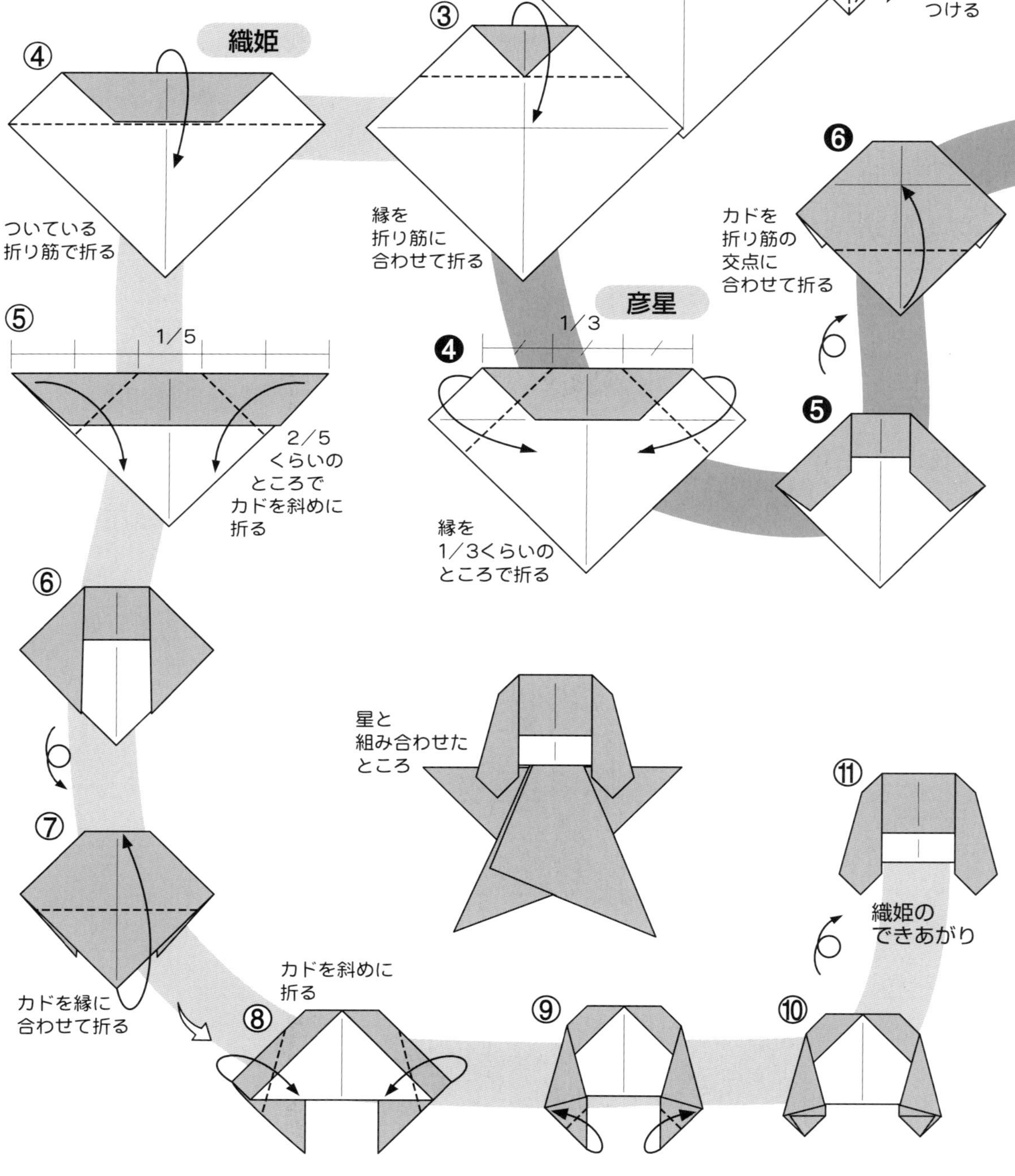
③
縁を
折り筋に
合わせて折る
織姫
④
ついている
折り筋で折る
⑤
1／5
2／5
くらいの
ところで
カドを斜めに
折る
⑥
⑦
カドを縁に
合わせて折る
⑧
カドを斜めに
折る
⑨
⑩
⑪
織姫の
できあがり
彦星
❹
1／3
縁を
1／3くらいの
ところで折る
❺
❻
カドを
折り筋の
交点に
合わせて折る
星と
組み合わせた
ところ

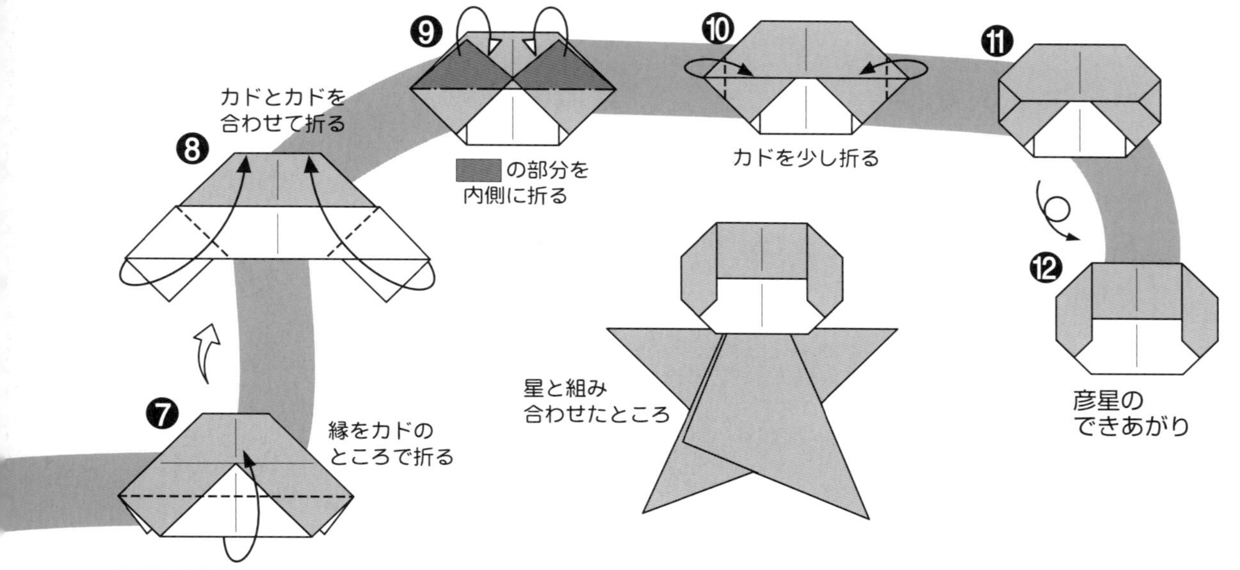
❼
縁をカドのところで折る
❽
カドとカドを合わせて折る
❾
の部分を内側に折る
❿
カドを少し折る
⓫
⓬
彦星のできあがり
星と組み合わせたところ

季節の風物

提灯

伝承作品

伝承作品の提灯です。長方形の紙で折ると細くて長めの提灯ができます。七夕の飾りによいですね。

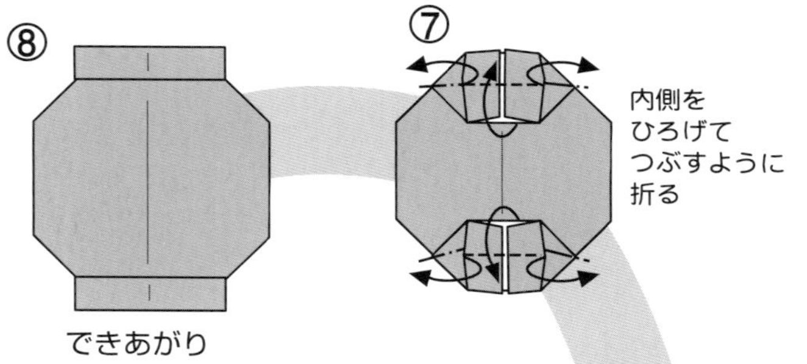
⑧
できあがり
⑦
内側をひろげてつぶすように折る

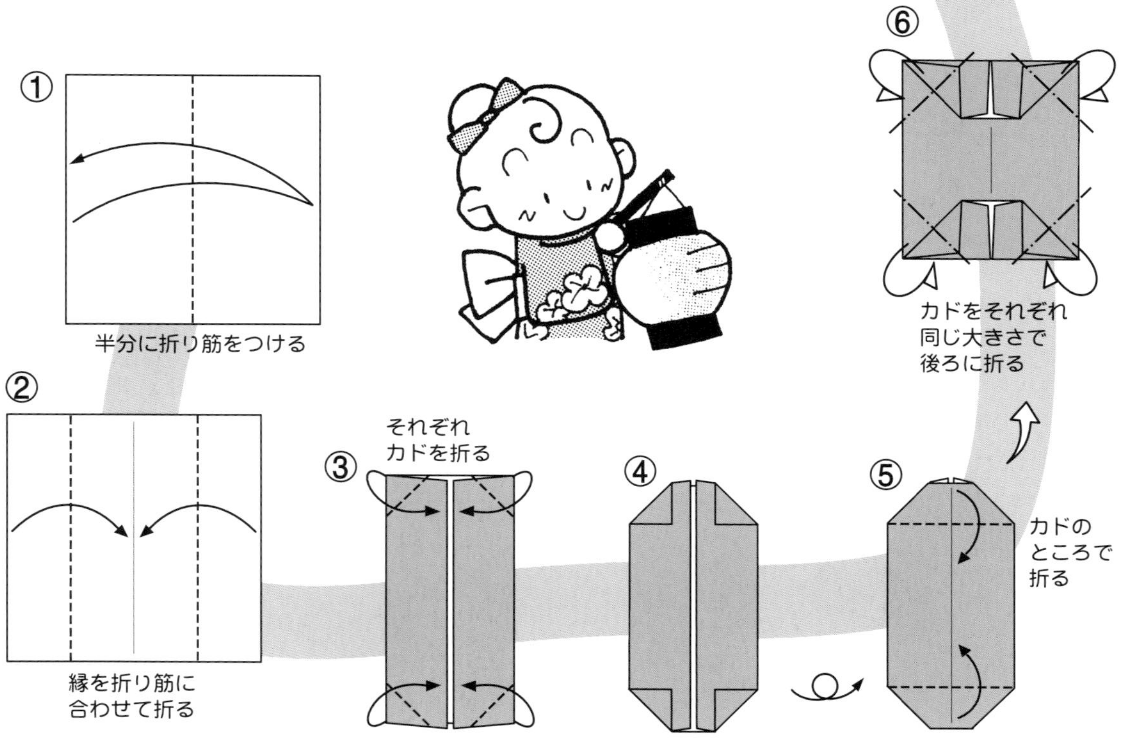
①
半分に折り筋をつける
②
縁を折り筋に合わせて折る
③
それぞれカドを折る
④
⑤
カドのところで折る
⑥
カドをそれぞれ同じ大きさで後ろに折る

季節の風物

ハート

この本ではハートの虹として飾って
いますが、いちばん活躍するのは
やはりバレンタインデーですね。

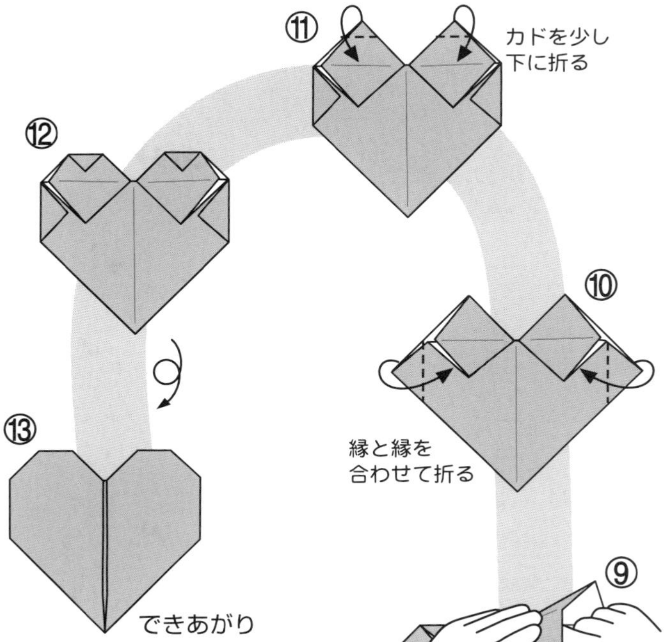
⑪
カドを少し
下に折る
⑫
⑬
できあがり
⑩
縁と縁を
合わせて折る

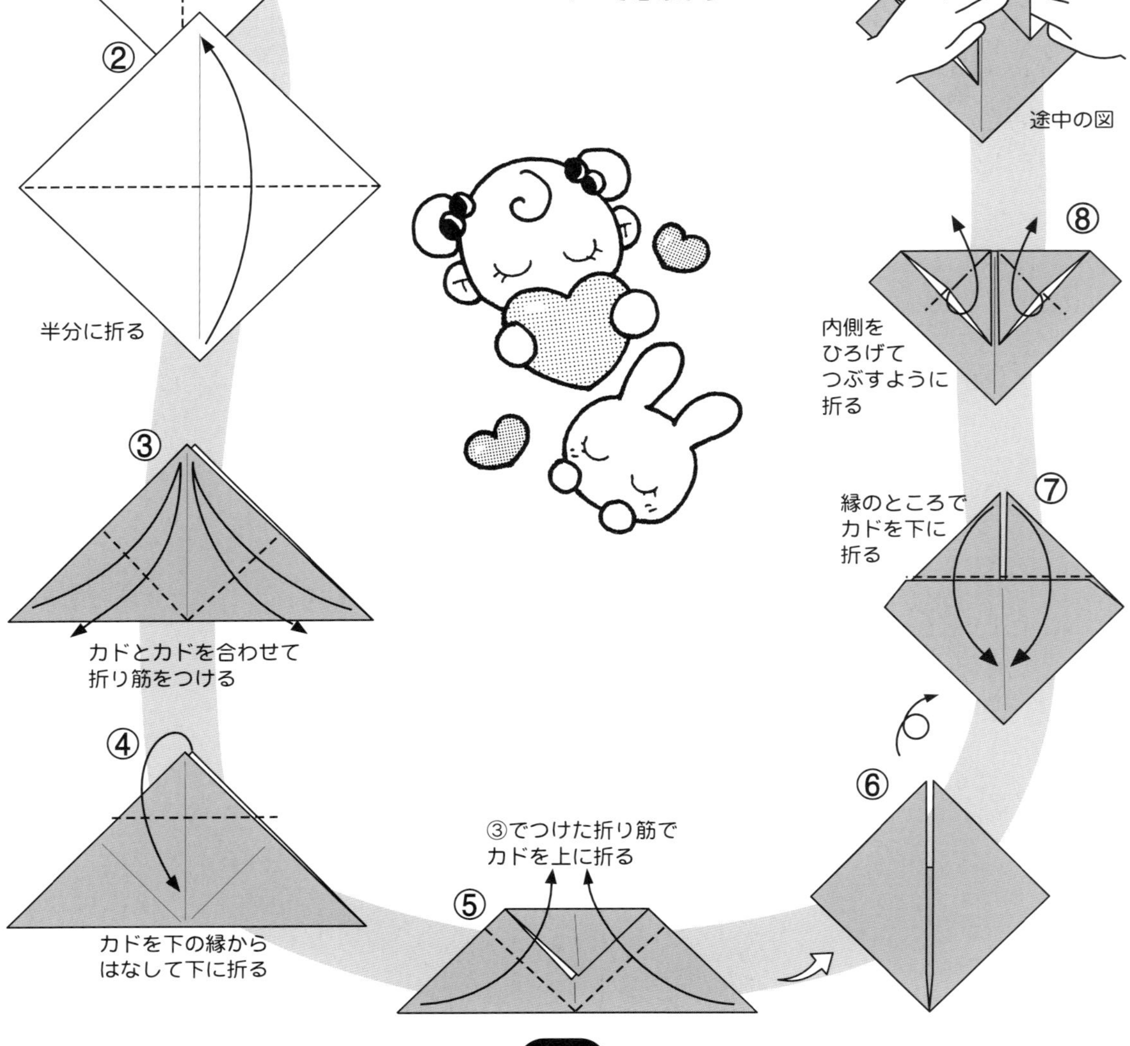
①
三角に折り筋を
つける
②
半分に折る
③
カドとカドを合わせて
折り筋をつける
④
カドを下の縁から
はなして下に折る
⑤
③でつけた折り筋で
カドを上に折る
⑥
⑦
縁のところで
カドを下に
折る
⑧
内側を
ひろげて
つぶすように
折る
⑨
途中の図

季節の風物

サンタクロース

顔はからだに対してC-1の比率の紙で折ります。このサンタの顔は、45°くらいの角度のものなら、折り紙に限らず取り付けられます。

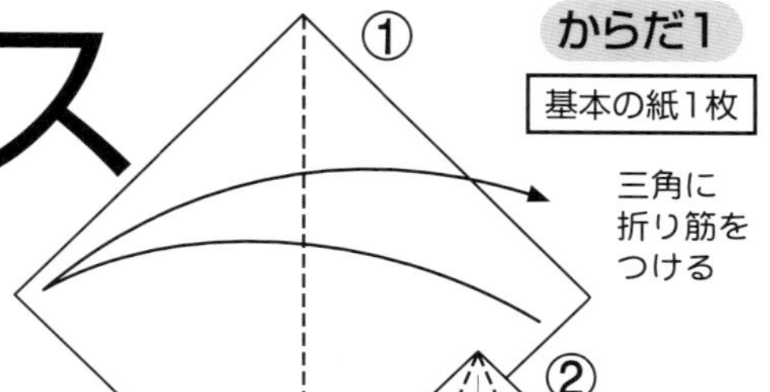

①
からだ1
基本の紙1枚
三角に
折り筋を
つける

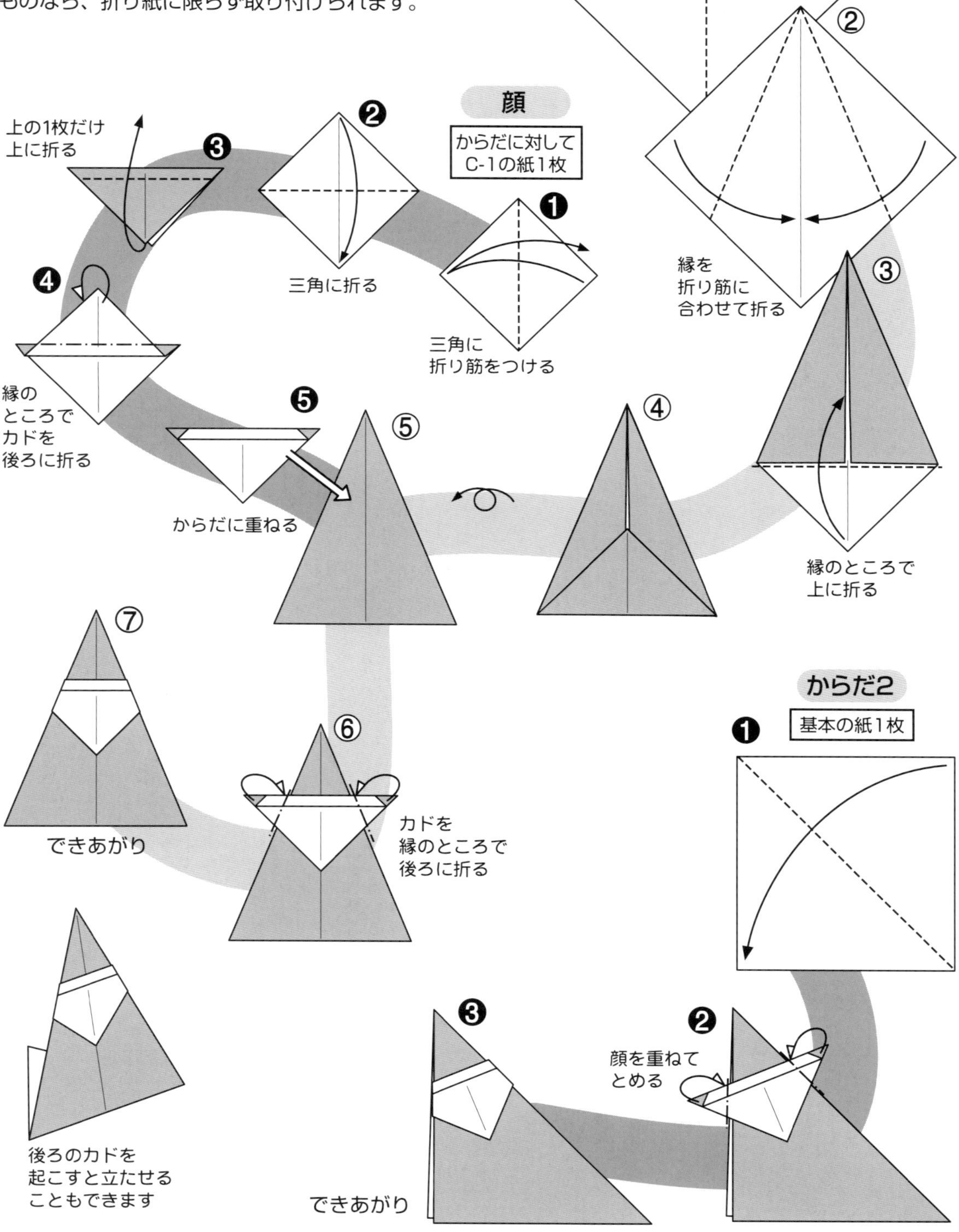

②
縁を
折り筋に
合わせて折る
③
縁のところで
上に折る
④
⑤
顔
からだに対して
C-1の紙1枚
❶
三角に
折り筋をつける
❷
三角に折る
❸
上の1枚だけ
上に折る
❹
縁の
ところで
カドを
後ろに折る
❺
からだに重ねる
⑥
カドを
縁のところで
後ろに折る
⑦
できあがり
後ろのカドを
起こすと立たせる
こともできます
からだ2
基本の紙1枚
❶
❷
顔を重ねて
とめる
❸
できあがり

季節の風物
くつした

⑨で反対側のカドをすき間に差し込みながら、ずらすように組むところがポイントです。オーナメントとして使うときは右図のように、上のすき間に糸か、細いひもを差し込んで輪を作ります。

ツリーに飾りましょう

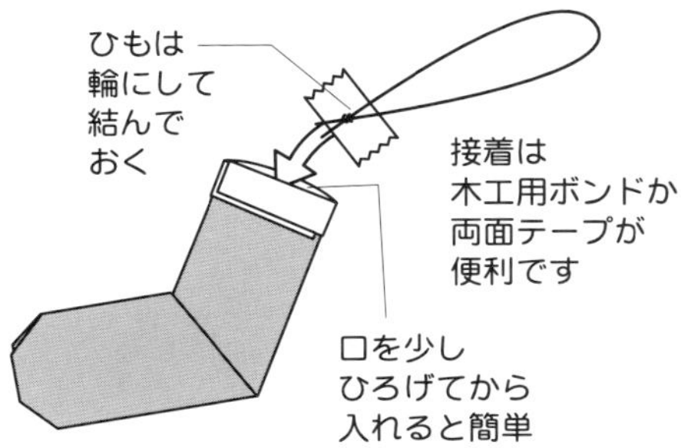
ひもは
輪にして
結んで
おく
接着は
木工用ボンドか
両面テープが
便利です
口を少し
ひろげてから
入れると簡単

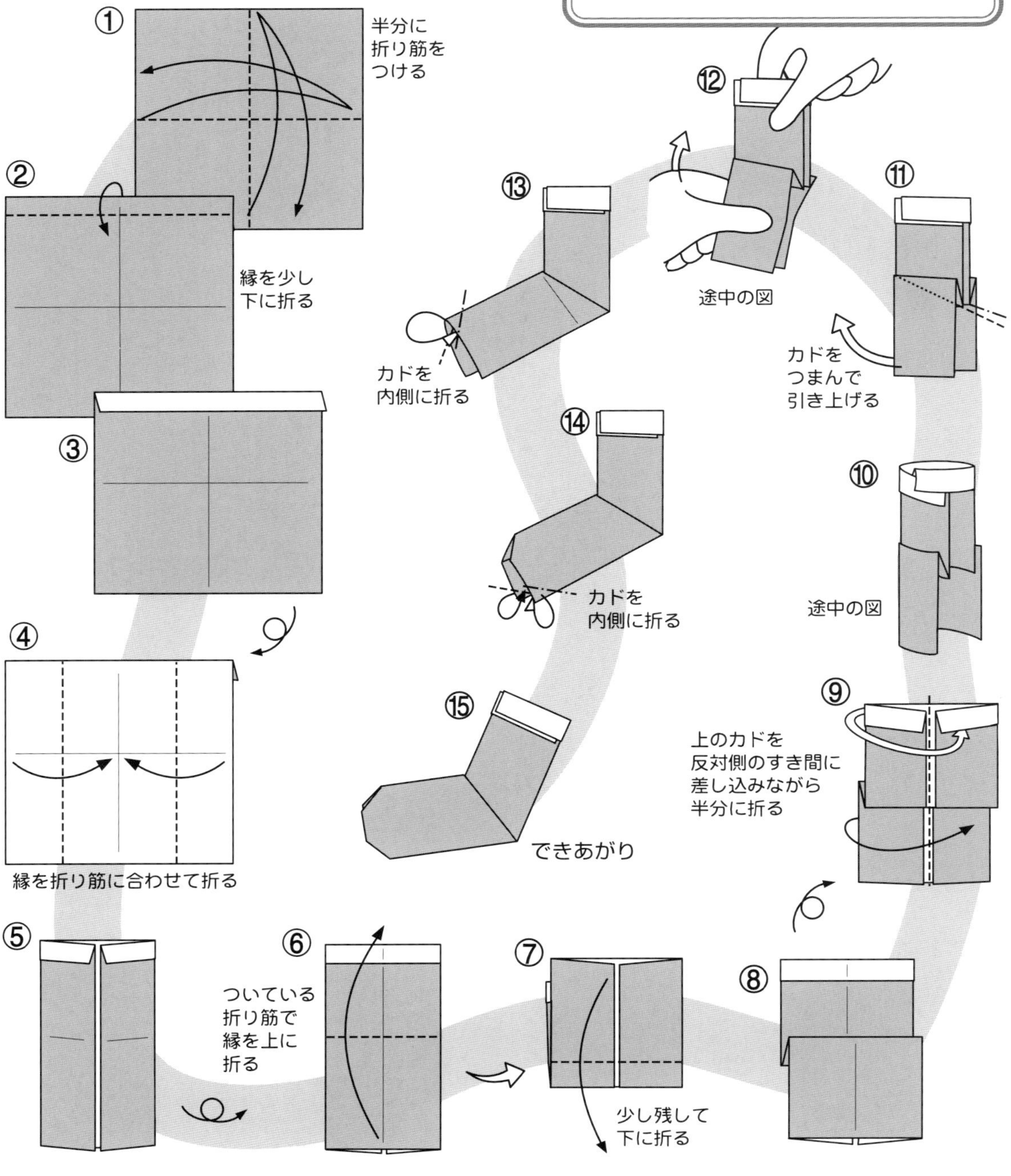
①
半分に
折り筋を
つける
②
縁を少し
下に折る
③
④
縁を折り筋に合わせて折る
⑤
⑥
ついている
折り筋で
縁を上に
折る
⑦
少し残して
下に折る
⑧
⑨
上のカドを
反対側のすき間に
差し込みながら
半分に折る
⑩
途中の図
⑪
カドを
つまんで
引き上げる
⑫
途中の図
⑬
カドを
内側に折る
⑭
カドを
内側に折る
⑮
できあがり

ミトン

B-1の比率の紙で折ります。
左手は右手の折り方と同じですが、
左右を逆にして折ります。

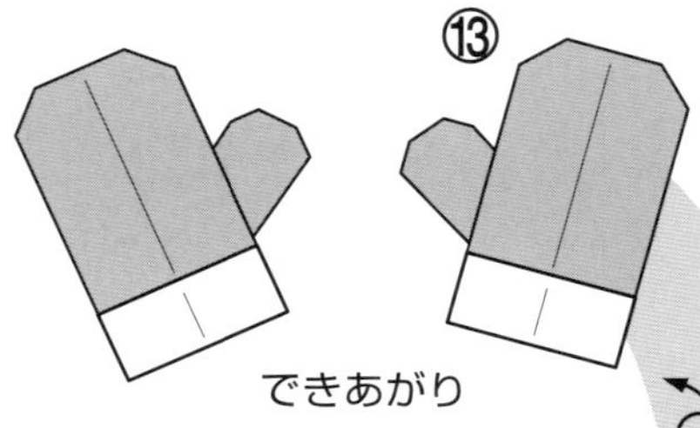
⑬
できあがり

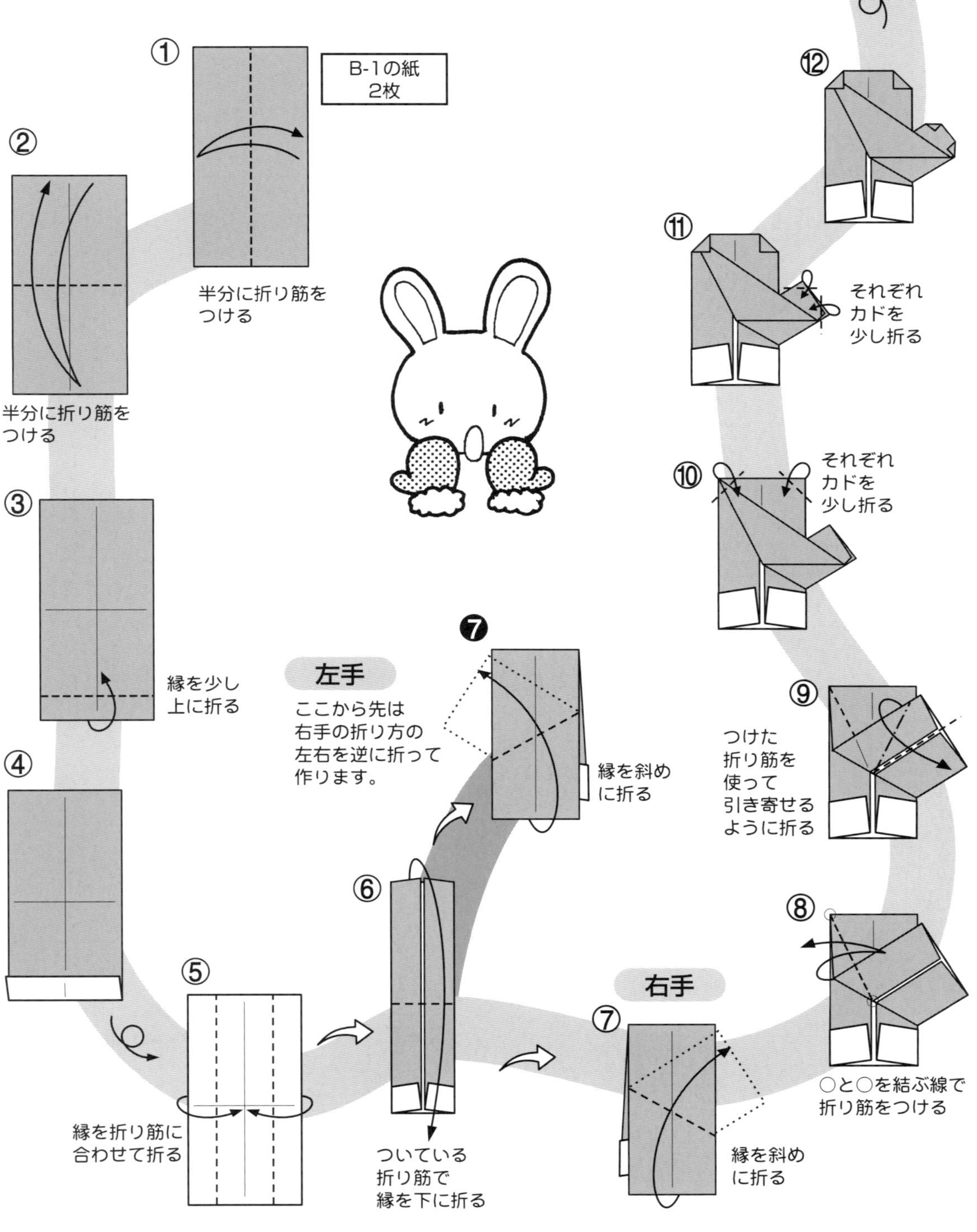
①
B-1の紙
2枚
半分に折り筋をつける
②
半分に折り筋をつける
③
縁を少し上に折る
④
⑤
縁を折り筋に合わせて折る
⑥
ついている折り筋で縁を下に折る
右手
⑦
縁を斜めに折る
⑧
○と○を結ぶ線で折り筋をつける
⑨
つけた折り筋を使って引き寄せるように折る
⑩
それぞれカドを少し折る
⑪
それぞれカドを少し折る
⑫
左手
ここから先は右手の折り方の左右を逆に折って作ります。
❼
縁を斜めに折る

季節の風物

雪だるま

一見、２枚の紙からできているようですが、１枚の紙で折れる雪だるまです。フライドポテトのカップを帽子にして、小さく折ったミトンを組み合わせると、よりかわいくなります。

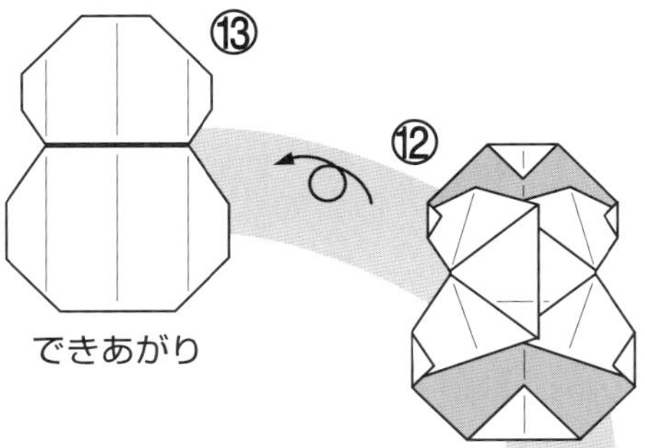
⑬
⑫
できあがり

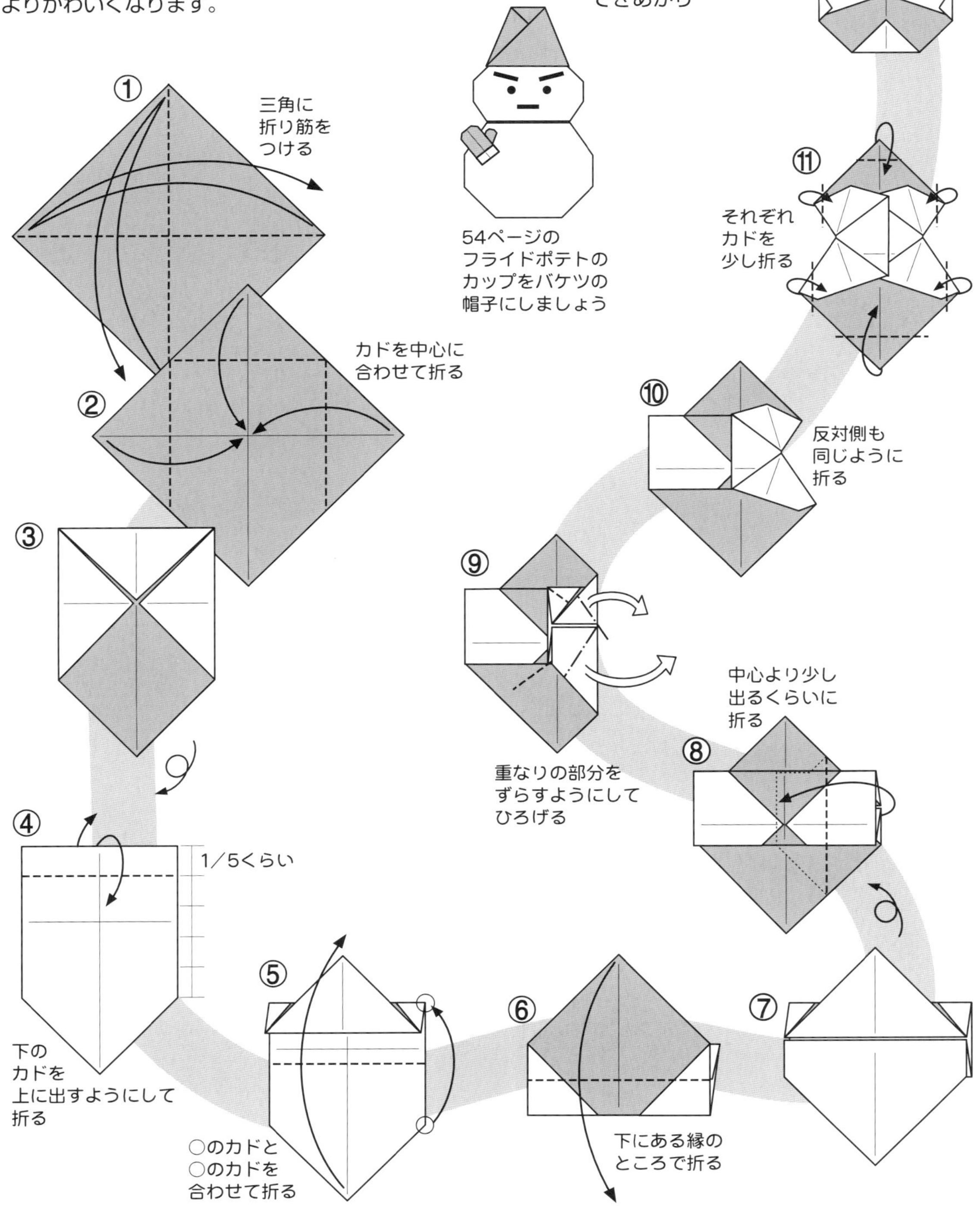
①
三角に
折り筋を
つける
54ページの
フライドポテトの
カップをバケツの
帽子にしましょう
⑪
それぞれ
カドを
少し折る
②
カドを中心に
合わせて折る
⑩
反対側も
同じように
折る
③
⑨
重なりの部分を
ずらすようにして
ひろげる
中心より少し
出るくらいに
折る
⑧
④
1／5くらい
下の
カドを
上に出すようにして
折る
⑤
○のカドと
○のカドを
合わせて折る
⑥
下にある縁の
ところで折る
⑦

星の子

顔と帽子、からだにする星は同じ大きさの紙で折ります。クリスマスツリーに吊るしたり、リースに貼ったりして飾ってください。

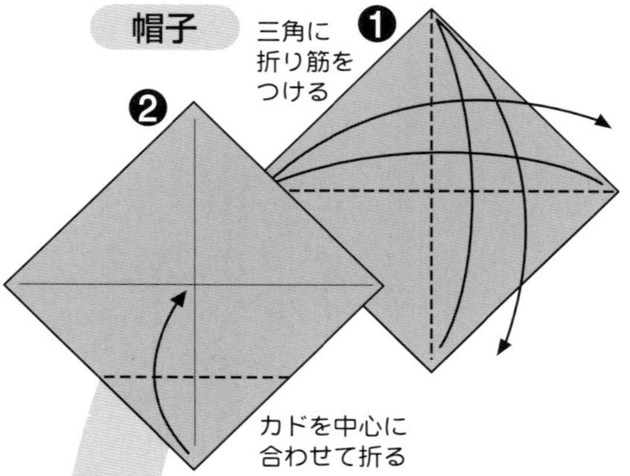
帽子
❶
三角に折り筋をつける
❷
カドを中心に合わせて折る

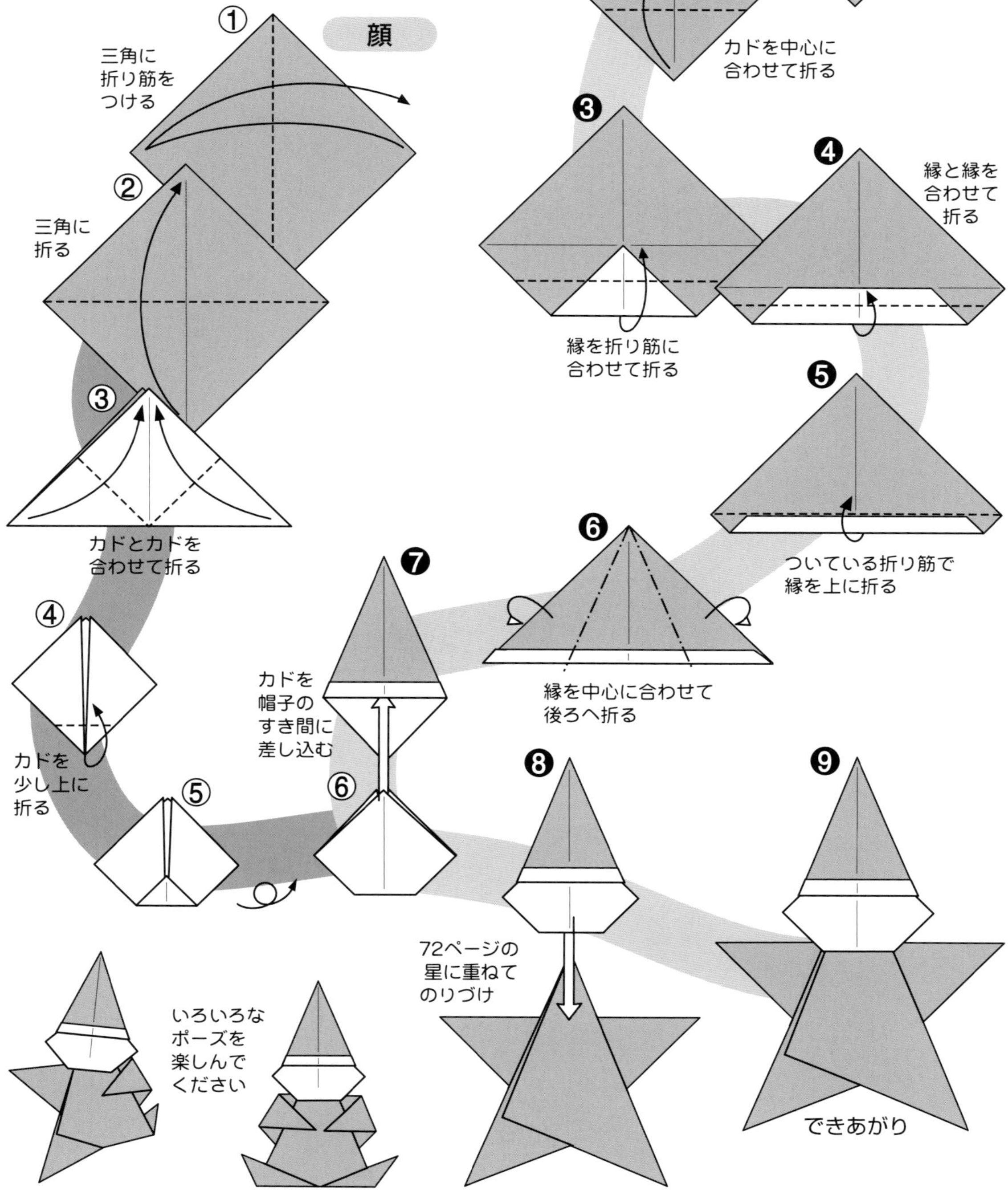
顔
①
三角に折り筋をつける
②
三角に折る
③
カドとカドを合わせて折る
④
カドを少し上に折る
⑤
⑥
❸
縁を折り筋に合わせて折る
❹
縁と縁を合わせて折る
❺
ついている折り筋で縁を上に折る
❻
縁を中心に合わせて後ろへ折る
❼
カドを帽子のすき間に差し込む
❽
72ページの星に重ねてのりづけ
❾
できあがり
いろいろなポーズを楽しんでください

季節の風物 リース

同じ大きさの紙を８枚使って折る
ユニット作品です。⑤の右側は、一度手前に
折ってから後ろに折ると正確に折れます。
初めての人は組み合わせるところで
迷ってしまう場合が多いようです。
あわてずゆっくりとやりましょう。

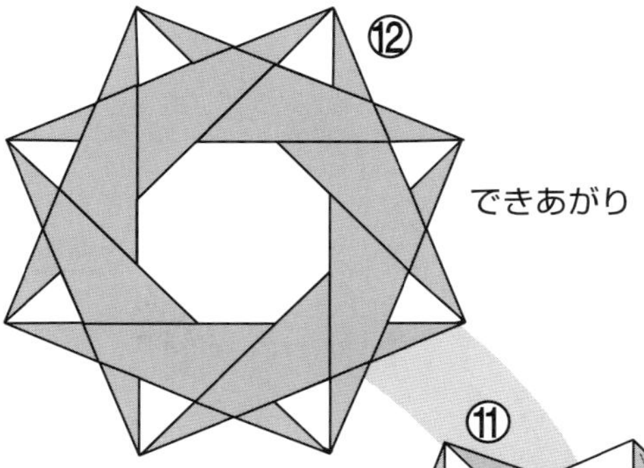
⑫
できあがり

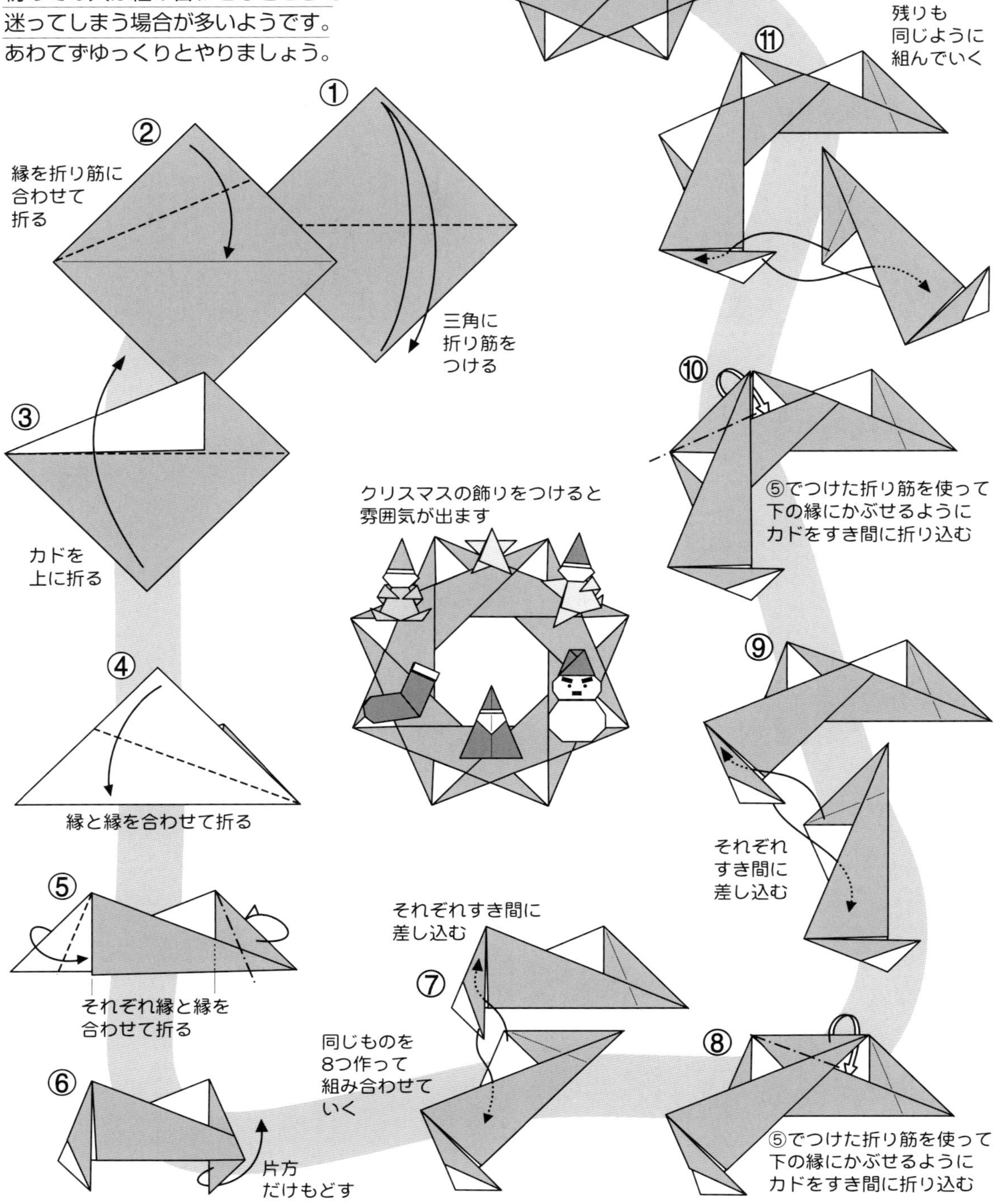
①
三角に
折り筋を
つける
②
縁を折り筋に
合わせて
折る
③
カドを
上に折る
④
縁と縁を合わせて折る
⑤
それぞれ縁と縁を
合わせて折る
⑥
片方
だけもどす
⑦
同じものを
8つ作って
組み合わせて
いく
それぞれすき間に
差し込む
⑧
⑤でつけた折り筋を使って
下の縁にかぶせるように
カドをすき間に折り込む
⑨
それぞれ
すき間に
差し込む
⑩
⑤でつけた折り筋を使って
下の縁にかぶせるように
カドをすき間に折り込む
⑪
残りも
同じように
組んでいく
クリスマスの飾りをつけると
雰囲気が出ます

季節の風物

獅子舞

顔とからだは同じ大きさの紙で折ります。
顔の⑩は、⑥〜⑧の折り筋をしっかりとつけていれば、
意外と簡単に折ることができます。からだの❷の
段折りは、飾り方に合わせて角度などを変えましょう。

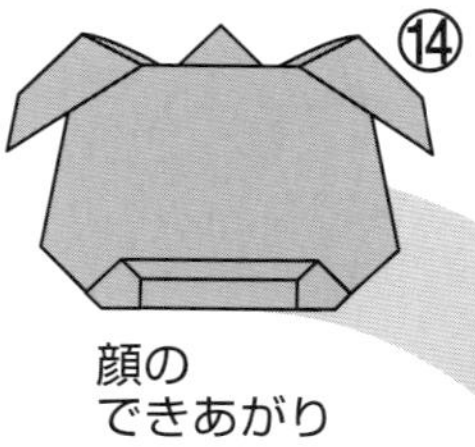

⑭
顔の
できあがり

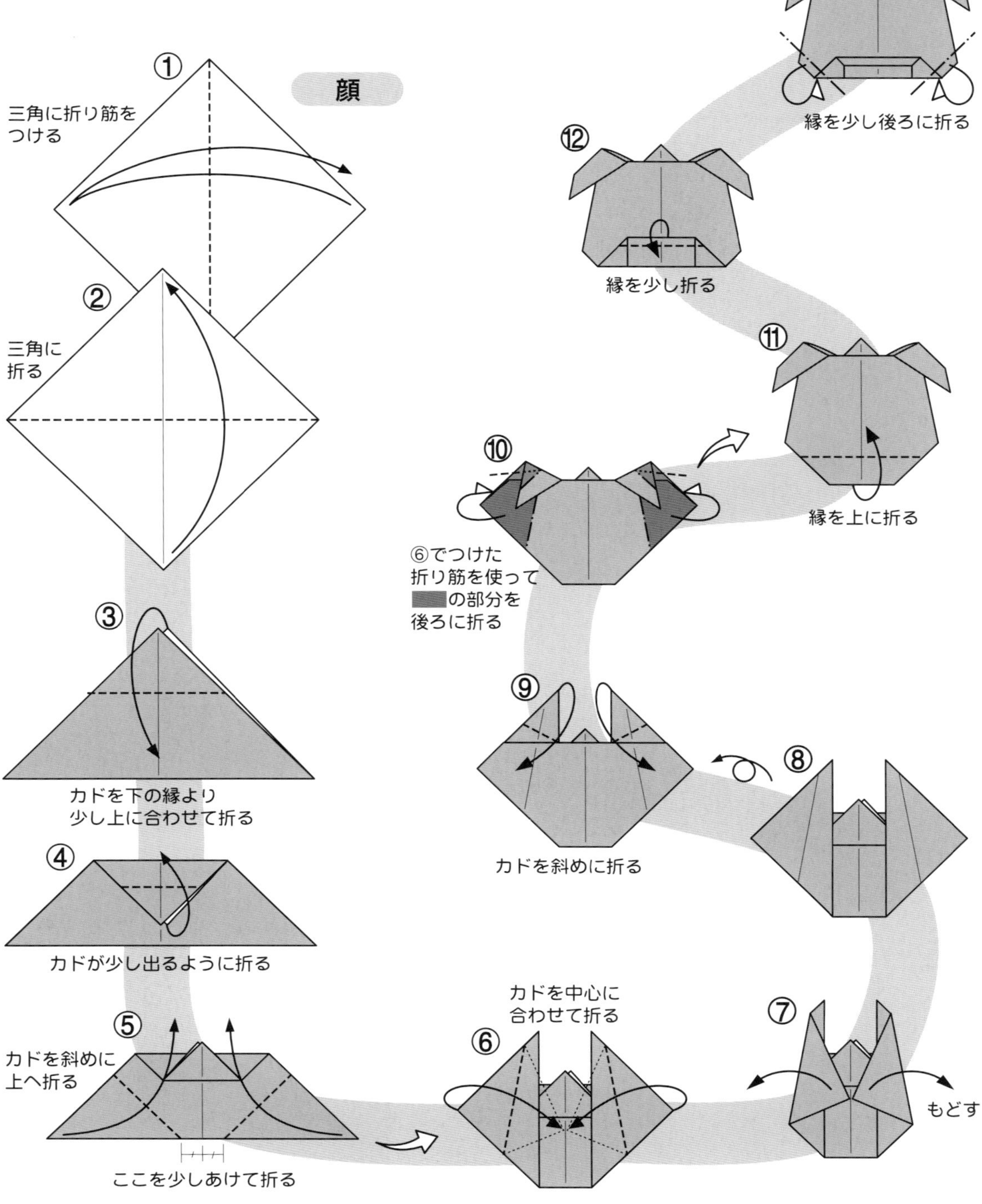

顔
①
三角に折り筋を
つける
②
三角に
折る
③
カドを下の縁より
少し上に合わせて折る
④
カドが少し出るように折る
⑤
カドを斜めに
上へ折る
ここを少しあけて折る
⑥
カドを中心に
合わせて折る
⑦
もどす
⑧
⑨
カドを斜めに折る
⑩
⑥でつけた
折り筋を使って
の部分を
後ろに折る
⑪
縁を上に折る
⑫
縁を少し折る
⑬
縁を少し後ろに折る

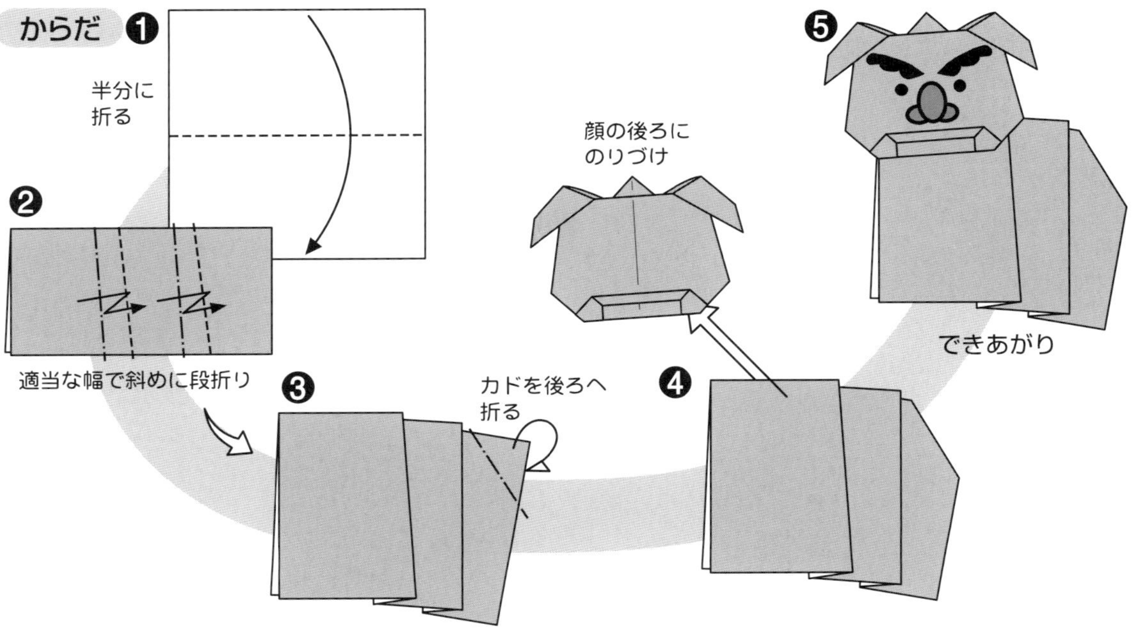
からだ
1
半分に折る
2
適当な幅で斜めに段折り
3
カドを後ろへ折る
4
顔の後ろにのりづけ
5
できあがり

季節の風物

鬼

顔とからだは同じ大きさの紙で折ります。
からだは顔の折り方に変化をつけたもので、
基本的な折り方は共通しています。

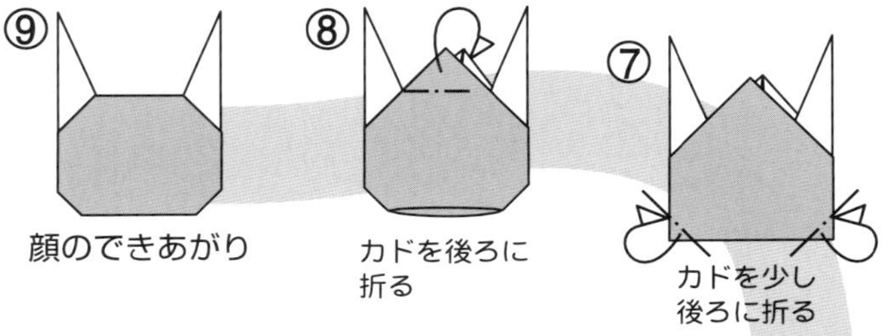
⑨
顔のできあがり
⑧
カドを後ろに折る
⑦
カドを少し後ろに折る

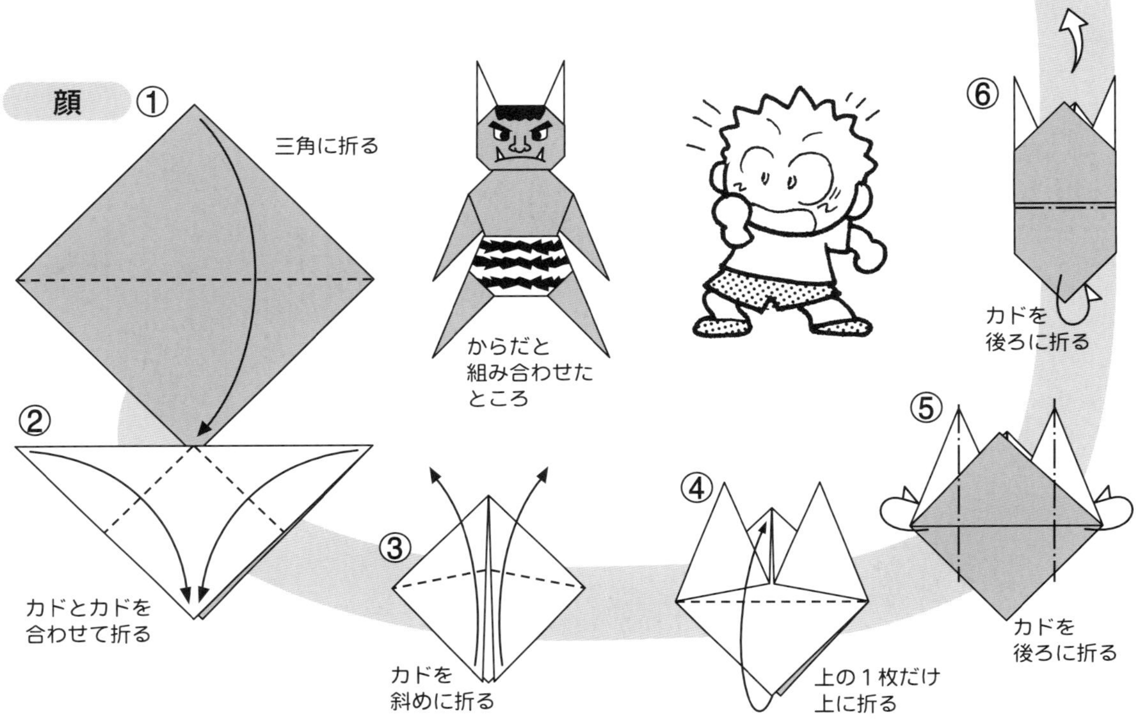
顔
①
三角に折る
からだと組み合わせたところ
⑥
カドを後ろに折る
②
カドとカドを合わせて折る
③
カドを斜めに折る
④
上の1枚だけ上に折る
⑤
カドを後ろに折る

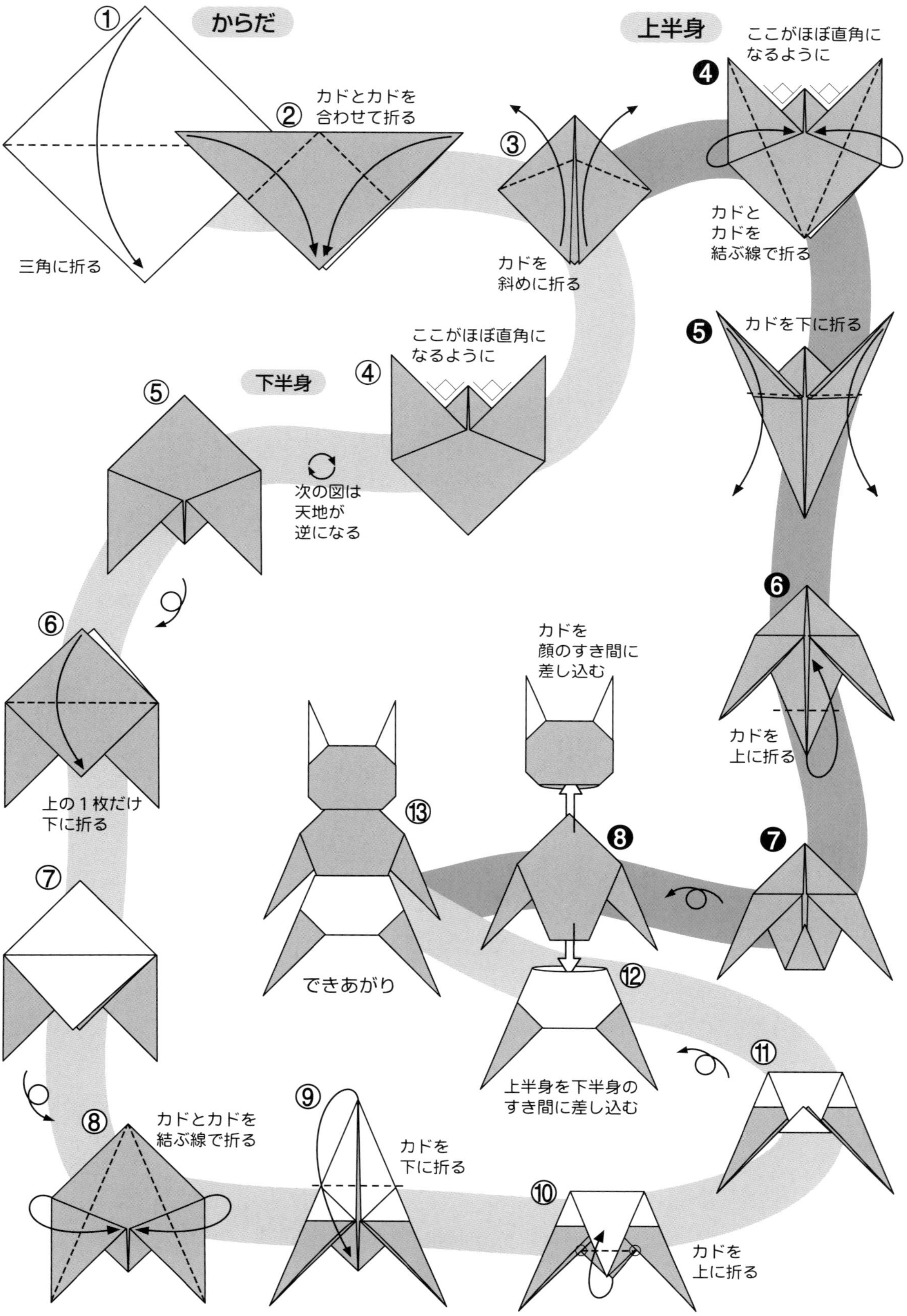
からだ
①
三角に折る
②
カドとカドを
合わせて折る
③
カドを
斜めに折る
④
ここがほぼ直角に
なるように
次の図は
天地が
逆になる
下半身
⑤
⑥
上の１枚だけ
下に折る
⑦
⑧
カドとカドを
結ぶ線で折る
⑨
カドを
下に折る
⑩
カドを
上に折る
⑪
⑫
上半身を下半身の
すき間に差し込む
上半身
❹
ここがほぼ直角に
なるように
カドと
カドを
結ぶ線で折る
❺
カドを下に折る
❻
カドを
上に折る
❼
❽
カドを
顔のすき間に
差し込む
⑬
できあがり

季節の風物

ます

壁面飾り用に、平面でありながら立体的に見える
ように創作した作品です。豆に見立てて
丸く切った紙をますに貼ると、
見た目がおもしろくなります。

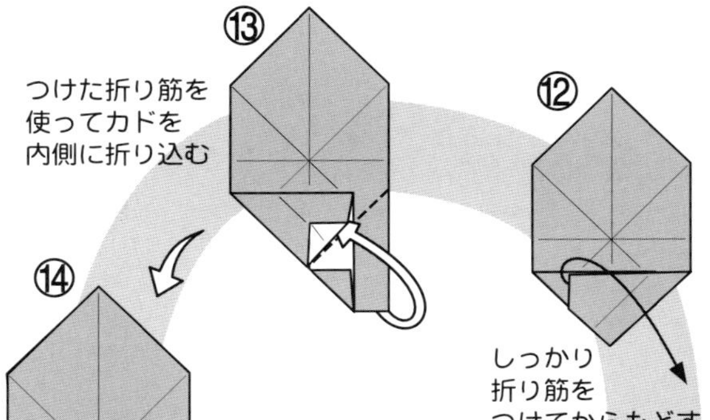

⑬
つけた折り筋を
使ってカドを
内側に折り込む
⑫
⑭

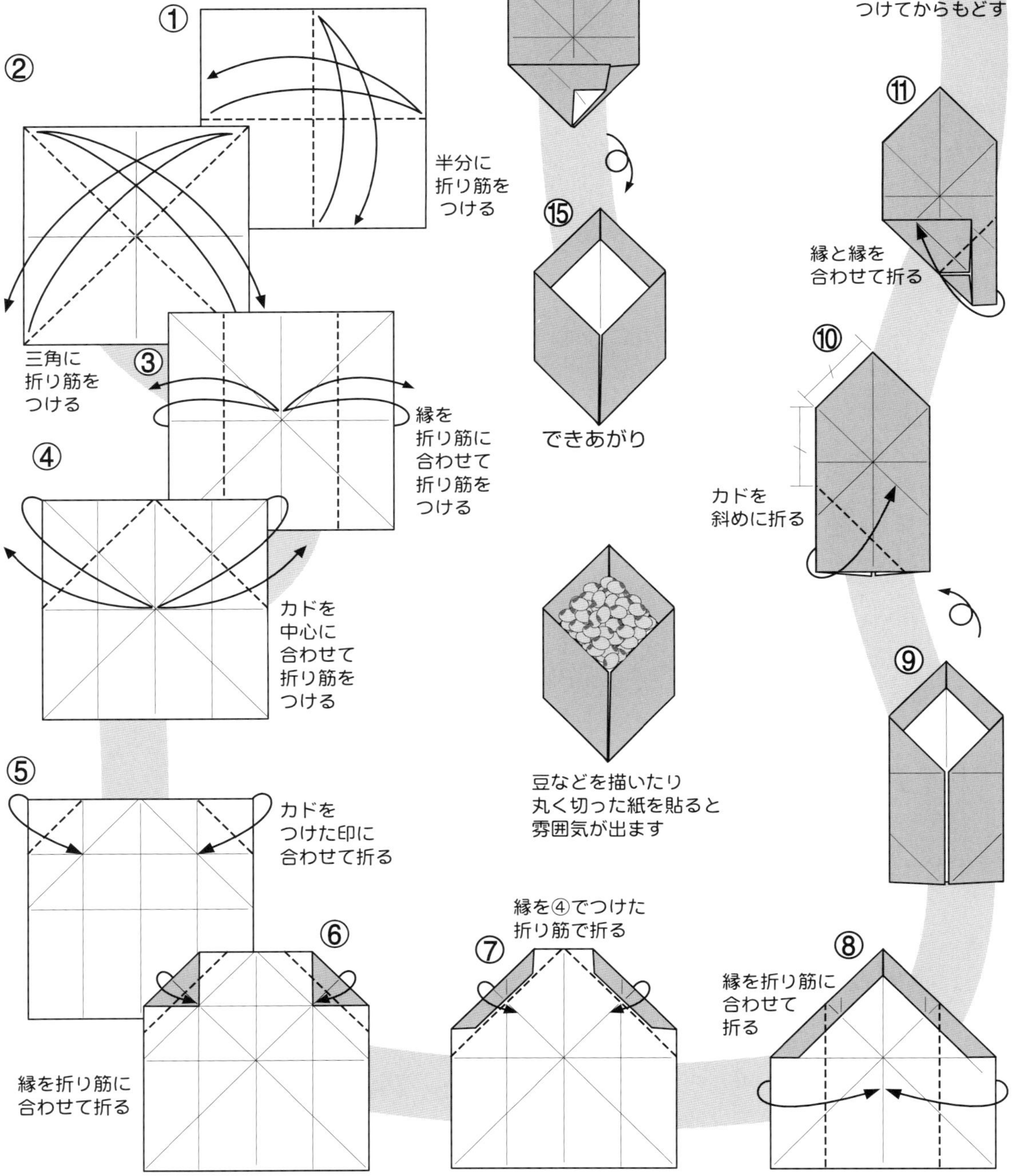

しっかり
折り筋を
つけてからもどす
①
②
半分に
折り筋を
つける
三角に
折り筋を
つける
③
縁を
折り筋に
合わせて
折り筋を
つける
④
カドを
中心に
合わせて
折り筋を
つける
⑤
カドを
つけた印に
合わせて折る
⑥
縁を折り筋に
合わせて折る
⑦
縁を④でつけた
折り筋で折る
⑧
縁を折り筋に
合わせて
折る
⑨
⑩
カドを
斜めに折る
⑪
縁と縁を
合わせて折る
⑮
できあがり
豆などを描いたり
丸く切った紙を貼ると
雰囲気が出ます

お雛さま

男雛、女雛、官女の顔は、73ページの織姫と彦星の顔を使います。顔、着物、袴は同じ大きさの紙で折ります。男雛、女雛は少し小さめの千代紙を重ねて折ると豪華になります。

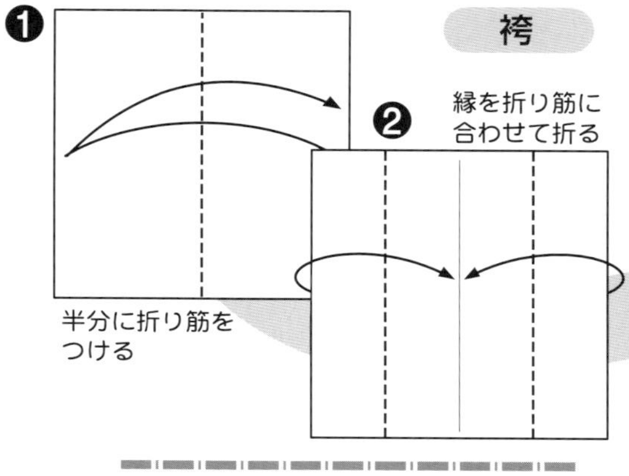
袴
❶
半分に折り筋を
つける
❷
縁を折り筋に
合わせて折る

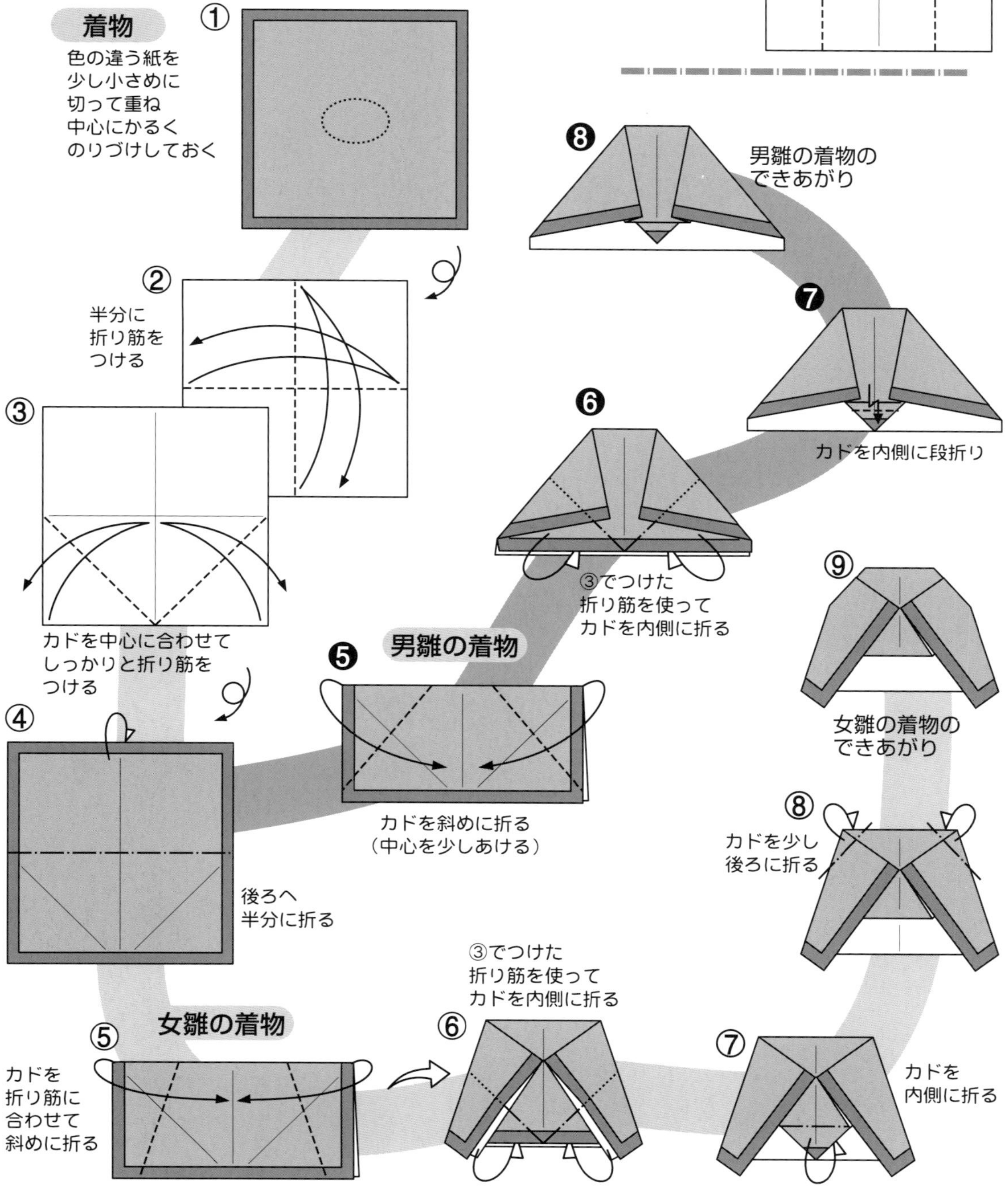
着物
①
色の違う紙を
少し小さめに
切って重ね
中心にかるく
のりづけしておく
②
半分に
折り筋を
つける
③
カドを中心に合わせて
しっかりと折り筋を
つける
④
後ろへ
半分に折る
男雛の着物
❺
カドを斜めに折る
（中心を少しあける）
❻
③でつけた
折り筋を使って
カドを内側に折る
❼
カドを内側に段折り
❽
男雛の着物の
できあがり
女雛の着物
⑤
カドを
折り筋に
合わせて
斜めに折る
⑥
③でつけた
折り筋を使って
カドを内側に折る
⑦
カドを
内側に折る
⑧
カドを少し
後ろに折る
⑨
女雛の着物の
できあがり

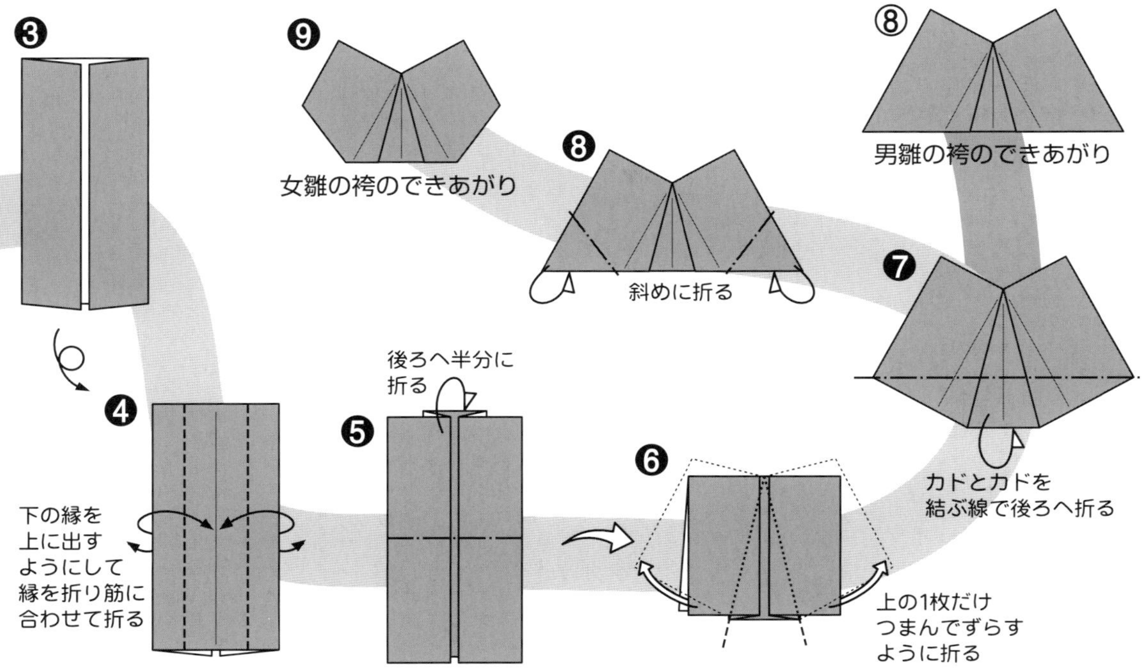
❸
❹
下の縁を
上に出す
ようにして
縁を折り筋に
合わせて折る
❺
後ろへ半分に
折る
❻
上の1枚だけ
つまんでずらす
ように折る
❼
カドとカドを
結ぶ線で後ろへ折る
⑧
男雛の袴のできあがり
❽
斜めに折る
❾
女雛の袴のできあがり

男雛の組み方

女雛の組み方

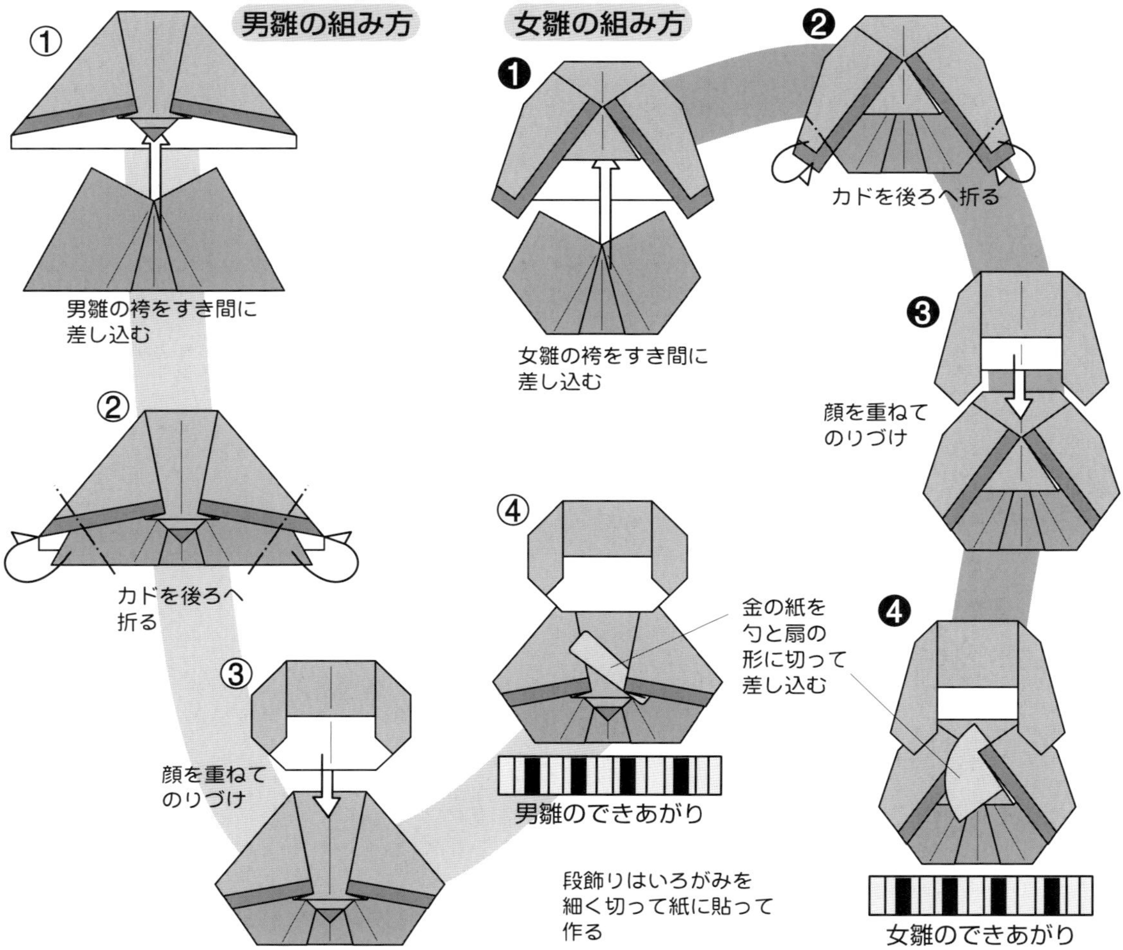
①
男雛の袴をすき間に
差し込む
②
カドを後ろへ
折る
③
顔を重ねて
のりづけ
④
金の紙を
勺と扇の
形に切って
差し込む
男雛のできあがり
❶
女雛の袴をすき間に
差し込む
❷
カドを後ろへ折る
❸
顔を重ねて
のりづけ
❹
女雛のできあがり
段飾りはいろがみを
細く切って紙に貼って
作る

座っている官女

重ね着している感じを出すために
同じ大きさの紙を重ねて折る

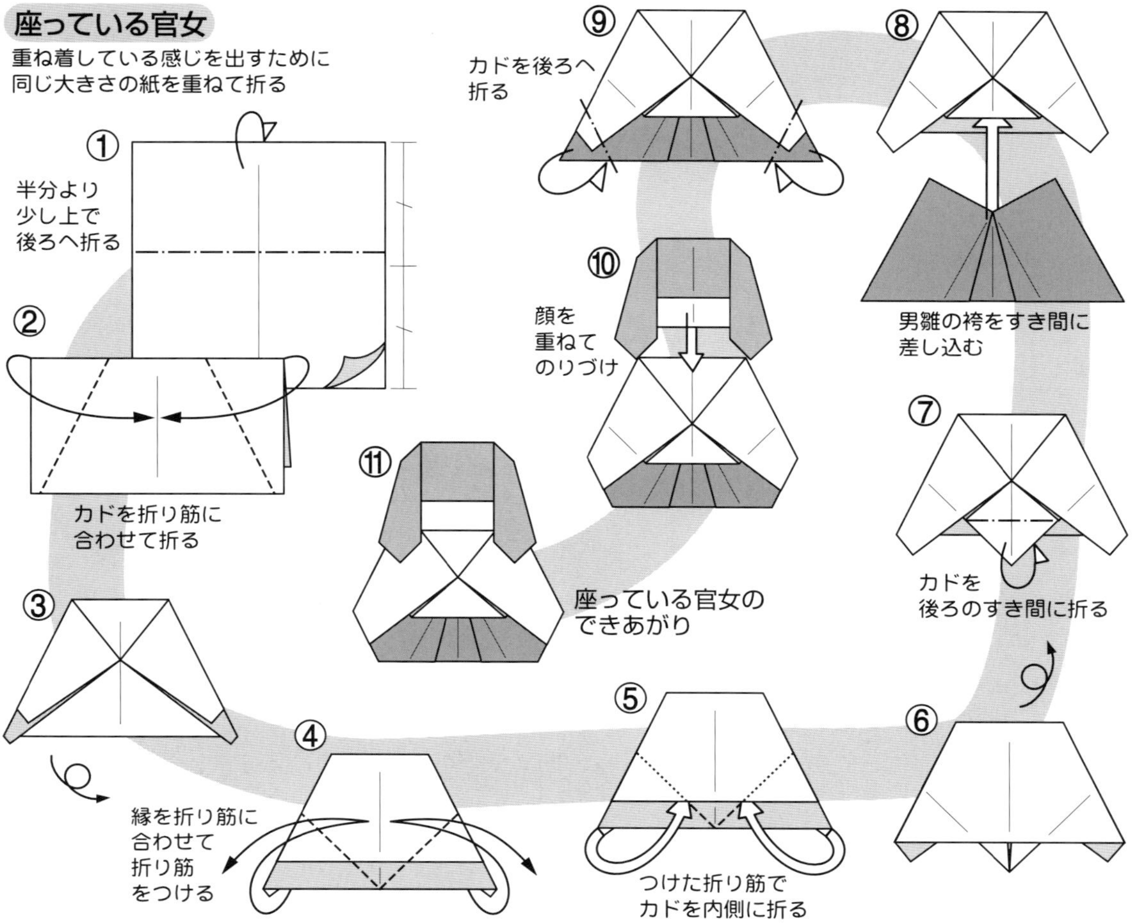

①
半分より
少し上で
後ろへ折る
②
カドを折り筋に
合わせて折る
③
④
縁を折り筋に
合わせて
折り筋
をつける
⑤
つけた折り筋で
カドを内側に折る
⑥
⑦
カドを
後ろのすき間に折る
⑧
男雛の袴をすき間に
差し込む
⑨
カドを後ろへ
折る
⑩
顔を
重ねて
のりづけ
⑪
座っている官女の
できあがり

立っている官女

座っている官女の
②から始める

座っている官女の袴

袴の❹から始める

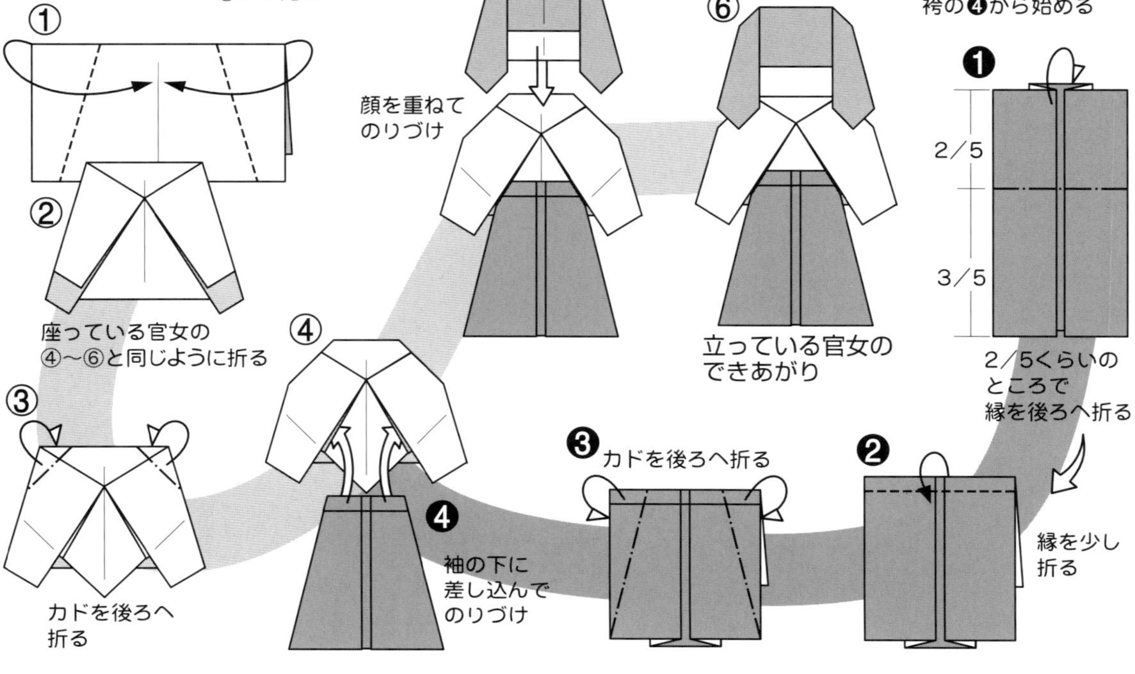

①
②
座っている官女の
④～⑥と同じように折る
③
カドを後ろへ
折る
④
⑤
顔を重ねて
のりづけ
⑥
立っている官女の
できあがり
❶
2／5
3／5
2／5くらいの
ところで
縁を後ろへ折る
❷
縁を少し
折る
❸ カドを後ろへ折る
❹
袖の下に
差し込んで
のりづけ

生活 かばん

かばんはC-1、ベルトはB-3の比率の紙で折ります。
スモック、帽子と組み合わせて動物の
キャラクターに着ける場合、スモックを基本の紙で、
かばんはC-1、帽子はA-1の比率の紙で折ります。

ベルト

B-3の紙1枚

かばんにベルトをつけるときには
ベルトになる紙をしごいて柔らか
くするとよいでしょう

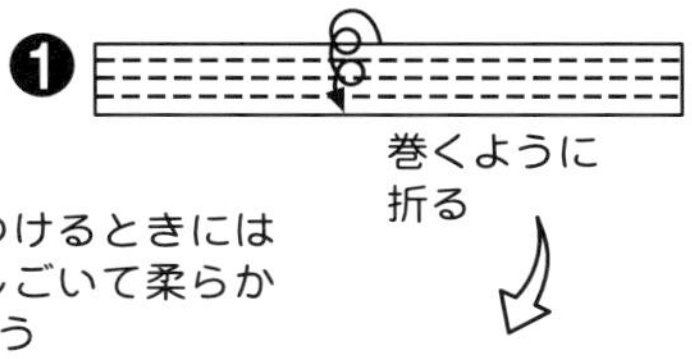
❶
巻くように
折る

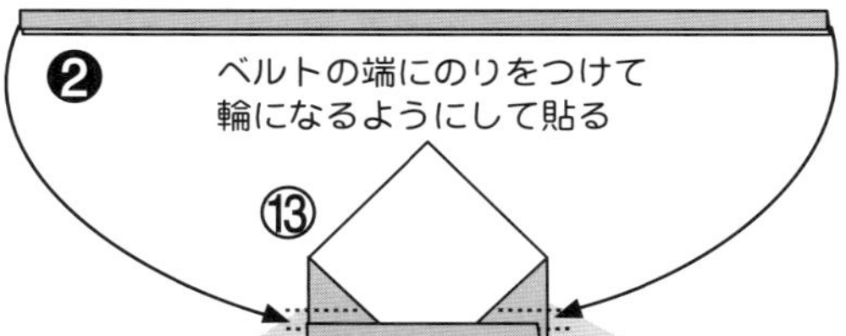
❷
ベルトの端にのりをつけて
輪になるようにして貼る

かばん

C-1の紙1枚

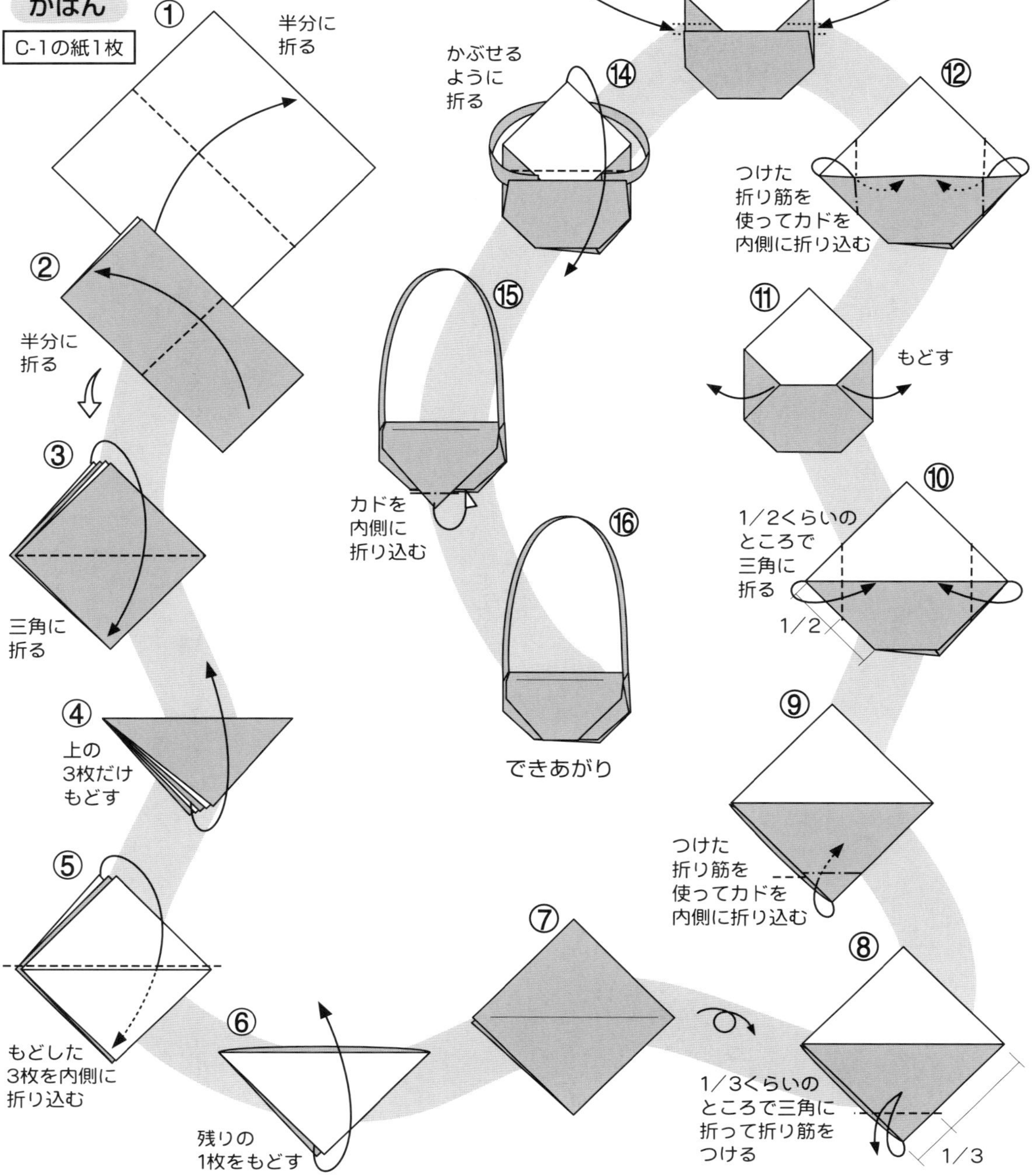
①
半分に
折る
②
半分に
折る
③
三角に
折る
④
上の
3枚だけ
もどす
⑤
もどした
3枚を内側に
折り込む
⑥
残りの
1枚をもどす
⑦
⑧
1／3くらいの
ところで三角に
折って折り筋を
つける
1／3
⑨
つけた
折り筋を
使ってカドを
内側に折り込む
⑩
1／2くらいの
ところで
三角に
折る
1／2
⑪
もどす
⑫
つけた
折り筋を
使ってカドを
内側に折り込む
⑬
⑭
かぶせる
ように
折る
⑮
カドを
内側に
折り込む
⑯
できあがり

生活

スモック

動物のキャラクターや帽子などと組み合わせる場合、
スモックが基本の紙になります。
⑰の中わり折りは、カドを内側に
折り込む要領で折ってください。

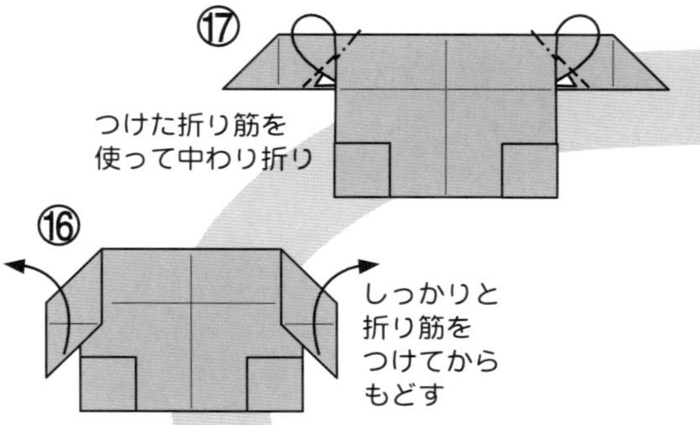
⑰
つけた折り筋を
使って中わり折り
⑯
しっかりと
折り筋を
つけてから
もどす

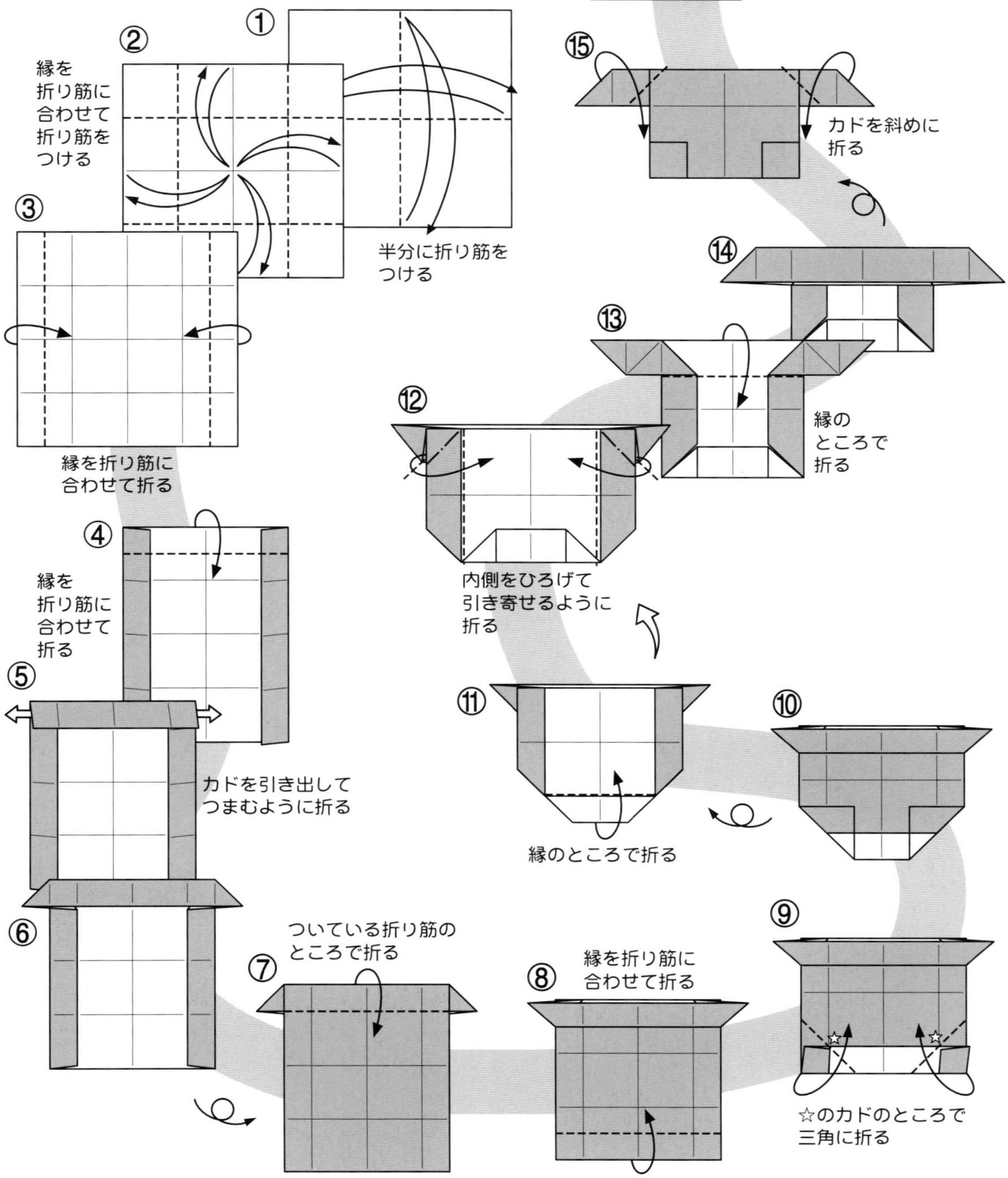
①
半分に折り筋を
つける
②
縁を
折り筋に
合わせて
折り筋を
つける
③
縁を折り筋に
合わせて折る
④
縁を
折り筋に
合わせて
折る
⑤
カドを引き出して
つまむように折る
⑥
⑦
ついている折り筋の
ところで折る
⑧
縁を折り筋に
合わせて折る
⑨
☆のカドのところで
三角に折る
⑩
⑪
縁のところで折る
⑫
内側をひろげて
引き寄せるように
折る
⑬
縁の
ところで
折る
⑭
⑮
カドを斜めに
折る

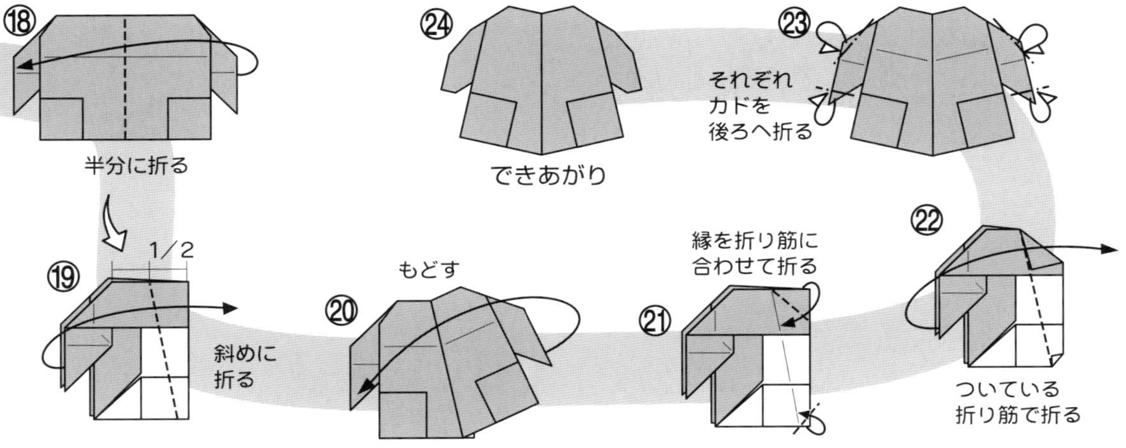
⑱
半分に折る
⑲
1/2
斜めに
折る
⑳
もどす
㉑
縁を折り筋に
合わせて折る
㉒
ついている
折り筋で折る
㉓
それぞれ
カドを
後ろへ折る
㉔
できあがり

生活

帽子

スモックと組み合わせる場合、スモックに対してA-1の比率の紙で折ります。⑤⑥の引き寄せ折りは、すき間に指を入れて内側をひろげながら、カドをとがらせるように折ります。

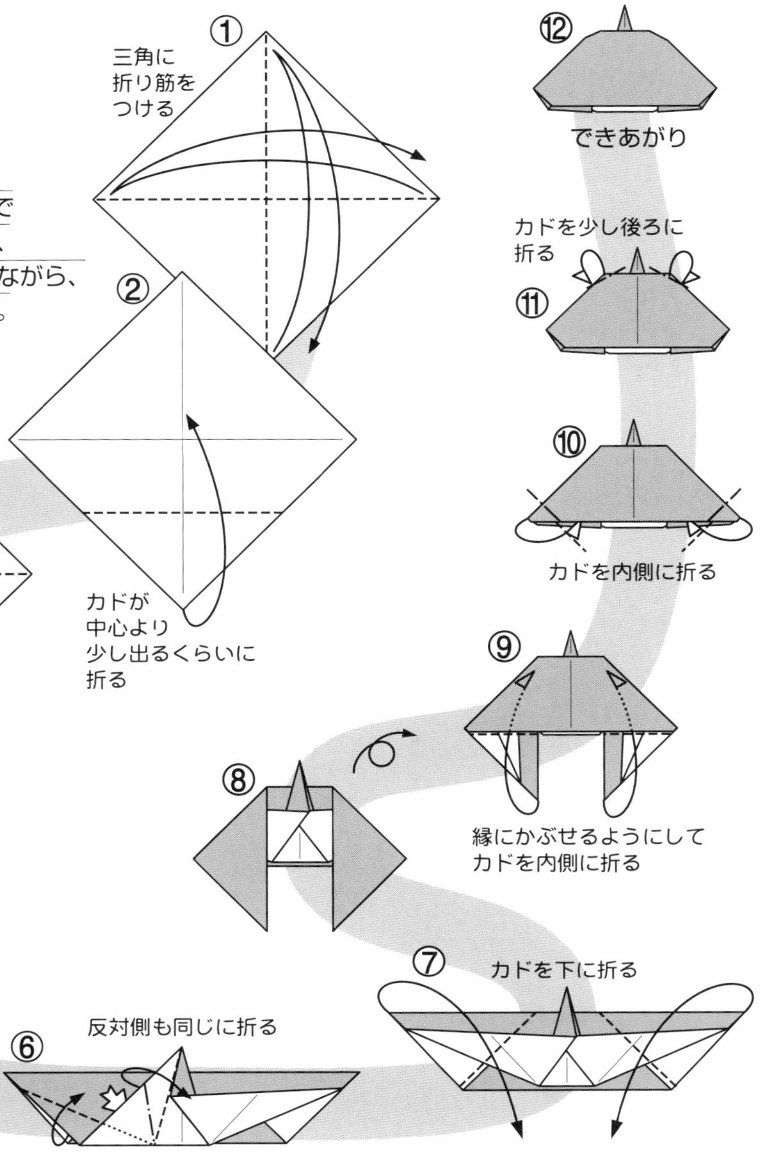
①
三角に
折り筋を
つける
②
カドが
中心より
少し出るくらいに
折る
⑥
反対側も同じに折る
⑦
カドを下に折る
⑧
⑨
縁にかぶせるようにして
カドを内側に折る
⑩
カドを内側に折る
⑪
カドを少し後ろに
折る
⑫
できあがり

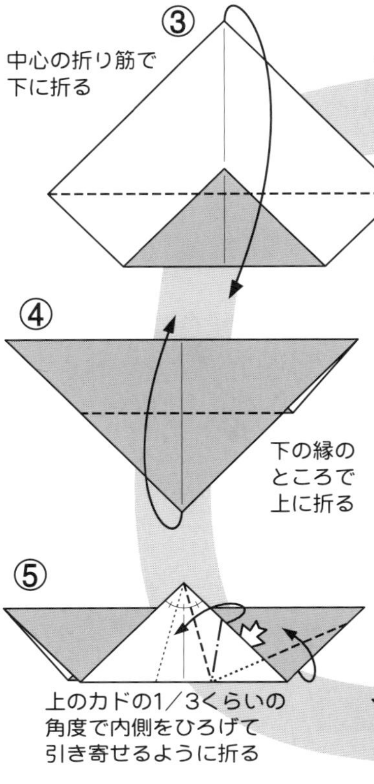
③
中心の折り筋で
下に折る
④
下の縁の
ところで
上に折る
⑤
上のカドの1/3くらいの
角度で内側をひろげて
引き寄せるように折る

生活

えんぴつ

長方形の長い紙で細いえんぴつを折ると、さらに細長いえんぴつができます。太いえんぴつにパンチで穴をあけてリボンを通すと、カードや栞にもなります。

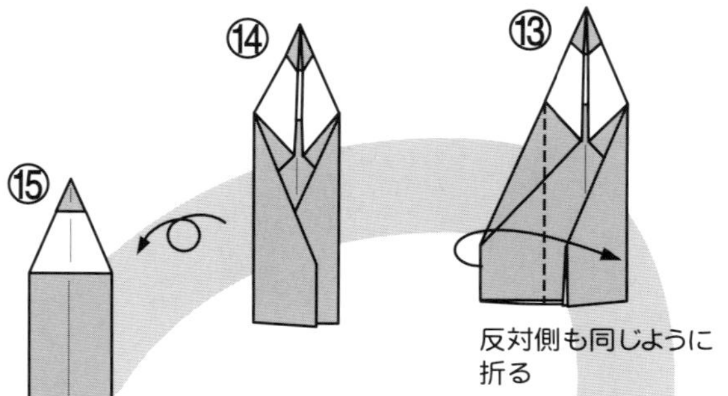
⑭
⑬
⑮
反対側も同じように
折る

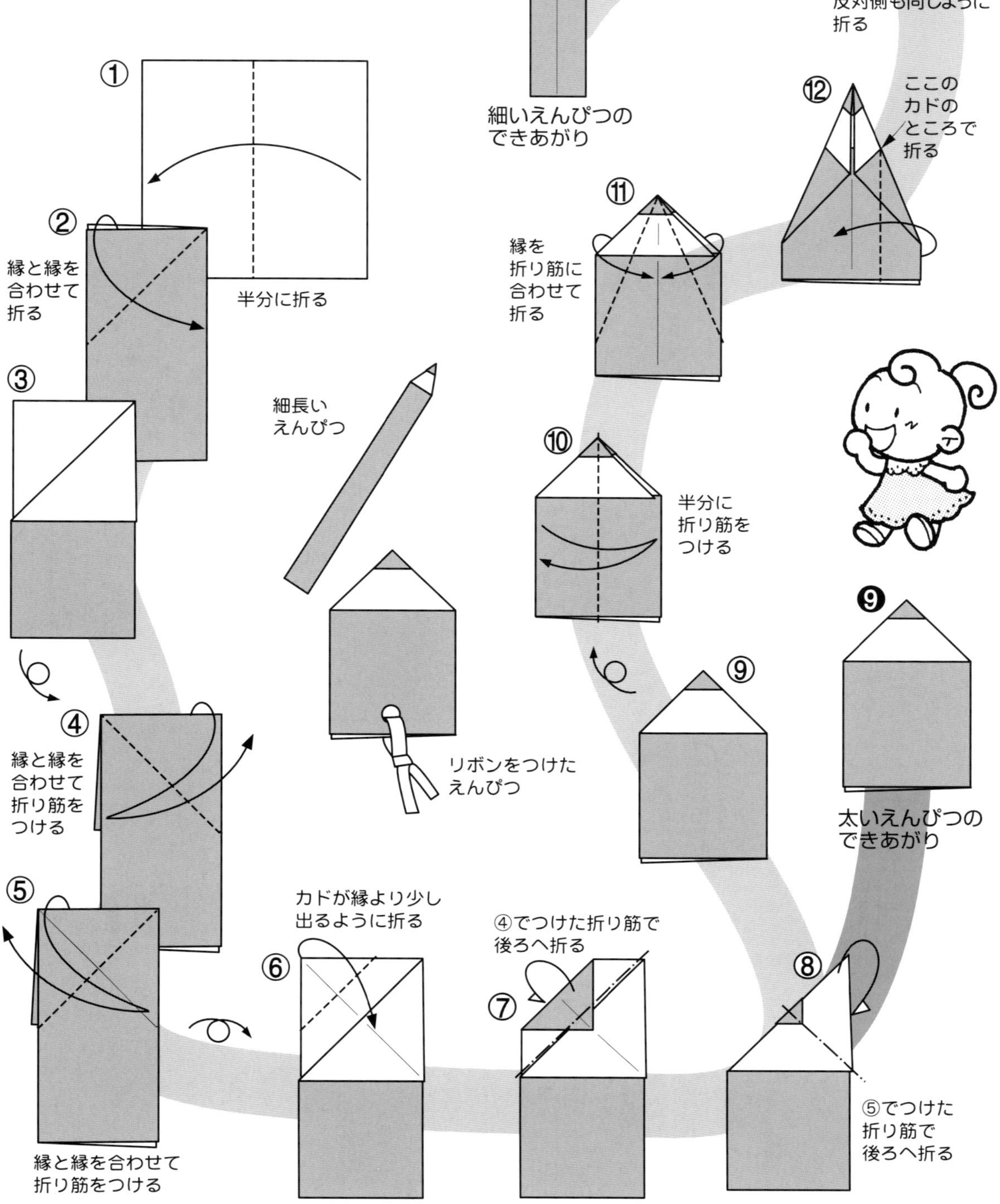
細いえんぴつの
できあがり
⑫
ここの
カドの
ところで
折る
⑪
縁を
折り筋に
合わせて
折る
①
半分に折る
②
縁と縁を
合わせて
折る
③
細長い
えんぴつ
⑩
半分に
折り筋を
つける
❾
太いえんぴつの
できあがり
⑨
④
縁と縁を
合わせて
折り筋を
つける
リボンをつけた
えんぴつ
⑤
縁と縁を合わせて
折り筋をつける
⑥
カドが縁より少し
出るように折る
⑦
④でつけた折り筋で
後ろへ折る
⑧
⑤でつけた
折り筋で
後ろへ折る

生活

ネクタイ

⑨での幅の取り方で感じがだいぶ変わります。左右のバランスをとりながら折ってください。

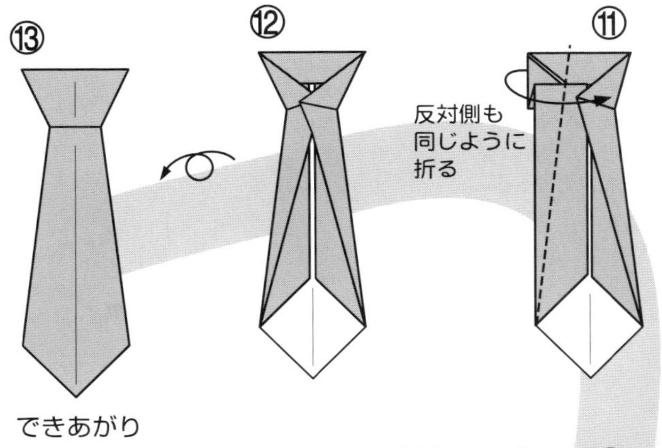
⑬
できあがり
⑫
⑪
反対側も
同じように
折る

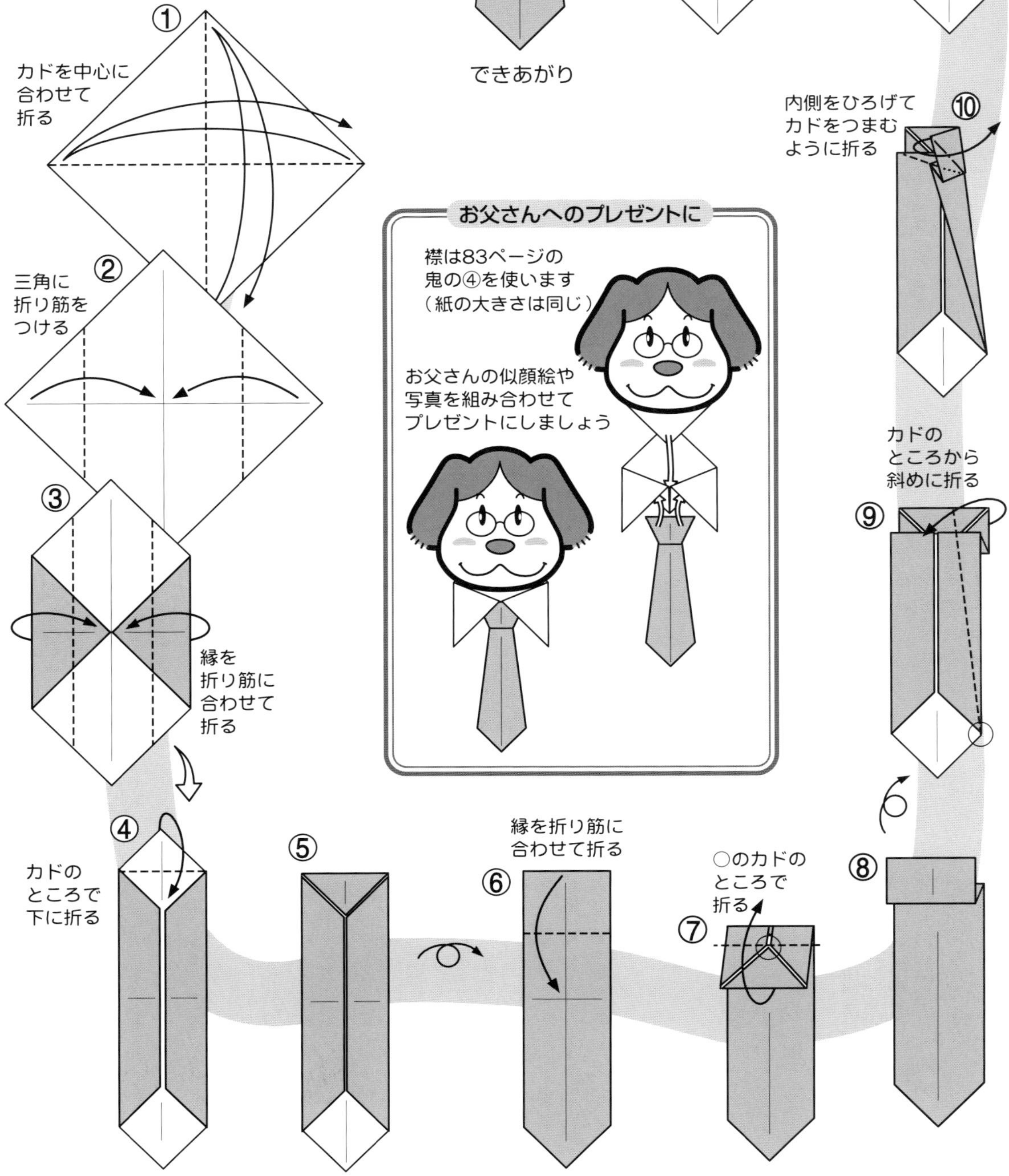
①
カドを中心に
合わせて
折る
②
三角に
折り筋を
つける
③
縁を
折り筋に
合わせて
折る
④
カドの
ところで
下に折る
⑤
⑥
縁を折り筋に
合わせて折る
⑦
○のカドの
ところで
折る
⑧
⑨
カドの
ところから
斜めに折る
⑩
内側をひろげて
カドをつまむ
ように折る
お父さんへのプレゼントに
襟は83ページの
鬼の④を使います
（紙の大きさは同じ）
お父さんの似顔絵や
写真を組み合わせて
プレゼントにしましょう

生活
家

B-1の比率の紙で折ります。
風景の壁面飾りには欠かせません。
壁面だけでなく、
カードに貼っても楽しめます。

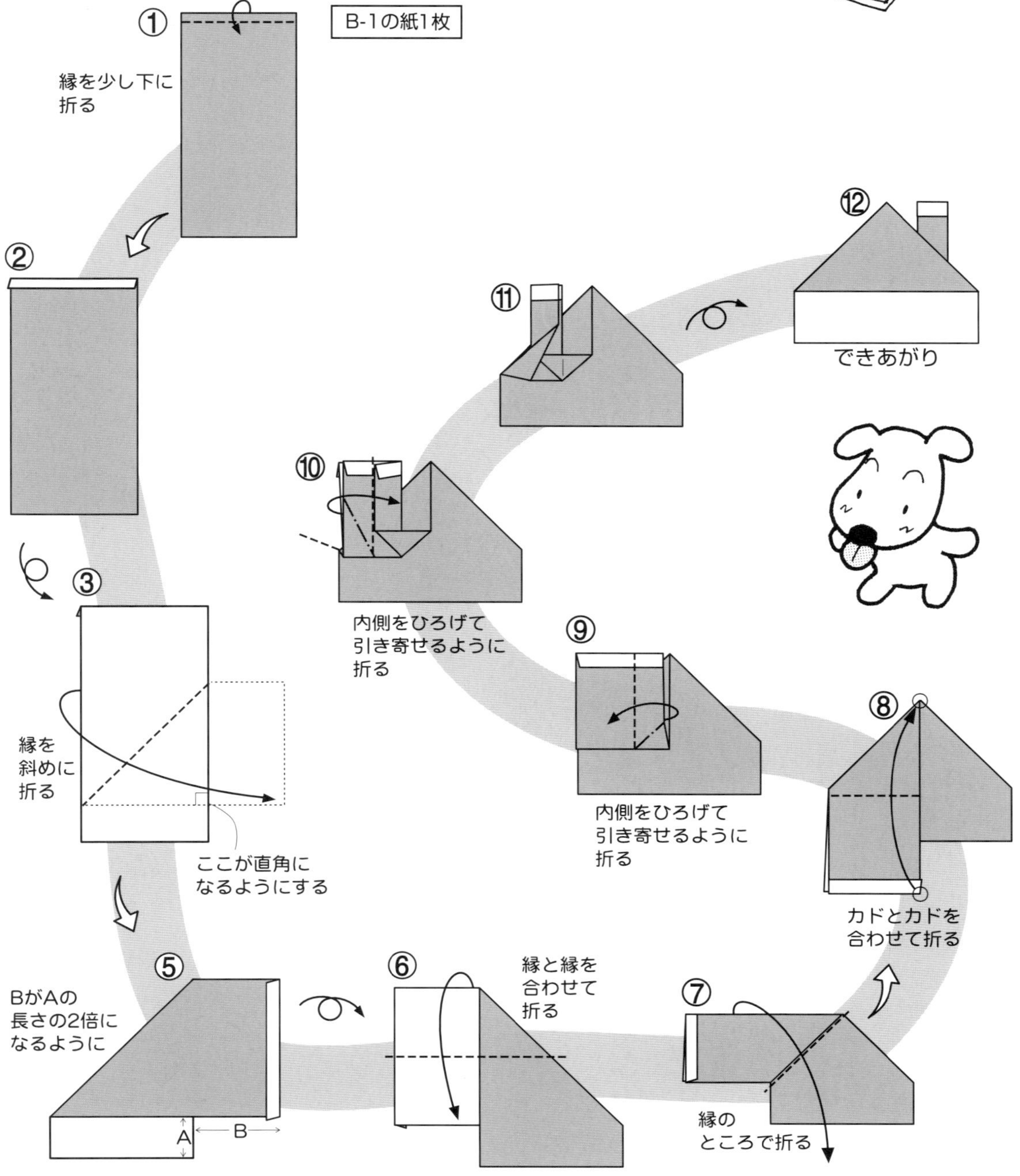

①
B-1の紙1枚
縁を少し下に折る
②
③
縁を斜めに折る
ここが直角になるようにする
⑤
BがAの長さの2倍になるように
A
B
⑥
縁と縁を合わせて折る
⑦
縁のところで折る
⑧
カドとカドを合わせて折る
⑨
内側をひろげて引き寄せるように折る
⑩
内側をひろげて引き寄せるように折る
⑪
⑫
できあがり

生活

木

葉は基本の紙、幹はB-1の比率の紙で折ります。
家と同様、風景の壁面飾りに欠かせない作品です。
いろいろなバリエーションが楽しめます。

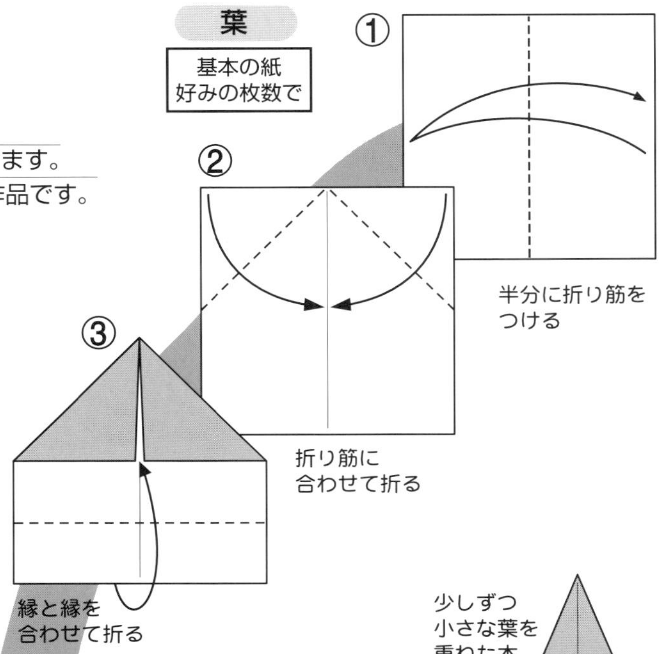
葉
基本の紙
好みの枚数で
①
半分に折り筋を
つける
②
折り筋に
合わせて折る
③
縁と縁を
合わせて折る

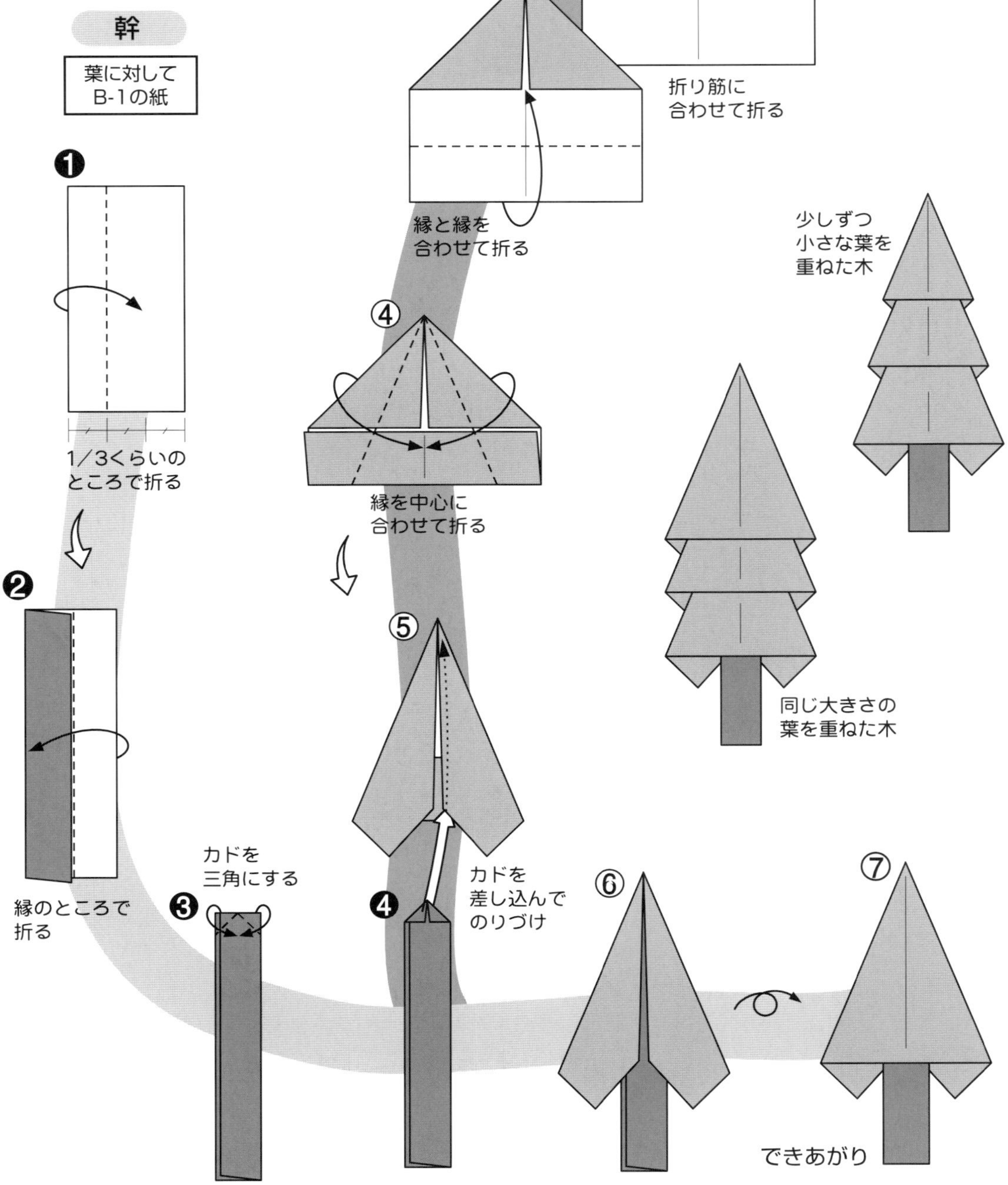
幹
葉に対して
B-1の紙
❶
1/3くらいの
ところで折る
❷
縁のところで
折る
❸
カドを
三角にする
❹
カドを
差し込んで
のりづけ
④
縁を中心に
合わせて折る
⑤
⑥
⑦
できあがり
少しずつ
小さな葉を
重ねた木
同じ大きさの
葉を重ねた木

●著者●

山口《やまぐち》 真《まこと》

1944年、東京生まれ。日本折紙協会事務局員を経て折り紙作家として活躍中。1989年、国内初の折り紙作品専門展示場として「ギャラリーおりがみはうす」を開設し、若手創作家・研究家の育成に力を注いでいる。また近年は国際交流にも力を入れ、世界でトップレベルの国内外の折り紙作品が集まる場所となる。日本折紙協会理事、日本折紙学会評議委員、事務局長、雑誌『折紙探偵団』編集長。

著書は『おりがみ事典』『暮らしに役立つ実用折り紙』(西東社)、『暮らしの実用折り紙』『日本の折り紙事典』(ナツメ社)、『たのしい折り紙全集』『たのしい折り紙ワールド』(主婦と生活社)、『英語訳つき折り紙』(池田書店)、『四季の おりがみ百科』(ポプラ社)、『トーヨーおりがみブックシリーズ』(トーヨー)など60冊を越える。

ギャラリーおりがみはうす

〒113-0001 東京都文京区白山1-33-8-216 TEL 03-5684-6040
常時折り紙作品を展示中。午前10:00～午後6:00、日曜、祭日休。
地下鉄都営三田線白山駅下車 A1出口前
E-mail info@origamihouse.jp (おりがみはうす)
URL http://www.origamihouse.jp (おりがみはうす)
http://www.origami.gr.jp (日本折紙学会)

折り図●山口 真
折り紙制作●おりがみはうす(神谷哲史 久慈暁子 松浦英子)
イラスト●桜木恵美 撮影●石井光政(スタジオホルス)
編集協力●ひとり社 ブックデザイン●渡辺美知子デザイン室

壁面おり紙 スペシャルBOOK

2003年 8 月 8 日第 1 刷発行
2006年12月25日第10刷発行

著者●山口 真©

発行人●新沼光太郎

発行所●株式会社いかだ社

〒102-0072 東京都千代田区飯田橋2-4-10 加島ビル
Tel. 03-3234-5365 Fax. 03-3234-5308
振替・00130-2-572993
印刷・製本 株式会社ミツワ

乱丁・落丁の場合はお取り換えいたします。
ISBN4-87051-138-x